高等法律职业教育系列教材
审定委员会

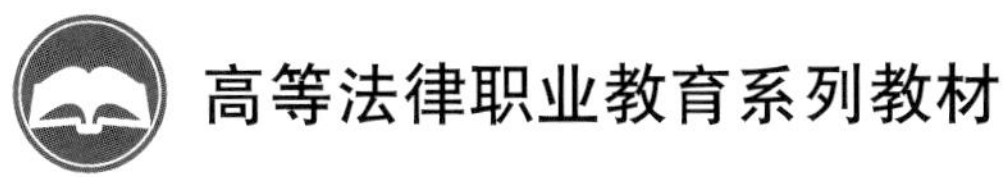

高等法律职业教育系列教材

突发事件预防与处置实务

TUFA SHIJIAN YUFANG YU CHUZHI SHIWU

主　审○欧立昌

主　编○李　栋　周静茹

副主编○陈　娴　赵悠霖　马文娟

撰稿人○李　栋　陈　娴　贾甲麟　刘朝霞　马文娟
贺林华　肖力诠　赵悠霖　石程涛

中国政法大学出版社

2016・北京

图书在版编目（CIP）数据

突发事件预防与处置实务 / 李栋，周静茹主编. —北京：中国政法大学出版社，2016.7（2021.11重印）
ISBN 978-7-5620-6924-9

Ⅰ.①突…　Ⅱ. ①李…　②周…　Ⅲ.①突发事件—公共管理—高等职业教育—教材　Ⅳ.①D035.34

中国版本图书馆CIP数据核字(2016)第171501号

出版者　中国政法大学出版社
地　址　北京市海淀区西土城路25号
邮　箱　fadapress@163.com
网　址　http://www.cuplpress.com (网络实名：中国政法大学出版社)
电　话　010-58908435(第一编辑部) 58908334(邮购部)
承　印　固安华明印业有限公司
开　本　787mm×1092mm　1/16
印　张　13
字　数　269千字
版　次　2016年7月第1版
印　次　2021年11月第3次印刷
印　数　8001~13000册
定　价　32.00元

总序

高等法律职业化教育已成为社会的广泛共识。2008 年，由中央政法委等 15 部委联合启动的全国政法干警招录体制改革试点工作，更成为中国法律职业化教育发展的里程碑。这也必将带来高等法律职业教育人才培养机制的深层次变革。顺应时代法治发展需要，培养高素质、技能型的法律职业人才，是高等法律职业教育亟待破解的重大实践课题。

目前，受高等职业教育大趋势的牵引、拉动，我国高等法律职业教育开始了教育观念和人才培养模式的重塑。改革传统的理论灌输型学科教学模式，吸收、内化“校企合作、工学结合”的高等职业教育办学理念，从办学“基因”——专业建设、课程设置上“颠覆”教学模式：“校警合作”办专业，以“工作过程导向”为基点，设计开发课程，探索出了富有成效的法律职业化教学之路。为积累教学经验、深化教学改革、凝塑教育成果，我们着手推出“基于工作过程导向系统化”的法律职业系列教材。

《国家（2010～2020 年）中长期教育改革和发展规划纲要》明确指出，高等教育要注重知行统一，坚持教育教学与生产劳动、社会实践相结合。该系列教材的一个重要出发点就是尝试为高等法律职业教育在“知”与“行”之间搭建平台，努力对法律教育如何职业化这一教育课题进行研究、破解。在编排形式上，打破了传统篇、章、节的体例，以司法行政工作的法律应用过程为学习单元设计体例，以职业岗位的真实任务为基础，突出职业核心技能的培养；在内容设计上，改变传统历史、原则、概念的理论型解读，采取“教、学、练、训”一体化的编写模式。以案例等导出问题，根据内容设计相应的情境训练，将相关原理与实操训练有机地结合，围绕关键知识点引入相关实例，归纳总结理论，分析判断解决问题的途径，充分展现法律职业活动的演进过程和应用法律的流程。

法律的生命不在于逻辑，而在于实践。法律职业化教育之舟只有驶入法律实践的海洋当中，才能激发出勃勃生机。在以高等职业教育实践性教学改革为平台进行法律职业化教育改革的路径探索过程中，有一个不容忽视的现实问题：高等职业教育人才培养模式主要适用于机械工程制造等以“物”作为工作对象的职业领域，而法律职业教育主要针对的是司法机关、行政机关等以“人”作为工作对象的职业领域，这就要求在法律职业教育中对高等职业教育人才培养模式进行“辩证”地吸纳与深化，而不是简单、盲目地照搬照抄。我们所培养的人才不应是“无生命”的执法机器，而是有法律智慧、正义良知、训练有素的有生命的法律职业人员。但愿这套系列教材能为我国高等法律职业化教育改革作出有益的探索，为法律职业人才的培养提供宝贵的经验、借鉴。

2016 年 6 月

前言

目前，在国家大力提倡推动高等职业教育的新形势下，高等法律职业教育开始对职业教育观念和法律人才培养模式进行新的探索。司法警察院校职业教育更需要一系列具有针对性、实用性的“新型实战化”的高等职业教育教材。“突发事件预防与处置”是新时期培养公安机关综合应用型人才的重要课程，它涉及社会的方方面面，与人民群众的生命健康、公私财产安全及社会的稳定、经济的发展息息相关。

从我国近几年法制建设推进情况看，国家有关部门出台、制定了处理突发事件的多部法律和规定，对突发事件的预防和处理做了相应的调整和规范；从现有教材来看，突发事件预防与处置类教材存在理论阐述多、实操训练少、职业教育实践性不突出等情况，难以适应司法警官院校职业教育对实操技能的教学要求。《突发事件预防与处置实务》教材的编写，遵循高等职业教育“工学结合”的指导思想，理论结合实践，以职业能力培养为本位，重在使学生掌握突发事件预防与处理的基本知识和基本技能。教材中增加了恐怖活动预防与处置，使本教材内容更加丰富，实用性更加突出。

本教材以“项目—任务”为基本结构。一个项目包含若干子任务，通过案例导入提出问题，引出理论知识和工作任务，最后归纳总结，分析解决问题、完成任务的途径。且每个任务都有相应的实训项目，以完成实训项目中的任务作为单元学习的考核标准。这充分体现了高等职业教育理论和实践相结合的特点。

为了更好地完成教材编写工作，编写组成员在行业调研、听取实践单位意见的基础上，邀请实践单位人员共同参与编写。多数编写人员有5年以上专业课教学经验，并组织参与指导过广东省春运等大型安保活动，有较为丰富的突发事件处置经验。

本教材由广东司法警官职业学院安全保卫系教师李栋、周静茹任主编，广东司法警官职业学院陈娴、广东省公安消防总队赵悠霖、湖南司法警官职业学院马文娟为副主编，深圳铁路公安处副处长欧立昌为主审。本书各项目编写任务分工如下：

李栋：项目八；

陈娴：项目一、二；

贾甲麟：项目三之任务一、二、三；

刘朝霞：项目七之任务一、二、三，任务四之技能训练一；

马文娟：项目六；

贺林华：项目五；

肖力诠：项目四；

赵悠霖：项目七任务四之技能训练二；

石程涛：项目三之任务四。

在教材编写过程中，参考了大量突发事件预防与处置方面的教材、专著和文献，吸收了突发事件预防与处置实践工作中的最新研究成果，融入了广东司法警官职业学院安全保卫系教师多年来的教学实践经验。同时，该教材在编写过程中得到了中国人民公安大学副教授井晓龙、广东司法警官职业学院安全保卫系书记何文忠、武警喀什边防支队司令部参谋李志伟及相关实务部门的大力支持和指导，在此一并表示衷心的感谢！

由于编者水平有限，本书中难免存在疏漏和不足之处，恳请读者批评指正。

编　者

2016年6月

目录

项 目 一

突发事件预防与处置基本知识认识

知识目标

了解突发事件的概念和类型；

掌握突发事件的基本特征和方法；

明确突发事件的处置程序和原则。

能力目标

能够根据突发事件的概念及其基本特征判断什么是突发事件；

能够制作不同类型的突发事件预案。

任务一　认识突发事件的含义和基本特征

案例1-1

2007年4月的一天中午，广州一高职院校发生了一起女大学生在饭堂吃饭时在菜里发现了一个长3cm的医药针筒的突发事件。该女生打了一份青椒炒鸡肉，在吃饭过程中看到了医药针筒，于是周围的同学全都围了过来一看究竟。有一名男生用手机拍照后拿着饭盒找饭堂经理理论。结果经理看后不以为意，认为只是员工洗菜没看到这个垃圾而已，让那名女生把饭菜倒掉重新打一份即可。

饭堂的学生们都开始闹起来了。这两名学生无奈，担心针筒被员工用来吸食毒品，有可能会被传染，只好打电话找辅导员帮忙。辅导员赶到现场了解了整个事件以后，向相关领导汇报了此事，领导们均指示要尽量保障学生的应有权利，加大对饭堂的管理，要求通过各种渠道报道该事件，尽快让学生们正确了解此事件，以消除学生们的担忧和不满，避免事件不良影响的扩大化。经过辅导员、上述提到的两名学生与饭堂经理、老板协商后，最终达成了和解，饭堂老板答应支付该女生到医院进行相关检查的费用，并对员工、饭堂内部卫生进行清查与整顿，同时以书面的形式给全校师生道歉。随后，辅导员第一时间给该女生家长打电话，将事件经过及学校的处理措施予以告知。第二天，在该女生经医院检查确定没有被传染任何疾病以后，辅导员把饭堂的公开道歉信与承诺书贴到了饭堂橱窗内，并召开全系各班级主要班委会议，传达了整个事件的全过程，很快这个事件就得到了平息。

问题思考

1. 什么是突发事件？
2. 上述案例对你有什么启示？

理论知识

一、突发事件的概念

（一）突发事件的含义

很多人认为，突发事件就跟天灾人祸一样，是百年不遇的偶发性事件，其发生的概率很小。但其实，突发事件却经常地、方方面面地暴露在我们日常的各种活动之中。从 SARS 事件到昆明火车站暴恐案，从“9・11”事件到东日本大地震，突发事件逐渐受到各国政府和人民的高度关注和研究。突发事件的发生是不以人们的意志为转移的，即使有些事件受人为因素的影响，但要想完全避免突发事件的发生是不可能的，这存在着客观必然性。在现代社会，由于工业化、城市化和全球化的影响，人类在谋取福利的同时，也使自身生活的自然环境和社会环境变得越来越脆弱，导致各种突发事件频发。

何谓突发事件？“突发”一词，顾名思义就是出乎意料地突然发生了，让人措手不及；“事件”一词，指的是相对比较重大，且对一定的人群产生一定影响的事情，或者说，是历史上或社会上发生的大事情。突发事件，作为一个约定俗成的名词，是人们对出乎意料的事件的总称。这种事件造成或者可能造成严重的人员伤亡、经济损失、环境破坏，甚至威胁或者危害国家的政治安全、经济安全、社会安全等。因此，突发事件是影响到社会局部甚至社会整体的大事件，而不是个人生活中的小事件。通俗来说，就是天灾人祸，也有人称其为“危机”。

对于突发事件，国务院 2006 年 1 月 8 日发布的《国家突发公共事件总体应急预案》将其定义为突然发生，造成或者可能造成重大人员伤亡、财产损失、生态环境破坏和严重社会危害，危及公共安全的紧急事件。我国 2007 年 11 月 1 日起施行的《中华人民共和国突发事件应对法》规定，突发事件是指突然发生，造成或者可能造成严重社会危害，需要采取应急处置措施予以应对的自然灾害、事故灾难、公共卫生事件和社会安全事件。这一定义从我国实际出发，更好地反映了我们对突发事件的认识，因此，我们以此作为突发事件的定义。

（二）突发事件与相关概念的区别

学术界存在着与突发事件这一概念相近的几个概念，通过比较它们的异同，可以更深刻地理解突发事件的含义。

1. 灾难。灾难指天灾人祸所造成的严重损害和痛苦。天灾人祸，顾名思义，“天灾”，即自然的灾害，如洪水、台风、泥石流等；“人祸”，即人为的祸患，如火灾、恐怖活动、战争等。因此，灾难不仅包括自然的灾难，也包括人为的灾难。两者往往互相渗透，有时会很难区分开来，它们的发生具有不可预测与不可抗拒性，且最终结局带有无法补偿之意。应该说，大部分自然所带来的灾难是非人力可抗拒的，只能通过预防和抗灾来减轻损失；而人为灾难则是人类疏忽或者有意造成的，大部分是可以预防和制止的。

突发事件与灾难的区别在于：①灾难重点强调的是事件的结局是悲惨的、不幸的，体现人类的被动、无助；而突发事件的内涵不仅有事件的结果，也强调时间的紧迫性，因此，突发事件的内涵更充实。②灾难，按传统理解，发生在人们的生产、生活之中；而突发事件除此以外，还涉及政治、经济、文化、军事、外交等领域，体现了事件发生的原因、类型、领域的多样性，因此，突发事件的外延更宽广。

2. 危机。对于危机，《现代汉语词典》的解释是产生危险的祸根，到了严重困难的关头。学术界对于危机也有不同的定义。国外的学者对突发事件的探讨通常都与危机并列，在对危机定义的阐释中叙述突发事件。所谓危机，就是一个会引起潜在负面影响的不确定的事件，对自然、社会系统的各个不同层面突然释放冲击，并发生了混乱、失序、不平衡，系统的根本目标受到巨大的威胁，以致系统内各主体必须在极其短暂的时间作出决策性反应的突发事件。也就是说，危机是国家全面或者部分出现严重灾害、传染病、恐怖活动、战争等，使社会秩序受到了严重破坏，给社会结构的稳定和人们的健康生活带来巨大威胁的一种非正常状态，需要调用非常规手段来应对的特殊情形。

突发事件与危机的区别在于：①危机更强调人为因素，具有高危性、不受欢迎性和不确定性；而突发事件既有人为因素，也有自然因素所造成的无法预测性。②在负面影响方面，突发事件较为显性，较强调已经爆发而现实存在的；而危机既可以是显性，也可以是隐性，危害可能还在潜伏中，没有爆发出来，更为消极。③危机强调的是一种状态或者情形，强调可能带来危害后果；而突发事件强调的是事件或者事项，强调事态的即时性。

3. 紧急事件。紧急事件指即将或已经对人、物出现伤害的事件。“紧急”，就是需要立即行动，不容拖延，体现了其紧迫性。我国学者认为，紧急事件就是突然发生、具有不确定性、需要响应主体立即做出反应并得到有效控制的危害性事件。

突发事件与紧急事件的区别在于：①突发事件强调具有国内突发性事件这一概念

本身所体现的大规模、影响严重的特性；而紧急事件则更多强调个体的、家庭的或者其他较小单位所面临的即时性的问题。②突发的内涵与外延比紧急狭窄。突发事件属于紧急事件，但紧急事件并非一定都是突发事件。③虽然二者都体现时间性，但突发事件重点强调事件发生在时间上的突然性；而紧急事件强调的是主体反应时间的有限性、紧迫性。

4. 风险。风险是指即将到来的危险，遭受损害、不利或毁灭的可能性。一般来说，如果某一事件的发生存在着两种或两种以上的可能性，就可以认为该事件存在着风险。风险是在某一个特定时间段里，人们所期望达到的目标与实际出现的结果之间的距离。换句话说，就是产生了我们所不希望的后果的可能性。风险强调的是潜在的威胁，是还处于酝酿过程中有可能产生危害的征兆，是一种可能的灾难。从理论上讲，如果能够合理地利用科学技术建立起有效的预警机制，很多风险可以从根本上预防和消除。风险事件则意味着风险的可能性转化成了现实性。

突发事件与风险的区别在于：①二者都具有不确定性，风险更强调在未来的时间里发生的可能性和后果的组合；而突发事件强调的是当前已经发生了的危险事件。②在可控性方面，突发事件强调的是不可预见性；而风险则有一定的主动性和可控性，使自己的决定将会造成的不可预见的后果具备可预见性，从而控制不可控制的事情，化被动为主动。

灾难、危机、紧急事件、风险这些与突发事件相近的概念，几乎涵盖了突发事件的各种涵义。因此，在日常生活中我们并没有将这些概念与突发事件作严格的区别，甚至还会混用。不同的人站的角度不同，侧重点也会不同，在使用突发事件概念中某一方面特质的同时可能会忽略其他方面的特质，因此，在各种定义之间难免会出现不尽一致的情况。此外，在对突发事件的定义和分析上，国内外学者也有不同。国内学者较为强调突发事件的突发性、异常性和破坏性，就事论事；而国外学者则更注重突发事件定义与范畴的可变性，以及事情发展的可能性。

二、突发事件的基本特征

突发事件一般具有突发性、危害性、紧迫性、不确定性、持续性等五个基本特征。

（一）突发性

突发事件是突然发生的，从发展速度来说，进程极快，常以迅雷不及掩耳之势爆发，其爆发的时间、地点、方式、种类以及影响的程度往往超出人们的常规思维和社会的常态秩序。整个社会对突发事件的相关信息处于短缺状态，使人们难以预料，因而难以判断及做出正确的反应，心理上产生恐慌，陷入困境之中，从而造成诸如生命、健康、财产和环境生态的巨大损失。突发事件在时间上的瞬间性增加了人们控制与处理突发事件的难度。

（二）危害性

突发事件给公众的生命、财产或者国家、社会带来严重危害。这种危害具有破坏性、灾难性，而且是连锁的、广泛的和持久的。宏观上给社会、组织、群体，微观上给家庭、个人，带来一定程度的损失，这种损失既包括物质层面的人力、物力、财力甚至生命的损失，精神层面也会给社会秩序与人们的心理造成伤害。

（三）紧迫性

突发事件突然爆发，要求马上作出正确而有效的应急反应，在时间的快速性上对应急组织提出了很高的要求，可谓刻不容缓，一刻千金。事件发展迅速，需要及时拿出对策，采取非常态措施，以避免事态恶化，造成更大损失。

（四）不确定性

突发事件具有不确定性，这种不确定性包括事件发生的地点、时间、状况及严重程度等。突发事件突然爆发，它可能有某些征兆，但其又有一定的偶然性，在信息严重不充分、不及时、不全面的情况下，人们一时难以把握事物的发展方向，对其性质也一时难以用常规性规则做出客观的判断。事件的发展和可能涉及的影响只能根据既有的而又有限的经验和措施来判断、掌控，一旦处理不当就可能导致事态进一步扩大。因此，突发事件往往既是机遇，也是挑战。

（五）持续性

对于人类文明发展进程而言，突发事件一直伴随着人类，从来没有停止过，也将永远伴随下去。无论国度、制度、社会发展情况将发生什么变化，想避免突发事件的发生应该是不可能的。因此，人类才一直致力于研究如何最大限度地降低突发事件发生的可能性，控制、减轻并消除突发事件所引起的严重危害。

对于每个突发事件而言，它也不会突然发生而后又突然消失，这中间必然有个过程，有潜伏期、爆发期、消退期、影响期。突发事件的危害和影响不可能在极短时间内清除，会持续相当长的一个时期，而且一旦爆发，其影响的地域比较广，涉及的人员比较多，容易引起“多米诺骨牌”效应和涟漪效应。同时，此行业、此地区的突发事件可能又影响到彼行业、彼地区；地方性的突发事件可能演变为区域性的突发事件，甚至演变为国际性的突发事件；非政治性事件可能演变为政治性事件；自然性的突发事件可能演变为社会性的突发事件，尤其是在当今全球化和信息化的时代。

任务二　突发事件的类别

案例1–2

2013 年 11 月 22 日 10 时 25 分，位于山东省青岛经济技术开发区的中国石油化工股份有限公司管道储运分公司东黄输油管道原油泄漏发生爆炸，造成62人死亡、136人受伤，直接经济损失75 172万元。

经调查认定，事故发生的直接原因是输油管道与排水暗渠交汇处管道腐蚀减薄，管道破裂，原油泄漏，流入排水暗渠及反冲到路面。原油泄漏后，现场处置人员采用液压破碎锤在暗渠盖板上打孔破碎，产生撞击火花，引发暗渠内油气爆炸。管理上的间接原因是中石化集团公司及下属企业安全生产主体责任不落实，隐患排查治理不彻底，现场应急处置措施不当；山东省、青岛市、青岛经济技术开发区及相关部门组织开展安全生产大检查不深入不细致，管道保护、规划、市政、安监等部门履行职责不力，事故风险研判失误。

根据调查事实和有关法规、条例规定，对事故有关责任单位和责任人作出处理，对48名责任人分别给予党纪、政纪处分，对涉嫌犯罪的15名责任人移送司法机关依法追究法律责任。同时，国务院责成山东省人民政府、中石化集团公司向国务院作出深刻检查，责成青岛市人民政府向山东省人民政府作出深刻检查。

问题思考

1. 案例1－2是否属于突发事件?

2. 如果属于突发事件，应该把它归到哪个类别？哪个分级?

理论知识

一、突发事件的类别

（一）突发事件的分类

为了更好地应对突发事件，很有必要按照不同的分类标准对其进行分类，从不同角度对相同的研究对象进行分类和归纳，由此可以根据不同类别的突发事件采取有针对性的应对措施。

1. 按照突发事件产生原因的性质来划分，可以分为自然性和人为性突发事件。这也是最为经常的划分方法。例如，自然性突发事件有洪水、台风、地震、山崩、火山爆发、沙漠化、瘟疫，等等；人为性突发事件有交通事故、火灾、房屋倒塌、矿难、危险物品事故、恐怖活动、战争，等等。

2. 按照突发事件影响的范围来划分，可以分为国际的、全国性的、地方的、组织的突发事件。但是，这种突发事件通常会相互作用，各个层次的突发事件还可以转化。一个大型组织的危机可能把整个地方甚至更大的区域卷入到他们所陷入的危机中。

3. 按照突发事件产生后果的严重程度来划分，可以分为大规模恶性突发事件、恶性突发事件、严重突发事件和一般性突发事件。这种划分主要是依据人员伤亡数量、财产损失、事件波及面及持续时间、社会各界的影响面等确定的。

4. 按照突发事件发生的领域来划分，可以分为自然性、生产性、政治性、经济性、社会性突发事件。这一分类较为周全，但有的分类存在交叉，例如社会性突发事件的表现形式中的罢工、罢课、集会、游行、示威等，同样又是经济性、政治性突发事件的表现形式。

当今，国际上没有统一的突发事件分类标准，不同的国家根据本国处理突发事件的实际情况对突发事件进行不同的分类，例如，俄罗斯将突发事件分为暴乱类突发事件、自然原因或技术原因造成的突发事件两类；英国将突发事件分为人民福利类、环境类、安全类三类；加拿大将突发事件分为公共福利类、公共秩序类、国际突发类、战争突发类四类；还有的国家把突发事件分为国内重大突发事件和国外重大突发事件两类；又或者分为政治性突发事件和非政治性突发事件两类，等等。

（二）突发事件的类别

我国现阶段的突发事件种类繁多，形态多样。我国的管理层对突发事件的重视程度不断提高，并公布了以突发事件发生的领域和性质为标准划分的四类突发事件。根据突发事件的发生过程、性质和机理，突发事件主要分为以下四类：

1. 自然灾害。指给人类生存带来危害或损害人类生活环境的自然现象。其主要由自然因素直接导致，主要包括水旱灾害、气象灾害、地震灾害、地质灾害、海洋灾害、生物灾害和森林草原火灾等。

我国是世界上自然灾害最为严重的国家之一。目前我国在自然灾害方面的形势是十分严峻的：一是灾害种类多，除现代火山活动以外，几乎所有自然灾害都在我国出现过。二是分布地域广，我国 70% 以上的城市、50% 以上的人口分布在气象、地震、地质、海洋等自然灾害严重的地区。三是发生频率高，我国受季风气候影响十分强烈，气象灾害频繁，局地性或区域性干旱灾害几乎每年都会出现，同时我国还是世界上大陆地震最多的国家，地震活动十分频繁。四是造成的损失重，据统计，近 20 年来，我国因遭受各类自然灾害每年约 3 亿人受灾，平均死亡约 4300 人，倒塌民房约 300 万间，紧急转移安置人口 900 多万人次，直接经济损失 2000 多亿元人民币。

2. 事故灾难。指在人们生产、生活过程中意外发生的，造成大量的人员伤亡、经济损失或环境污染等灾难性后果的事故。其主要由人们无视规则的行为导致，主要包括工矿商贸等企业的各类安全事故、交通运输事故、公共设施和设备事故、环境污染和生态破坏事件等。

我国在煤矿、交通等方面重特大事故频繁发生，给人民群众的生命财产造成了严重损失：一是事故总量大、伤亡总数大。近 10 年来全国平均每年发生各类事故 70 万起左右，造成死亡 12 万人左右，70 多万人受伤，直接和间接经济损失 2500 亿元。二是重特大事故多发。据统计，我国平均每年发生 110 多起重、特大事故。三是环境问题突显，其中生产安全事故导致的环境污染和生态破坏事件增多。

3. 公共卫生事件。指突然发生，造成或者可能造成社会公众健康严重损害的重大传染病疫情、群体性不明原因疾病、重大食物和职业中毒以及其他严重影响公众健康的事件。其由自然因素和人为因素共同导致，主要包括传染病疫情、群体性不明原因疾病、食品安全和职业危害、动物疫情，以及其他严重影响公众健康和生命安全的事件。

目前全球发现的30多种传染病中就有半数在我国发现了，有些还造成了严重后果，而且新发传染病和人畜共患病仍在不断出现，对人民健康构成了严重威胁。据统计，重大食物中毒事件每年发生200起以上，造成200多人死亡，数万群众健康受到伤害。

4. 社会安全事件。指对社会和国家稳定与发展造成巨大影响，涉及经济方面、政治方面和社会方面的各种突发性的重大事件。其主要由一定的社会问题所诱发，主要包括恐怖袭击事件、经济安全事件和涉外突发事件等。

在我国，群死群伤的爆炸、投毒等恶性案件时有发生，杀人、绑架等暴力犯罪不断，由人民内部矛盾引发的群体性事件也明显增多，一直保持上升势头。其中，规模比较大的群体性事件和暴力性的冲突时有发生。同时，国内外极端势力制造的各种恐怖事件也危及国家安宁。

二、突发事件的分级

将突发公共事件划分为不同的级别，从而采取不同的应急措施，这是各国应急管理的共同经验。当前，西方发达国家政府预警系统一般都强调对突发事件进行分级预警管理，对程度不同的突发事件实行不同级别的认定并采取相应的对策。例如，“9·11”恐怖袭击事件发生后，美国建立了一套五级国家威胁预警系统，用绿、蓝、黄、橙、红五种颜色分别代表从低到高的五种危险程度。

在我国，根据国务院颁布并实施的《国家突发公共事件总体应急预案》，各类突发公共事件按照其性质、严重程度、可控性和影响范围等因素，一般分为四级：Ⅰ级（特别重大）、Ⅱ级（重大）、Ⅲ级（较大）和Ⅳ级（一般），并依次用红色、橙色、黄色和蓝色表示。突发事件的分级标准由国务院或者国务院确定的部门制定，其中较大和一般突发事件分级标准由国务院主管部门制定，特别重大、重大突发公共事件分级标准则由国务院制定。

（一）Ⅰ级（特别重大）

指对社会核心价值体系形成冲击，威胁到政府执政的合法性，造成重大生命财产伤亡，需要动员政府和全社会力量乃至国际力量救援的事件。

（二）Ⅱ级（重大）

指对社会和公众正常生活、生产秩序、社会财富及公众人身安全等造成严重损害，需要动员、调动诸多职能部门和多方面的社会力量予以救援处置的突发事件。

（三）Ⅲ级（较大）

指在局部地区造成人、财、物损失的事件。

（四）Ⅳ级（一般）

指在小范围内造成较小损失的突发事件。

不同的突发事件有不同的分级标准，即使是同一类突发事件，其性质、严重程度、可控性和影响范围的因素都有不同，因此，具体确定时必须结合不同类别的突发事件情况和其他标准具体分析，而不是简单地以人员伤亡情况或者经济损失情况来判断其级别。

对突发事件进行分级，目的是落实应急管理的责任和提高应急处置的效能。Ⅰ级（特别重大）突发事件由国务院负责组织处置；Ⅱ级（重大）突发事件由省级政府负责组织处置；Ⅲ级（较大）突发事件由市级政府负责组织处置；Ⅳ级（一般）突发事件由县级政府负责组织处置。

特别提醒

社会安全事件由于其自身的性质和复杂性，在处置方面往往需要各级、各类机关协同配合、统一联动，因此，社会安全事件是不分级的。

三、突发事件的分期

对于每个突发事件而言，它不会突然发生或者突然消失，其中必然有个过程。根据突发事件的发展过程，突发事件可以在事前、事发、事中和事后各阶段分为预防与应急准备、监测与预警、应急处置与救援、事后恢复与重建等应对活动，由此形成了一个闭合的循环过程。不同时期采取不同的应对措施，以控制突发事件的演变。在应对突发事件的过程中，应贯彻以预防为主、预防与应急相结合的原则。

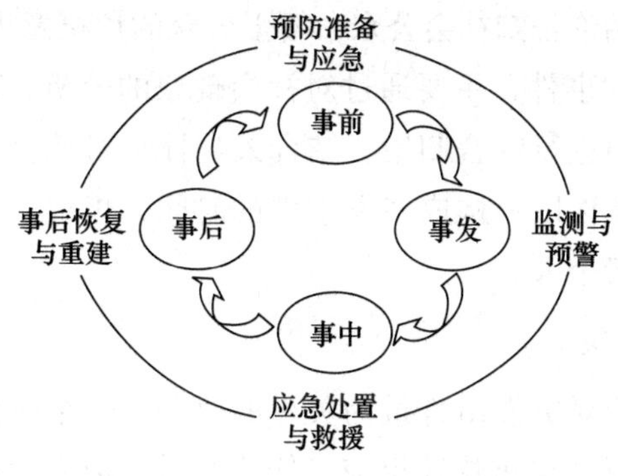

图1－1　突发事件阶段分期图

突发事件的分期旨在建立一个“全过程”的应急管理模式。突发事件通常遵循一个特定的生命周期，每一个级别的突发事件，都有发生、发展和减缓的阶段，需要采取不同的应急措施。因此，需要按照社会危害的发生过程将每一个等级的突发事件进行阶段性分期，以此作为采取应急措施的重要依据。根据社会危害可能造成危害和威胁、实际危害已经发生、危害逐步减弱和恢复的演变过程，可将突发事件总体上划分为预防与应急准备、监测与预警、应急处置与救援、事后恢复与重建四个阶段。

（一）预防与应急准备

预防与应急准备是防患于未然的阶段，也是应对突发事件最重要的时期。这个时期的主要任务是防范和阻止突发事件的发生，建立应急预案体系，建立预防机制，对危险源及区域进行调查、登记、风险评估并定期检查、监控，加强全民教育，建立高素质的应急救援队伍，确立应急保障制度。

对于不同原因引发的突发事件，预防与应急准备所采取的手段、措施也是不同的。对于自然因素引发的突发事件，主要是采取一些直接的控制或者防范措施，例如对于水灾的预防与准备，可以采取加固堤岸等措施；对于人为因素引发的突发事件，主要是采取一些间接的控制或者防范措施，例如对于群体性事件的预防与准备，可以采取解决社会矛盾、缓解干群关系等措施；对于自然因素与人为因素交互作用引发的突发事件，则是直接控制与间接调控相结合，例如对于传染性疾病的预防与准备，可以采取开发针对病原体的药品、购置医疗设备以及防止人群聚集等措施。

（二）监测与预警

监测与预警是预防与应急准备时期的工作延伸。这个时期的主要任务是把突发事件控制在特定类型以及特定的区域内，早发现、早报告、早预警，及时做好应急准备，有效处置突发事件，建立监测制度、机制，建立预警机制，尽可能控制事态发展。

在监测与预警方面，对于自然因素或者自然因素与人为因素交互作用引发的突发事件，主要通过观测仪器、装备和技术获取相关资料数据，根据监测情况，结合事件发生的历史规律进行综合分析，对事件爆发的可能性、强度、范围作出判断、评估、统计和科研，并将评估结论告知社会公众，增强公众的危机意识，及时做好防范准备。对于人为因素引发的突发事件，主要通过对社会现象的分析、调查，对社会发展过程中出现的突出问题和矛盾进行综合归纳，结合人类社会对社会发展的一般规律的基础理论，对是否构成突发事件以及构成突发事件的时间、规模、强度进行评估，并用评估结论警示有关组织或者个人。

（三）应急处置与救援

应急处置与救援是应对突发事件最为关键的时期。这个时期的主要任务是及时控制突发事件并防止其蔓延，要求快速反应，依法及时采取有力措施，开展应急救援工作，避免发展为特别严重的事件，尽可能减轻和消除事件对人民生命财产安全造成的损害。

对于自然、人为因素或者两者交互作用引发的突发事件，应急处置与救援所采取的手段和措施没有太大的区别，都是必须按照应急预案展开救援行动，以最大限度地保护人民生命财产安全。同时，根据突发事件的特点和大小，合理确定应急防范的范围，确定应急队伍及装备、设施，保障信息、通信系统的快捷、便利，保障运输系统的畅通、高速，整合一切应急资源的应急指挥体系。

（四）事后恢复与重建

事后恢复与重建是应急处置与救援时期的另一种延伸。应急处置与救援工作结束后，并不代表突发事件应对过程的结束，而是缓解、善后工作的延伸。这个时期的主要任务是减低应急措施的强度并尽快恢复生产、生活、工作和社会的正常秩序，妥善解决处置突发事件过程中引发的矛盾和纠纷。同时，对整个事件处理过程进行调查评估并总结经验，提出改进的措施。

突发事件一旦被控制，迅速挽回事件所造成的损失就成为事后恢复与重建的首要工作，但在恢复工作前必须分析事件产生的影响和后果，进而制定出有针对性的恢复计划，并处理好实体重建、心理重建、资源重建等问题。合理的评估结果决定着重建的成本，也关系着人民生命与财产的安危，因此，评估必须在技术检测的基础上，由权威机构来进行。

当然，由于突发事件演变迅速，各个阶段之间的划分有时不一定很容易确认，而且很多时候是不同的阶段相互交织、循环往复，从而形成处理突发事件特定的生命周期。

 拓展阅读

《生产安全事故报告和调查处理条例》

第三条　根据生产安全事故（以下简称事故）造成的人员伤亡或者直接经济损失，事故一般分为以下等级：

（一）特别重大事故，是指造成30人以上死亡，或者100人以上重伤（包括急性工业中毒，下同），或者1亿元以上直接经济损失的事故；

（二）重大事故，是指造成10人以上30人以下死亡，或者50人以上100人以下重伤，或者5000万元以上1亿元以下直接经济损失的事故；

（三）较大事故，是指造成3人以上10人以下死亡，或者10人以上50人以下重伤，或者1000万元以上5000万元以下直接经济损失的事故；

（四）一般事故，是指造成3人以下死亡，或者10人以下重伤，或者1000万元以下直接经济损失的事故。

国务院安全生产监督管理部门可以会同国务院有关部门，制定事故等级划分的补充性规定。

本条第 1 款所称的“以上”包括本数，所称的“以下”不包括本数。

任务三　突发事件预防的方法

案例1－3

2011 年“3.11 大地震”一爆发，震后 32 秒日本国营电视台 NHK 立即发布了地震消息。两分多钟以后，总务省启动“全国瞬时警报系统”，利用通信卫星向东北地区沿岸 37 个行政单位发布大海啸警报。从发出预警到第一批海啸登陆大约间隔了 23 分钟，这为民众躲避海啸赢得了相当宝贵的时间。尽管后来仍有 1 万多人被突如其来的海啸所吞噬，但紧急预警系统还是在最大限度上减少了人员伤亡。

天灾自然无法避免，人们能做的就是尽量在灾害来临前做好充分准备从容应对，以将损失程度控制在最小。在自然灾害预警系统建设方面，日本无疑已走在世界前列。日本政府早在 2004 年就已经筹建并使用“全国瞬时警报系统”（J－ALERT），在防灾、减灾过程中发挥了重要作用。同时，日本民众对于灾害预警及各种紧急避难演习、防灾训练早已习以为常。民众对于灾害预警的成熟心态加上及时准确的预警机制，无疑让这个小岛国多了一道生命保障线。加强预警是应对各类自然灾害、减少民众生命财产损失的有效途径，而建立健全针对极端灾害的监测预警机制，使公众养成防灾意识又是政府职责所在。

问题思考

案例 1－3 中有哪些做法是值得我们学习的？给了你什么启示？

《中华人民共和国突发事件应对法》第 5 条规定，突发事件应对工作实行预防为主、预防与应急相结合的原则。这个原则要求，一切突发事件的应对工作，都必须把预防和减少突发事件的发生放在首位，做到防患于未然。通过预防工作避免突发事件的发生，是最好的一种方法。在现实中，突发事件的预防由于涉及的因素比较复杂，因此，需要根据突发事件的类型和特点针对事件发生的原因采取科学有效的措施以达到预防的目的。

一、制定合理科学的城乡规划

城乡规划应当符合预防、处置突发事件的需要，统筹安排应对突发事件所必需的

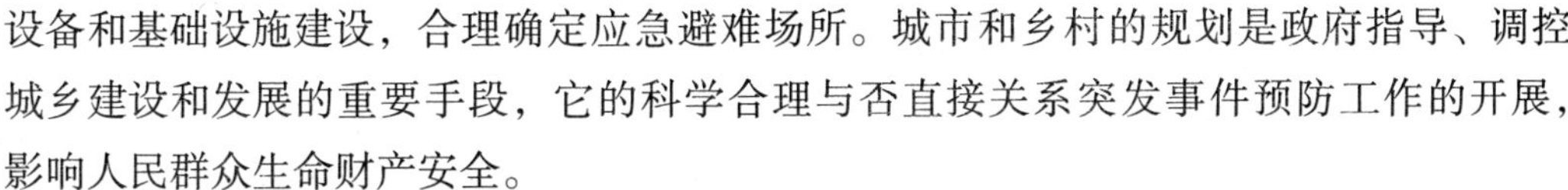

设备和基础设施建设，合理确定应急避难场所。城市和乡村的规划是政府指导、调控城乡建设和发展的重要手段，它的科学合理与否直接关系突发事件预防工作的开展，影响人民群众生命财产安全。

（一）符合预防、处置突发事件的需要

制定城市规划时，一些高度危险企业和单位，例如危险化学品企业、储气站、烟花厂等，应当安排在远离城市商业区和居民住宅区的地方；制定乡村规划时，在容易发生山体滑坡、泥石流地带和水库大坝的下方，不应安排村民居住点。

（二）统筹安排应对突发事件所必需的设备和基础设施建设

在城市现有的可以用作发生紧急情况时应急避难场所的公园、体育场等地方，规划建设饮用水设施；在城市低洼地带，规划建设排水设备设施。

（三）合理确定应急避难场所

制定城市规划时，考虑在城市商业中心、大型住宅区等地方，规划建设并合理安排公园、城市广场、公共绿地、体育场等场所，在发生地震等突发事件时可以临时用作避难场所。

二、建立隐患调查和监控制度

对容易引发突发事件的危险源、危险区域进行调查、登记，是突发事件预防的重要基础性工作。政府部门通过开展调查、登记和风险评估工作，摸清危险源、危险区域的基本情况后，定期进行检查，发现问题及时处理，对相关的危险源、危险区域进行全天候的监控，并及时向社会公布已登记的危险源、危险区域。同时，对有关单位采取安全防范措施的情况进行监督，责令其根据有关法律、法规、规章或者安全生产规范的要求，完善监测管理措施，确保安全。通过建立隐患调查和监控制度，能够尽可能地消除引发突发事件的各种隐患。

（一）各单位建立健全安全管理制度

所有单位应当建立健全安全管理制度，定期检查本单位各项安全防范措施的落实情况，及时消除事故隐患；掌握并及时处理本单位存在的可能引发社会安全事件的问题，防止矛盾激化和事态扩大；对本单位可能发生的突发事件和采取安全防范措施的情况，应当按照规定及时向所在地人民政府或者人民政府有关部门报告。

（二）矿山、建筑施工单位和危险物品生产、经营、储运、使用单位的预防义务

矿山、建筑施工单位和易燃易爆物品、危险化学品、放射性物品等危险物品的生产、经营、储运、使用单位，应当制定具体应急预案，并对生产经营场所、有危险物品的建筑物、构筑物及周边环境开展隐患排查，及时采取措施消除隐患，防止发生突发事件。

（三）人员密集场所的经营单位或者管理单位的预防义务

公共交通工具、公共场所和其他人员密集场所的经营单位或者管理单位应当制定具体应急预案，为交通工具和有关场所配备报警装置和必要的应急救援设备、设施，注明其使用方法，并显著标明安全撤离的通道、路线，保证安全通道、出口的畅通。同时，有关单位应当定期检测、维护其报警装置和应急救援设备、设施，使其处于良好状态，确保正常使用。

三、及时调解处理可能引发社会安全事件的矛盾纠纷

县级人民政府及其有关部门、乡级人民政府、街道办事处、居民委员会、村民委员会应当及时调解处理可能引发社会安全事件的矛盾纠纷。这些基层行政机关和群众自治组织的工作往往直接和广大人民群众打交道，能够及时了解到人民群众的思想状况和他们之间存在的矛盾纠纷，因此，应该加强开展矛盾纠纷的排查和调处工作，及时化解各种矛盾纠纷，并加强思想政治工作，解决人民群众思想上存在的问题，以避免矛盾纠纷激化或者群众产生过激行为，引发社会安全事件。同时，充分发挥人民调解委员会的作用，积极调解民间纠纷，宣传国家法律、法规、规章和政策，教育公民遵纪守法，尊重社会公德，从而既能调解纠纷、化解矛盾，又能增强群众的法律意识，提高群众的道德水平，从根本上减少和预防纠纷的发生。

四、建立综合性应急救援队伍

突发事件应急救援队伍，是指由公安消防、特警、武警、军队等力量组成的骨干应急救援队伍，以及各级政府、相关部门、村（居）委会、学校、企事业单位和群众自治组织利用各种力量组成的负责处置本地区、本单位突发事件的各类专职或兼职应急队伍。这些队伍在突发事件应急处置中可以发挥重要作用。

（一）应急救援队伍

1. 综合性应急救援队伍。是由公安消防、特警、武警、军队等作为骨干力量，由各行业、各领域具备一定专业技术水平的专家团队作为技术支撑，具有一定专业技术能力，专门处置各类突发事件中专业技术事故的应急救援队伍，包括由基层政府、有关部门、企事业单位和群众自治组织组建的专职、兼职、义务应急救援队伍。

2. 志愿者应急救援队伍。是由共青团、义工联、红十字会、青年志愿者协会以及其他组织建立的各种志愿者参加的应急救援队伍。

县级以上人民政府应当加强专业应急救援队伍与非专业应急救援队伍的合作，联合培训、联合演练，提高合成应急、协同应急的能力。

（二）应急救援人员人身保险

应急救援处置是一项高危险的工作，本着“以人为本”的原则，国务院有关部

门、县级以上地方各级人民政府及其有关部门、有关单位应当为专业应急救援人员购买人身意外伤害保险，配备必要的防护装备和器材，降低应急救援人员的人身风险。

五、加强应急管理培训、应急知识宣传普及和应急演练

（一）应急管理培训

加强应急管理培训工作，建设高素质应急管理干部队伍，是提高防范和处置突发事件能力的基本途径和重要举措。政府应当建立健全突发事件应急管理培训制度，对政府及其有关部门负有处置突发事件职责的工作人员定期进行培训。解放军、武警部队和民兵组织应当有计划地组织开展应急救援的专门训练。培训内容应该包括：

1. 法律法规培训。通过党和国家及各级党委、政府制定的应急管理工作方针、政策、法律、法规培训，增强党政领导干部的应急管理意识。

2. 应急管理基础理论知识及专业技能培训。学习国内外专家学者对应急管理工作研究的成果，通过信息报告、技术通信、预案管理组织演练等方面的技能培训，提高各级应急管理工作人员应对突发事件的组织协调能力、隐患排查监管能力。

3. 应急救援队伍专业技能培训。由相关专业技术人员提供指导，加强对各类救援队伍的专业技能训练，提高在不同情况下实施救援和协同处置的能力。

（二）应急知识宣传普及和应急演练

宣传和普及应急知识常识，并进行相应的应急演练，有利于牢固树立人民群众的应急管理基本理念，进一步增强防灾减灾意识，提高公众的应急避险和自救互救能力，提升应对突发事件的能力和水平。

1. 应急知识宣传普及和应急演练。县级人民政府及其有关部门、乡级人民政府、街道办事处应当组织开展应急知识的宣传普及活动和必要的应急演练。

居民委员会、村民委员会、企事业单位应当根据当地政府的要求，结合各自的实际情况，开展有关突发事件应急知识的宣传普及活动和必要的应急演练。同时，新闻媒体也应当无偿开展突发事件预防与应急、自救与互救知识的公益宣传。

2. 学校的应急知识教育义务。各级各类学校应当把应急知识教育纳入教学内容，对学生进行应急知识教育，培养学生的安全意识，提高学生的自救与互救能力。教育主管部门应当对学校开展应急知识教育进行指导和监督。

拓展阅读

国际安全科学领域里有一条“海恩法则”，是德国飞机涡轮机的发明者德国人帕布斯·海恩提出的一个在航空界关于飞行安全的法则：每一起严重事故的背后，必然有29次轻微事故和300起未遂先兆以及1000起事故隐患。

按照海恩法则分析，事故的发生是量的积累的结果，但任何不安全事故都是可以预防的。当一件重大事故发生后，我们在处理事故本身的同时，还要对同类问题的“事故征兆”和“事故苗头”及时进行排查处理，防止类似问题的重复发生，消除再次发生重大事故的隐患，把问题解决在萌芽状态。

启示：假如人们在安全事故发生之前，预先防范事故征兆、事故苗头，预先采取积极有效的防范措施，那么，事故苗头、事故征兆、事故本身就会被减少到最低限度，甚至能够避免发生。由此推断，要制服事故，重在防范；要保证安全，必须以预防为主。

任务四　突发事件处置程序和原则

案例1-4

2015年1月4日15时30分，贵州省遵义市习水县二郎乡遵赤高速二郎乡往仁怀市方向路段发生山体滑坡，发生规模约10万立方米，高速公路有300多米被埋，一辆轿车受灾，车内3人死亡，塌方造成交通双向中断。

贵州省委书记及省长立即作出指示，要求迅速组织开展救援工作，抓紧核实被埋车辆和人员情况。同时，贵州省成立了以省长为指挥长的现场抢险救援指挥部，遵义市启动了应急救援预案。贵州省国土、交通、公安、卫生以及遵义市、习水县等有关方面的救援力量在现场开展抢险救援，采取措施疏通高速公路。遵赤高速公路交警大队随即发布绕行方案，并在绕行的收费站增加警力，设置分流标志，指挥车辆绕行。

经过交警及多个部门连续10天的奋战，1月14日高速公路坍塌的所有土石方清理完毕。通车后，遵赤高速大队民警24小时加大巡逻力度，巡查临时通车道路的通行条件，及时维护相关路牌、路标的设置，发现存在安全隐患的，立即通知相关部门整改修复。高速交警部门通过微信平台、路网监控LED情报板、相关媒体对社会发布路况信息，提前拆除有关收费站的分流设施，通过警车压道和喊话器喊话提醒的方式引导第一批车流经过塌方路段，确保车辆经过塌方路程的安全、畅通。

问题思考

案例1-4中有哪些做法是值得我们学习的？在处置中要遵循哪些原则？

一、突发事件处置程序

不同的突发事件有不同的特点、规模、程度、性质和后果，处置的办法和程序因而有所不同，但大致上应该包括以下八个程序。当然，这八个程序并不是处置任何突发事件都必须有的，它们在解决突发事件过程中的地位和作用也是不一样的。

（一）接处警

作为突发事件处置程序中的首要环节，接警是指在接受群众报警后，需要清晰记录下报警的时间、地点、人、联系方式，以及报警事件发生的时间、地点、性质、规模、损伤情况等。接警要求接警员有一定的文化素质和知识储备，态度积极，善于与人沟通，能通过询问技巧抓住问话要点并准确记录，反应敏捷。

处警则是指处警人员接到报警台的指令后赶赴现场，核实报警内容，根据具体情况再予以紧急处置。处警要求民警接到指令后第一时间赶往现场，迅速了解情况，初步判断警情性质，采取合理措施，对警情和处警情况进行取证。

（二）初步研判

突发事件本身具有不确定的特点，因此，其在初始阶段的研判通常不太准确，但通过收集现场的各种信息，可以大致判断突发事件的类型，通过现场情景及人员伤亡、财产损失情况，可以大致估算需要多少应急资源。当然，如果突发事件损失情况不明，对处置级别的判断应该本着“就高不就低”的原则，这样可以更好地应对突发事件发展的不确定性。一般情况下，在广泛收集的信息中，目睹者观察和提供的情况是较为客观和准确的，毕竟他们与事件没有直接的利害关系。根据调查来的情况，找出突发事件发生的因果联系，把握主要问题，就可以为确定事件的性质打下基础。

（三）先期控制

现场处置时，首先要迅速控制事态。先期控制可以把突发事件的发生控制在最小范围，消灭在萌芽状态，因此，先期控制讲究的是快速发现、快速报告、快速行动，抓住先机，争取主动。先期控制时，为了确保社会及公众的生命财产不受损失或少受损失，应急管理人员应当采取果断措施，迅速隔离险境，力争把突发事件和重大事故所造成的损失降低到最低程度，为恢复正常状态提供保证。同时，根据现场的具体情况辨识危险源，确认其位置及危害程度，并对其分类处理。在确保突发事件不会对周围群众造成新的损伤后，应急管理人员再进行抢险救援，组织周边群众有效疏散，实行交通管制，维护现场秩序。

（四）启动预案

通过初步研判了解清楚突发事件发生的原因、过程、性质，确定好突发事件的级别，由相应级别的政府成立应急工作指挥部统一指挥，迅速会同有关职能部门分析讨论，确定符合预案启动的条件后，制定相应对策并启动应急预案。做好人力、物资、设备、技术方案的全面准备是启动应急预案的保障。应急预案的启动可以通过口头、电话、广播或者书面签署的形式。在应急预案的实施过程中，现场负责人根据现状，有权采取有效措施立即处理，防止事件影响扩大化。当事件现场处理完毕或者善后工作结束时，意味着应急预案的终结。如果突发事件形势恶化，所启动的应急预案的级别应当作出相应调整。

（五）指挥协调

指挥，就是使应急处置人员发挥作用；协调，就是联合、调和所有的应对活动及力量。指挥、协调与决策是突发事件应急过程中不断交替使用的管理措施，相互之间联系紧密，指挥过程中存在协调，协调过程中存在指挥。突发事件的应急处置过程需要协调，也需要通过指挥发布指令。作为政府，综合协调既包括政府对所属各有关部门，上级对下级各有关政府，政府与社会各有关组织、团体的协调，又包括各级政府负责突发事件应急管理工作的办事机构的日常协调。目前我国一些大中城市相继建立起了城市应急管理体系，确定应急协调机制，最大限度地发挥现有应急资源的效益。

（六）应急救援

在应急救援中，要遵循先人后物的原则抢救。通过调集应急救援队伍、应急救援物资，派出专家团队赶赴突发事件现场，制定对策，开展有效的应急救援，可以控制突发事件的发生与扩大，减少损失，迅速组织恢复正常状态。抢救受害人时，应当考虑“先近后远”“先多后少”“先易后难”“先轻后重”等原则。应急救援的基本任务包括：组织抢救受害人员，组织撤离或者采取其他措施保护危险区域的其他人员；迅速控制事态，监测、检测事件所造成的危险、危害，测定事件的危害区域、危害性质及维护程度；消除危害后果，做好现场恢复；查明事件原因，评估危害程度。

（七）信息发布

做好突发事件信息发布要遵循及时、准确、公开、透明的原则。主动发布事件及其处置的准确权威信息，积极回应社会关切，与群众进行有效沟通，有利于提升政府的形象和公信力。信息发布要注意两个方面：一是政府相关部门有发布信息的职责，政府提供的信息越充分，社会的不良信息或者虚假信息就会越少。二是新闻媒体或者其他个人发布虚假信息对社会造成危害的，行政机关或者司法机关应当及时介入，发布准确信息，追究造谣惑众者的法律责任。突发事件信息发布的形式，除了政府召开新闻发布会，接受媒体采访，提供新闻通稿，领导发表讲话，通过官方网站、微博、微信等新媒体发布等外，还可以安排专业人士、现场抢险救援人员、事件当事人、独立第三方等参与信息发布，以提高信息的权威性和可信度。

（八）评估总结

当突发事件的应急处置工作结束以后，需要对整个事件进行评估。通过全面收集信息，了解事件所造成的破坏程度，从社会效应、经济效应、心理效应和形象效应等多方面评估有关措施的合理性和有效性，并如实撰写详尽的突发事件处置报告，为以后处置类似事件提供参照。同时，要从事件中总结经验、教训，认真分析突发事件发生的原因，反思工作中的不足。通过评估反思，切实改进工作，对原有应急管理体系进行更为科学合理的调整，加强恢复重建工作的监督落实，努力消除各种不安定因素，从根本上杜绝类似突发事件的发生。

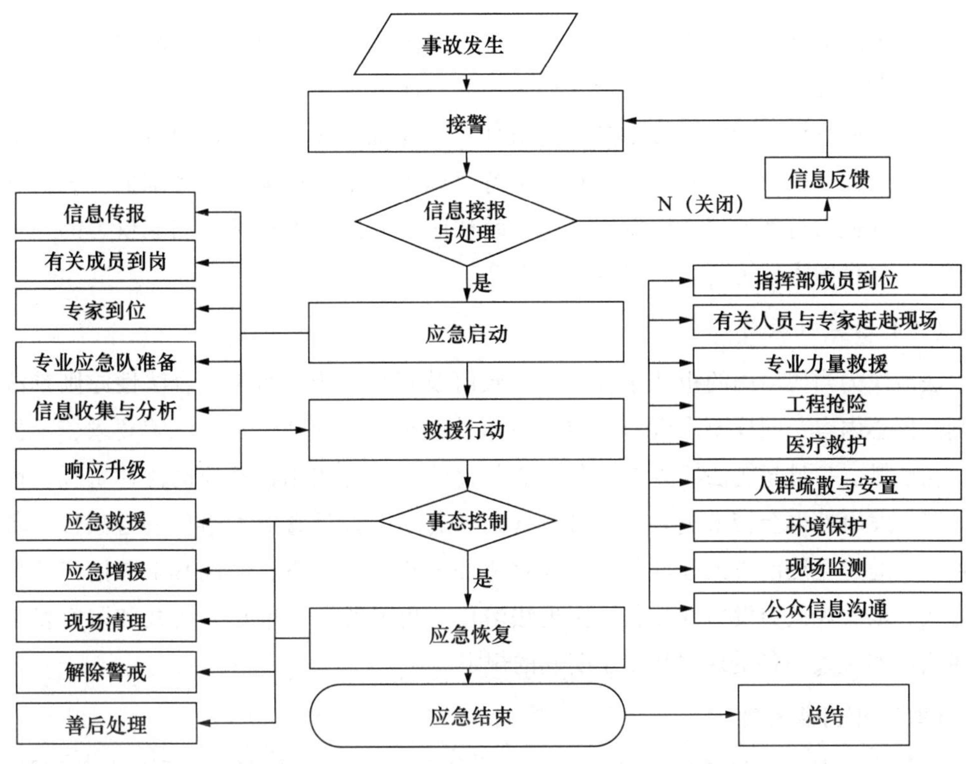

图 1-2　突发事件应急处置流程

二、突发事件处置原则

《国家突发公共事件总体应急预案》开篇就提到了我国预防与处置突发事件的六个工作原则："以人为本，减少危害；居安思危，预防为主；统一领导，分级负责；依法规范，加强管理；快速反应，协同应对；依靠科技，提高素质。"据此，突发事件处置有以下九个原则：

（一）快速反应原则

快速反应原则是处置突发事件的根本原则。突发事件本身具有不确定性和危害性，一旦事件发生而没有立即采取有效的应急处置措施，没有及时控制住整个事件的发展，将很可能导致整个突发事件处置失败。在突发现场出现任何环节或者时间上的延误都有可能加大应急处置工作的难度，甚至引发更为严重的后果。因此，快速反应作为应急处置的首要原则，要求当突发事件发生以后，必须最短时间赶赴现场，初步控制事态，尽可能减少损失或伤害，为恢复重建创造有利条件。

（二）以人为本原则

国家尊重和保障人权是我国的宪法原则，其本质就是“以人为本”的思想。治理现代化国家的关键正是以人为本。突发事件具有危害性，应急处置时将面临不同价值目标的取舍。处置突发事件应当把人的生命和健康放在第一位，这一价值目标应当优先于其他任何目标，最大限度地减少人员伤亡，保证公民的生命健康权、财产权等基本权利。因此，国家在突发事件应对中坚持“以人为本”的原则，将维护公民的基本权利作为其权力行使的根本出发点，是宪政秩序下公民基本权利对国家权力的一种必然要求，也是国家权力行使的正当性的体现。

（三）合法性原则

法治作为当代治国的重要手段，要求政府及其官员依法行事。合法性原则是法治原则的核心内容，同样要求政府应对突发事件必须依据法律，符合法律要求，不能与法律相抵触。一旦超越法律处置事件，不仅违法人员应当承担相应的法律责任，而且对处置突发事件也会带来更多的质疑和障碍。为了保证处置突发事件的合法性，各国都致力于通过立法的方式来规制政府在这方面的权力和职责，明确其采取措施的范围和方式，依法规范突发事件处置，实现法治化。我国就有《中华人民共和国突发事件应对法》对突发事件的应对作出了明确的规定。

（四）比例性原则

比例性原则，又叫“禁止过度”原则，是在一般合法的基础上提出更高的要求。在实践中是指在处置突发事件时除了有法律依据这一前提外，政府还必须选择对人民侵害最小的方式进行，即兼顾国家、社会及公共利益的同时又不妨害第三人的权利，确保基本人权的实现。其本质上要求行政机关采取的措施不得超越宪法和法律所容许的范围或者目的，采取的手段不能与所追求的目的之间明显失衡、不成比例，同时坚持效率优先，又要坚持最小代价的原则。如果有同等措施可以供采用，应当选择对公民、法人和其他组织权益侵害最小的措施。

（五）协调联动原则

突发事件情况复杂、牵扯面较广，既关系人民生命财产，又可能影响经济发展、社会稳定，还可能牵扯国际、国内舆论，因此需要统筹全局、考虑周全，以免顾此失彼。我国建立了统一领导、综合协调、分类管理、分级负责、属地管理为主的应急管理体制。综合协调，既包括政府对所属各有关部门，上级对下级各有关政府，政府与社会各有关组织、团体的协调，也包括各级政府负责突发事件应急管理工作的办事机构的日常协调。综合协调就是在分工负责的基础上强化统一指挥、协同联动，以减少运行环节，降低行政成本，提高快速反应能力。

（六）科学性原则

突发事件的处置救援是综合性的，因此，在处置过程中，要充分发挥科学技术的作用，将专家的科学决策作为智力支撑，采用高科技的处置技术和设备，充分利用专业人员的专业装备、专业知识、专业能力，加强公共安全科学研究和技术开发，使突发事件处置依法、科学、有序地进行，减少不必要的损失。广大科技工作者要发挥跨部门、跨学科、跨领域的专业优势和整体合力，为突发事件的处置提供科学依据和决策咨询。

（七）程序性原则

突发事件的应急处置必须依据一定的评估标准和优先次序来确定现场处理的程序。如果法律有明确规定，则首先遵照法律的规定实施。对于最早赶到现场进行应急救援的人员来说，必须先对现场状况有一个基本调查和评估后再确定行动的优先次序，继而迅速开展救援工作。一般而言，处置程序首先要考虑抢救受害人的生命，保证人们最基本的生存条件；其次，要以经济为标准区分轻重缓急；再次，必须考虑现场救援人员的实际救援能力；最后，确定出当次的应急救援与处置的程序。

（八）资源共享原则

突发事件发生时，应对资源往往掌握在不同的部门或者机构手中，信息资源的共享就尤为重要。应通过各种方式收集突发事件的相关信息并建立良好的信息沟通渠道，整合现有的突发事件的监测、预测、预警等信息系统。如果能够建立良好的资源准备和配置机制，整合现有突发事件应急处置资源，建立网络互联互通、信息资源共享、科学有效的防范体系，将有效的资源用于处置突发事件，将最大限度地提高资源的综合使用效果。

（九）公开透明原则

《中华人民共和国突发事件应对法》规定，履行统一领导职责或者组织处置突发事件的人民政府，应当按照有关规定统一、准确、及时地发布有关突发事件事态发展和应急处置工作的信息。该法律同时规定，有关人民政府及其部门作出的应对突发事件的决定、命令，应当及时公布。突发事件通常能够引起社会的高度关注，需要公民的支持和参与，因此信息的发布和披露至关重要。应对突发事件一定要坚持公开透明的原则。该原则要求在应对突发事件时，信息披露、原因调查、处理方式、责任追究等各个环节都保持公开透明，以公开为原则、不公开为例外，确保公众的知情权。

拓展阅读

110指挥中心系统是应急指挥的中枢，是网络中心、信息中心、信息发布中心、通信中心、调度中心、监控中心的功能汇集。这个系统充分集成已经建成的应急指挥应用系统，视频监控系统，有无线通信系统，主机系统，公安 GPS、GIS 系统，政府视频会议等，实现中心与 119、120、区呼叫中心及政府其他职能部门在语言、图像、数据和应和等方面的互联互通，使应急指挥的决策指挥层面有一个先进的媒体工作平台，对发生在辖区范围内的突发事件能够“看得见、听得清、呼得出、信息准、反应快”，确保“指令下得去，情报上得来”。

城市应急联动系统是实现政府协调指挥各相关部门，处理城市特殊、突发、紧急事件和向公众提供社会紧急救助服务的联合行动系统。它为城市构建了一张全面的应急预警和处理“安全网”，完善了各级政府对突发事件的应急联动和快速反应机制，实现了跨地区、跨部门、跨警区以及不同警种之间的统一指挥协调、快速反应、统一应急、联合行动，真正实现了社会服务的联动，有效应对了突发事件，切实保障了人民群众的财产与生命安全。

任务五　突发事件预案的制作

案例1–5

2015 年 1 月 10 日 9 点 48 分，闵行海事局接电，该辖区 132 灯浮浦东侧水域有一空载锚泊船“鲁济宁货××”发生火灾。接报后，指挥中心迅速启动船舶火灾应急预案，立即指派在塘口船厂检查船舶的“海巡 01048”轮赶往现场抢险，通报海巡总队请求增派海巡艇赶往现场协助抢险，同时通知专业救助力量赶往现场，以期快速控制火势。

“海巡 01048”轮 10 分钟内到达现场后发现，该船装有三瓶液化气罐和 3～4 吨船舶燃料油，船上生活区发生火灾。现场执法人员无法控制当时火势，先将唯一一名在船船员安全转移至海事巡逻艇，然后启动巡逻艇应急消防泵准备灭火，岸基消防力量也随后到达黄浦江边。但起火船属于锚泊船，且现场巡逻艇应急消防泵压力有限，始终无法尽快控制火势。于是闵行海事局指定“海巡 01048”轮为现场救助协调船，指挥海巡总队三艘巡逻艇参与救助，分三批次将 10 名消防官兵送到事发水域开展灭火工作。事发 1 小时后，船舶火情得到有效控制，待明火全部扑灭，消防官兵开始对该船进行冷却；经过两个小时的抢救，火势最终成功扑灭，有效控制了火势蔓延，防止了事故的恶化，事故未造成人员伤亡和水域污染。

问题思考

案例 1–5 中提到的应急预案给你什么启示？如何把死的应急预案转化为活的应急能力呢？

一、应急预案的概念

（一）应急预案的含义

关于预案，《现代汉语词典》的解释是为了应付某种情况的发生而事先制定的处置方案。从文种性质来讲，预案属于工作计划的一种，即预备方案，它是根据评估分析或经验，针对潜在的或可能发生的突发事件的类别和影响程度而事先制定的应急处置方案。

应急预案，又称“应急计划”，是指针对可能发生的突发事件，为保证快速、有序、有效地开展应急救援行动，降低突发事件造成的严重损失而预先制定的有关行动计划或方案。它是经过辨识和评估潜在的重大危险、事故类型、发生的可能性、发展过程、事故后果及影响严重程度后，对应急机构与职责、人员、技术、装备、设施（备）、物资、救援行动及其指挥与协调等方面预先作出的具体安排。它明确了在突发事件发生之前、之中、之后，由谁负责做什么，什么时候做，怎么做，以及准备了什么资源来应对等。它是开展应急救援的行动计划和实施指南，是标准化的反应程序。

（二）应急预案体系

根据《国家突发公共事件总体应急预案》规定，全国突发事件应急预案体系包括：

1. 总体应急预案。它作为全国应急预案体系的总纲，是国务院应对特别重大突发公共事件的规范性文件。

2. 专项应急预案。主要是国务院及其有关部门为应对某一类型或某几种类型突发公共事件而制定的应急预案。

3. 部门应急预案。是国务院有关部门根据总体应急预案、专项应急预案和部门职责为应对突发公共事件制定的预案。

4. 地方应急预案。具体包括：省级人民政府的突发事件总体应急预案、专项应急预案和部门应急预案；各市（地）、县（市）人民政府及其基层政权组织的突发事件应急预案。预案要求在省级人民政府的领导下，按照分类管理、分级负责的原则，由地方人民政府及其有关部门分别制定。

5. 企事业单位根据有关法律法规制定的应急预案。

6. 举办大型会展和文化体育等重大活动时，主办单位应当制定应急预案。

（三）类型

根据应急预案的涉及范围不同，应急预案可以分为综合应急预案、专项应急预案、现场处置方案。综合应急预案从总体上阐述应急方针、政策，应急组织结构及应急职责，应急措施和保障等基本要求；专项应急预案是针对具体的事件类别、危险源和应急保障而制定的计划或方案，它有明确的救援程序和具体的应急救援措施；现场处置方案是针对具体的装置、场所或设施、岗位所制定的应急处置措施，具有较强的实操性和针对性。

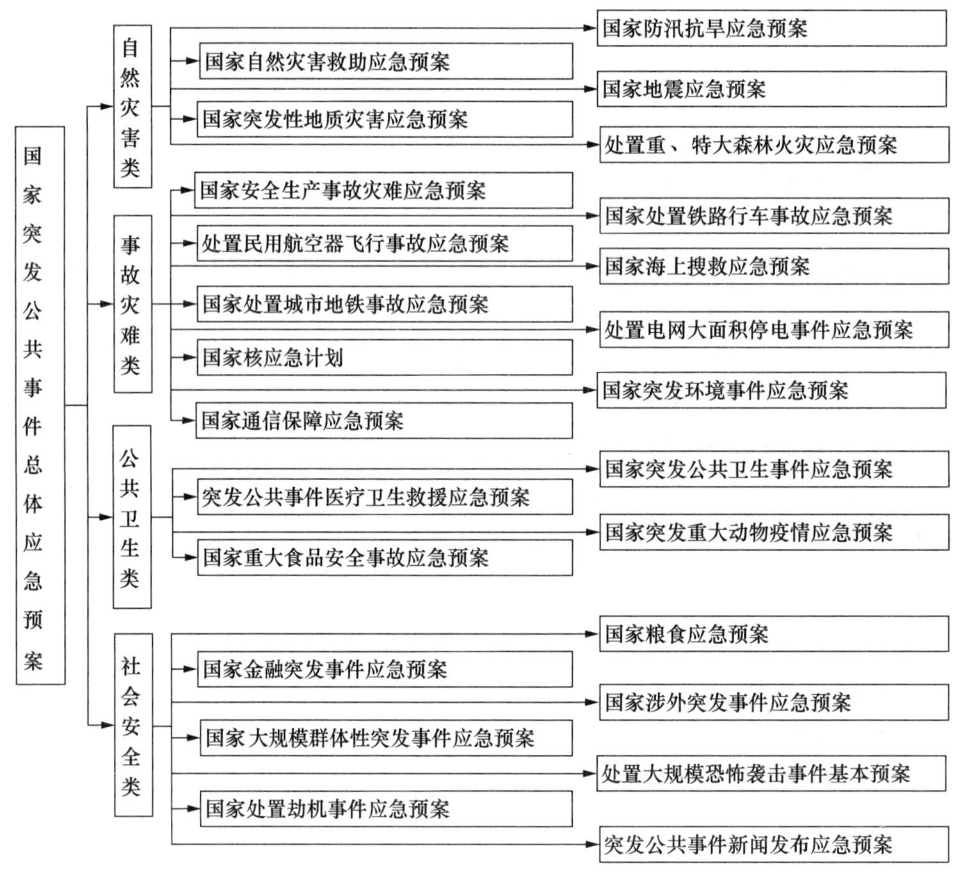

图1-3　突发事件专项应急预案

根据应急预案的编制主体不同，应急预案可以分为政府预案和企业预案。政府预案由政府组织制定，由相应级别的政府负责；企业预案由企业根据自身情况制定，由企业负责。

二、应急预案的编制

《左传》有言："居安思危，思则有备，备则无患。"编制应急预案的目的，在于提高政府保障公共安全和处置突发公共事件的能力，最大限度地预防和减少突发公共事件及其造成的损害，保障公众的生命财产安全，维护国家安全和社会稳定，促进经济社会全面、协调、可持续发展。当突发事件发生后，启动应急预案予以处置，能够

做到未雨绸缪，防患于未然。

（一）主要内容

应急预案一般具有四个基本要素，即突发事件的情景、参与应对处置的主体、需使用的应急资源以及采取的基本行动和措施。

根据2004年国务院办公厅发布的《国务院有关部门和单位制定和修订突发公共事件应急预案框架指南》，应急预案的主要内容包括：

1. 总则。包括编制预案的目的、工作原则、编制依据、适用范围等。

2. 组织指挥体系及职责。包括应急组织机构的职责、权力和义务，以突发事件应急响应全过程为主线，明确事件发生、报警、响应、结束、善后处理处置等环节的主管部门与协作部门；以应急准备及保障机构为支线，明确各参与部门的职责。

3. 预警和预防机制。包括信息监测与报告、预警预防行动、预警支持系统、预警级别及发布。

4. 应急响应。包括分级响应程序，信息共享和处理，通信，指挥和协调，紧急处置，应急人员的安全防护，群众的安全防护，社会力量动员与参与，事故调查分析、检测与后果评估，新闻报道，应急结束等。

5. 后期处置。包括善后处置、社会救助、保险、突发事件调查报告和经验教训总结及改进建议。

6. 保障措施。包括通信与信息保障，应急支援与装备保障，技术储备与保障，宣传、培训和演习，监督检查等。

7. 附则。包括相关术语、编码的说明，预案管理与更新，国际沟通与协作，奖励与责任，制定与解释部门，预案实施或生效时间等。

8. 附录。包括相关的应急预案、预案总体目录、分预案目录、各种规范化格式文本、相关机构和人员通讯录等。

（二）编制方法

应急预案的编制一般可以分为五个步骤，即组建编制团队，分析法律法规、危险和应急能力，编制预案，评审与发布预案，实施预案。

1. 组建编制团队。应急预案编制工作涉及面广、专业性强，是一项复杂的系统工程。编制成功需要有关职能部门和团体的积极参与，并达成一致意见，尤其是需要寻求与危险直接相关的各方进行合作。因此，组建一个应急预案编制团队，规定预案编制人员的基本要求，明确预案编制任务、职责分工和工作计划，将各有关职能部门、各类专业技术有效结合起来，应急各方通过协作与交流统一不同观点和意见，从而有效保证应急预案的准确性、完整性和实用性。

2. 分析法律法规、危险和应急能力。想要准确完成应急预案的编制目标和内容，就必须进行危险分析和应急能力评估工作。想要有效完成危险分析和应急能力评估工作，就必须首先进行初步的资料收集，包括相关的法律法规、应急预案、技术标准、国内外同行业案例分析、技术资料、重大危险源等。

（1）法律法规分析。包括：分析国家相关法律、地方政府法规与规章，例如突发事件应对法、防洪法、消防法、传染病防治法、国家安全法等；调研现有预案，例如政府预案、行业预案、企业预案等；调查基础情况，例如单位基本情况、风险源基本情况、过去发生的类似情况等。通过分析法律法规及已有预案，可以避免与所要编制的预案发生冲突。

（2）危险分析。危险分析是应急预案编制的关键过程。它是指在辨识分析、评价危险因素及排查、治理事故隐患的基础上，确定本区域或本单位可能发生事故的危险源、事故的类型、影响范围和后果等，指出事故可能产生的次生、衍生事故，形成分析报告，将分析结果作为应急预案的编制依据。分析危险时通常考虑五个因素：历史情况、地理因素、技术问题、人的因素和环境因素。

（3）应急能力分析。编制应急预案时应当在评估应急能力是否与潜在危险相适应的基础上，选择最现实、最有效的应急策略。应急能力分析就是依据危险分析的结果，评估应急资源准备状况的充分性和从事应急救援活动所具备的能力，明确应急救援的需求和不足。应急能力包括应急资源（应急人员、应急设施、装备和物资）及应急人员的技术、经验和接受的培训等。目前城市应急能力评价内容包括：法制基础、管理机构、指挥中心、专业队伍、专兼职队伍和志愿者、危险分析、监测和预警、指挥与协调、防灾减灾、后期处理、通信和信息保障、决策支持、装备和设备、资金、培训、演练、宣传教育、预案编制。

3. 编制预案。针对可能发生的突发事件，结合法律法规、危险和应急能力的分析等信息，按照《国家突发公共事件总体应急预案》《国务院有关部门和单位制定和修订突发公共事件应急预案框架指南》《省（区、市）人民政府突发公共事件总体应急预案框架指南》等有关规定和要求编制应急预案。

编制应急预案过程中，要确定具体的工作目标和阶段性工作时间表。例如，工作任务清单中要落实到具体的人员和时间；确定预案总体和各章节的结构时按章节分配给具体成员；培训编制人员发挥自身专业优势，使每个人都能掌握危险分析和应急能力分析结果，明确应急预案的框架、应急过程行动重点以及应急衔接、联系要点。同时，编制的应急预案应充分利用社会应急资源，考虑与政府应急预案、上级主管单位以及相关部门的应急预案相衔接。如果涉及外部机构支援时，应事先沟通协调。企业编制预案应将相关的情况报告地方政府主管部门，将上级的应急要求和精神纳入本单位的应急预案。

4. 评审与发布预案。

（1）应急预案的评审。应急预案编制单位或管理部门依据我国有关应急的方针、政策、法律、法规、规章、标准和其他有关应急预案编制的指南性文件与评审检查表，组织开展应急预案评审工作，取得政府有关部门和应急机构的认可。

应急预案评审采取形式评审和要素评审两种方法。形式评审主要用于应急预案备案时的评审，要素评审用于生产经营单位组织的应急预案评审工作。应急预案评审采用符合、基本符合、不符合三种意见进行判定。同时，应急预案评审要坚持 7 个原则：合法性、完整性、针对性、实用性、科学性、操作性、衔接性。

（2）应急预案的发布。应急预案应由单位各级管理人员、应急管理人员和应急响应人员充分讨论和修订、评审，经批准后发布，并报送有关部门和应急机构备案。

5. 实施预案。应急预案经批准后实施生效。应急预案实施主要包括：应急预案宣传、教育和培训，应急资源的定期检查落实，应急演练，应急预案的实践，应急预案的电子化，事件回顾等。通过有效实施，不断更新、完善所编制的应急预案。

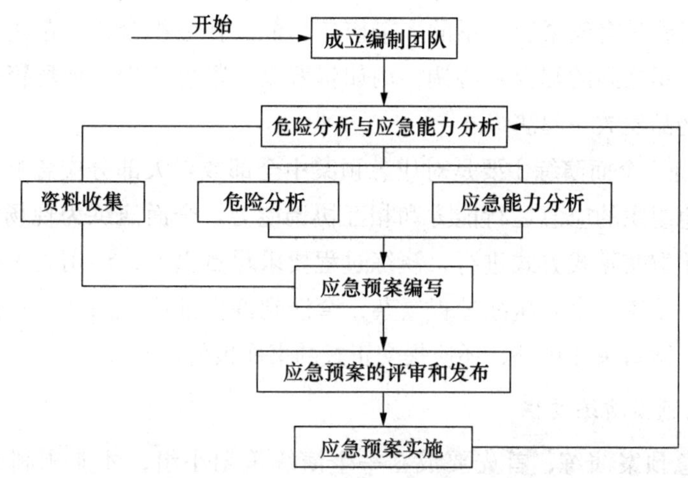

图 1-4　应急预案编制流程

三、应急预案的演练

应急预案演练是在预先虚拟的突发事件中，应急指挥体系中各个部门的组成人员针对假设的特定情况，启动应急预案，执行实际突发事件发生时各自职责和任务的排练活动。简单地说，就是一种模拟突发事件发生并启用应急预案应对的演习。实践证明，应急预案演练能在突发事件发生时有效减少人员伤亡和财产损失，迅速从各种灾难中恢复正常状态。通过演练应急预案，可以提高公众应对突发事件的风险意识，检验应急预案效果的可行性，进一步明确各自的岗位与职责，把死的应急预案转化为活的应急能力，增强了整个社会对突发事件的应急反应能力。

（一）应急预案演练的类型

根据演练规模的不同，应急预案演练可以分为桌面演练、功能演练和全面演练。

1. 桌面演练。桌面演练主要是锻炼演练人员解决问题的能力，明确应急组织相互协作和职责划分的问题。桌面演练一般在会议室进行，由应急组织的代表或者关键岗位人员参加，针对有限的应急响应和内部协调活动，按照应急预案及标准工作程序讨论紧急情况时应采取的行动，讨论不受时间限制。通过口头评论的形式收集参加人员的建议，形成书面报告，总结演练活动和提出改进建议。三种类型的演练中，桌面演练成本最低。

2. 功能演练。功能演练主要针对应急响应功能，检验应急人员以及应急体系的策划和响应能力。功能演练一般在应急指挥中心或者现场指挥部进行，并可同时开展现场演练，调用有限的应急设备。演练完成后，除采取口头评论形式外，还应向地方提交有关演练活动的书面汇报，提出改进建议。功能演练又可以分为单项演练和组合演练，单项演练是针对某项应急功能进行的演练，例如现场警戒、人群疏散、医疗救护等。组合演练是将具有较紧密联系的多个应急功能或任务组合在一起进行演练，以加强各应急救援组织之间的配合和协调，例如将警报、紧急公告、现场警戒、人群疏散与医疗救护、药品发放一起演练。

3. 全面演练。全面演练主要是对应急预案中全部或者大部分应急响应功能进行检验，以评价应急组织的应急运行能力和相互协调能力。全面演练为现场演练，一般持续几个小时，采取交互式方式进行，演练过程要求尽量真实，调用更多的应急人员和资源进行实战性演练。全面演练过程复杂，牵涉到许多部门，因此，事前应当经过周密策划。事后，除口头评论外，还应提交正式的书面报告。

（二）应急预案演练过程

要进行应急预案演练，首先要成立一个演练策划小组，才能顺利开展一系列的演练。

1. 演练准备。包括：确定演练的时间、地点、参加人员，明确演练的目标、方案、规则、范围，制作预案演练表格，准备道具等物品。

2. 演练实施。包括：模拟最真实情景实施演练，解决演练过程中出现的问题，记录演练过程。

3. 演练总结。包括：总结评价演练效果，写演练的评价报告，肯定经验，通报不足，跟进整改。

（三）应急预案演练人员

1. 演练人员。主要职责是：熟悉应急响应体系和所承担的任务及行动程序；根据模拟场景和紧急情况作出反应，执行相应的应急任务；与其他应急演练人员共同控制模拟突发事件的恶化。

2. 控制人员。主要职责是：根据演练情景控制整个应急演练进展，使演练既充分又有挑战性；解答演练人员的疑问；解决演练过程中出现的问题；保障演练安全。

3. 模拟人员。主要职责是：模拟突发事件的发生情景；模拟受害人员或受影响人员；扮演某些未能参加演练的部门。

4. 评价人员。主要职责是：收集资料并观察重点演练要素；记录事件、时间、地点、详细演练经过；观察并记录演练人员的表现；协助控制人员确保演练按计划进行；总结演习结果并出具演习报告。

5. 观摩人员。包括相关部门人员、外部机构人员以及其他旁观人员。

四、应急预案的管理

（一）启动

只有当出现的突发事件满足应急预案中所设定的启动条件时，应急预案才可以启动。《国家突发公共事件总体应急预案》中对于应急预案启动的规定是："突发公共事件发生后，事发地的省级人民政府或者国务院有关部门在报告特别重大、重大突发公共事件信息的同时，要根据职责和规定的权限启动相关应急预案，及时、有效地进行处置，控制事态。""对于先期处置未能有效控制事态的特别重大突发公共事件，要及时启动相关预案，由国务院相关应急指挥机构或国务院工作组统一指挥或指导有关地区、部门开展处置工作。"同样，对于其他企事业单位而言，应急工作小组接到现场发生突发事件的报警并核实后，应当立即报告单位第一管理者，由单位第一管理者决定并发布正式启动应急预案的命令，并在同一时间向上级单位的应急工作小组报告。

（二）终止

当突发事件已经被控制到一定范围内，整个事件发展态势得以遏制并即将进入全面恢复阶段时，应急预案也应当适时予以终止。终止条件一般在应急预案中有事先规定，《国家突发公共事件总体应急预案》规定："特别重大突发公共事件应急处置工作结束，或者相关危险因素消除后，现场应急指挥机构予以撤销。"

五、应急预案的更新

随着社会环境的不断变化，必然会出现应急预案不能满足实际需求的情况。虽然我国不少城市应急预案都已经有明显进步和完善，但是应急预案无论怎么完善都会有一定的局限性，而且它也存在一定的滞后性，不利于及时应对新环境下的突发事件。因此，每一次灾害过后，应急预案制定机关都应当根据实际需要和情势变化，组织相关人员适时修订完善应急预案。应急预案的评估和修改保证了突发事件发生后能够有序、有效地处置，为应对各类突发事件打下了良好的基础。

应急预案更新需要具备以下七个基本条件之一：应急方面的相关法律、法规变化；地区、企业的危险源或风险因素变化；应急组织体系或指挥体系变化；机构、部门或人员职责变化；通过演练发现预案中存在的问题；实践应急工作中总结出的经验；预案生效并执行超过修订规定年限。

拓展阅读

美国是使用应急预案较早的国家之一。在20世纪50年代之前，应急救援还被看做是受灾人的邻居、宗教团体及居民社区的一种道德责任，而不是政府的责任。1967年，美国开始统一使用“911”报警救助电话号码。20世纪60～70年代，美国地方政府、企业、社区等开始大量编制应急预案，但20%的地方政府到1982年还没有正式的应急预案。1992年，美国联邦应急管理署（Federal Emergency Management Agency，FEMA）组织来自全美的科学家和政府官员对应急预案的形式、内容及其分类做了全面调研和深入分析，制定并发布了《联邦应急预案》(Federal Response Plan)。“9·11”事件之后的2002年，将FEMA包括在内的美国国土安全部（Department of Homeland Security，DHS）成立。2004年，美国发布了更为完备的《国家应急预案》（National Response Plan)。

问题思考

1. 突发事件的含义和基本特征是什么？如何对突发事件进行分类？
2. 突发事件预防的方法及其处置程序和原则有哪些？
3. 应急预案的编制流程是怎样的？

项目二

自然灾害预防与处置

知识目标

了解自然灾害的含义和预防；

掌握地震、洪水、泥石流的临灾处置；

明确自然灾害处置方法和原则。

能力目标

能够运用自然灾害处置方法处理各种自然灾害；

能够运用自然灾害处置原则指导实践工作中的临灾处置。

任务一　自然灾害的概述和预防

案例2-1

1970年5月31日，秘鲁瓦斯卡兰山发生特大雪崩，山下容加依城被全部摧毁，造成2万居民死亡。

1970年11月，强热带风暴“博拉”袭击原东巴基斯坦（现孟加拉国），造成特大洪水、暴雨灾害，死难人数30万以上。

1985年11月13日，哥伦比亚内瓦多德尔鲁伊斯火山两次爆发，造成两个城镇完全被毁，死亡2.5万人。

2004年12月26日，印度洋发生大海啸，印度尼西亚、斯里兰卡、泰国受灾严重，各国死难总人数达20万以上。

2011年3月11日，日本发生了里氏9级地震，并引发了海啸、核电泄漏、火灾等，造成约2.5万人遇难，59万多人紧急避难，日本经济受到了重大打击。

……

问题思考

1. 什么是自然灾害？

2. 案例 2－1 提到了哪些自然灾害？如何将它们进行归类？

理论知识

一、自然灾害的概述

（一）自然灾害的含义

对于自然灾害的定义，《中华人民共和国国家标准（GB/T 24438.1－2009）：自然灾害灾情统计第1部分：基本指标》中指出，自然灾害是指给人类生存带来危害或损害人类生活环境的自然现象，包括干旱、洪涝、台风、冰雹、暴雪、沙尘暴等气象灾害，火山、地震灾害，山体崩塌、滑坡、泥石流等地质灾害，风暴潮、海啸等海洋灾害，森林草原火灾和重大生物灾害等。

（二）我国关于自然灾害的分类

我国是世界上自然灾害种类最多的国家，国家科委、国家计委、国家经贸委自然灾害综合研究组将自然灾害分为七大类：气象灾害、海洋灾害、洪水灾害、地质灾害、地震灾害、农作物生物灾害、森林生物灾害和森林火灾。

1. 气象灾害。主要有暴雨雨涝、干旱、热带气旋、霜冻低温等冷冻害、风雹、连阴雨、浓雾及沙尘暴等其他灾害共7大类20余种。一年四季都可出现气象灾害，无论在高山、平原、高原、海岛，还是在江、河、湖、海以及空中，处处都有气象灾害。据联合国公布，1947～1980年全球因自然灾害造成人员死亡达121.3万人，其中61%是由气象灾害造成的。

2. 海洋灾害。主要有灾害性海浪、海冰、赤潮、海啸和风暴潮；与海洋与大气相关的灾害性现象还有“厄尔尼诺现象”和“拉尼娜现象”、台风等。据统计，近20年，我国由风暴潮、风暴巨浪、严重海冰、海雾及海上大风等海洋灾害造成的直接经济损失每年约5亿元，死亡500人左右。同时，海洋灾害给世界各国带来的损失呈上升趋势。台风每年给全球造成上百亿美元的经济损失，约为全部自然灾害经济损失的1/3。

3. 洪水灾害。主要有暴雨灾害、山洪、融雪洪水、冰凌洪水、溃坝洪水、泥石流与水泥流洪水等。中国、孟加拉国是世界上洪水灾害发生最频繁的地区，美国、日本、印度和欧洲的洪水灾害也比较严重。

4. 地质灾害。主要有山体崩塌、滑坡、泥石流、地面下降、地面塌陷、岩石膨胀、沙土液化、土地冻融、土壤盐渍化、土地沙漠化以及地震、火山、地热害等。据统计，20世纪90年代以来，我国因地质灾害造成的损失每年都在200亿元以上，人员死亡约

1000 人。

5. 地震灾害。主要有构造地震、陷落地震、矿山地震、水库地震等。中国、日本、伊朗、土耳其、美国、印尼等国都是地震灾害严重的国家。在地震灾害中，发达国家经济损失大，发展中国家人员伤亡重。

6. 农作物生物灾害。主要有农作物病害、农作物虫害、农作物草害和鼠害等。据联合国粮农组织统计，全球谷物生产因虫害常年损失 14%，因病害损失 10%，因草害损失 5.8%，病虫草害可夺去农作物产量的 30%。

7. 森林生物灾害和森林火灾。森林生物灾害主要有森林病害、森林虫害和森林鼠害等。森林火灾是一种突发性强、破坏性大、处置救助较为困难的自然灾害。全世界每年平均发生森林火灾 20 多万次，烧毁的森林面积约占全世界森林总面积的 1‰以上。我国现在每年平均发生森林火灾 1 万多次，烧毁森林几十万至上百万公顷，约占全国森林面积的 5‰～8‰。

（三）我国自然灾害的特点

我国是世界上自然灾害最为严重的国家之一。我国的自然灾害，主要有以下五个特点：

1. 种类较多。目前来说，我国除了没有现代火山活动以外，几乎所有自然灾害的类型都在我国出现过，包括气象灾害、海洋灾害、洪水灾害、地质灾害、地震灾害、农作物生物灾害、森林生物灾害和森林火灾。

2. 分布广泛。在我国，自然灾害的分布范围很广。不管是海洋还是陆地，地上还是地下，城市还是农村，平原、丘陵还是山地、高原，只要有人类的活动，自然灾害就有发生的可能。当然，不同区域的自然地理环境会展现出不同类别的自然灾害。

3. 发生频繁。近几十年来，我国自然灾害的发生次数呈现出增加的趋势。从地理位置上来说，我国处于两大地震带交汇处，容易发生地震；从气候上来说，我国季风环流不稳定，促进水旱灾害的形成；从人为破坏上来说，乱砍滥伐、过度放牧、围湖造田等不合理的人类活动加剧了自然灾害的频发。

4. 损害严重。我国每年发生的大大小小自然灾害很多。从自然灾害发生的时间、地点和规模等具有不确定性来说，这在很大程度上增加了人们抵御自然灾害的难度。从经济基础上来说，我国还是较为薄弱的，在防灾减灾方面的投入不足，难以抵挡严重的自然灾害侵袭。从人口密度上来说，我国人口分布不均，人口都集中在我国东部地区，一旦发生自然灾害，由此带来的生命财产损失将会很大。

5. 互为影响。我国的自然灾害之间具有联系性。某些自然灾害可以互为条件，形成灾害群或灾害链。例如，暴雨可以成为一个灾害链，它可以导致洪水、泥石流、滑坡、山体崩塌等；火山活动也是一个灾害群，它可以导致火山爆发、冰雪融化、泥石流、大气污染等一系列灾害。

二、自然灾害的预防

自然灾害是人类依赖的自然界中所发生的异常现象，它对人类社会所造成的危害往往触目惊心。我们要从科学的意义上认识这些灾害的发生、发展，尽可能减少它们所造成的危害，并做好对自然灾害的预防工作。

（一）风险管理

风险管理是一种降低成本的方法。它通过主动采取措施来提高国家和全社会的抗风险能力，预防或者尽可能减少自然灾害的破坏，而不是被动地接受自然灾害所带来的损害。

1. 建立重大突发事件风险评估体系。秉承“预防为主”的原则，国家建立重大突发事件风险评估体系，健全完善自然灾害风险隐患数据库，对我国重点区域各类自然灾害风险进行评估，编制全国灾害风险区及重点区域灾害风险图，以此为基础，开展对重大项目的灾害综合风险评价试点工作。同时，完善灾情统一标准，建立我国自然灾害灾情统计体系，健全灾情信息快报、核报工作机制，建立相关部门的灾害信息沟通、会商、通报制度。

2. 建立突发事件监测网络体系。国家建立危险源、危险区域的实时监控系统和危险品跨区域流动监控系统。在完善现有气象、水文、地震、地质、海洋、环境等自然灾害监测网的基础上，适当增加监测密度，提高技术装备水平。在完善省市县乡村五级公共卫生事件信息报告网络系统的同时，健全传染病和不明原因疾病、动植物疫情、植物病虫害和食品药品安全等公共卫生事件监测系统。

（二）防灾减灾

我国减灾防灾的指导方针是“以防为主，防抗救相结合”。以防为主，才能最大幅度地降低伤亡和经济损失。因此，应通过防灾减灾工作，主动应对突发事件，提高整体抗灾能力。防灾减灾包括了工程性措施和非工程性措施。工程性措施包括防汛抗旱、防震抗灾、防风防潮、防沙治沙、生态建设等防灾减灾工程和基础设施建设，非工程性措施包括制定防灾减灾法律法规、编制综合减灾规划、建设减灾示范社区、宣传教育培训、研发科学技术、国际交流合作等。

（三）备灾

备灾，指防备灾害，采取有效应对自然灾害的各项保障性措施，包括自然灾害类应急预案体系建设、应急指挥系统建设、应急队伍建设、救灾资金保障机制建设、应急物资储备体系建设、应急装备建设、灾情信息管理系统建设、科技支撑平台建设等。

（四）预警预报

根据国务院2010年颁布并施行的《自然灾害救助条例》第13条规定，县级以上人民政府或者人民政府的自然灾害救助应急综合协调机构应当根据自然灾害预警预报启动预警响应。灾害预警预报，是指根据有关部门提供的灾害预警预报信息，结合预警地区的自然条件、人口和社会经济背景数据库，进行分析评估，及时对可能受到自然灾害威胁的相关地区和人口数量做出灾情预警。同时，建立健全灾害信息共享制度，减灾委办公室、全国抗灾救灾综合协调办公室及时汇总各类灾害预警预报信息，向成员单位和有关地方通报信息。

任务二　自然灾害处置方法和原则

案例2-2

2005年8月29日，5级飓风“卡特里娜”登陆美国路易斯安那州的新奥尔良市，防洪堤因风暴潮而决堤，城市八成地方遭洪水淹没，造成最少750亿美元的经济损失，1836人丧生，成为美国史上破坏最大的飓风。

预警信号发布后，美国政府要求新奥尔良城市百万人撤离飓风可能抵达的地区，但是该市多数被困居民属于穷人，没有交通工具，没有能力离开，部分人还对飓风预警抱着侥幸心理，在提前两天得到警告的情况下仍未撤离，且政府也没有强制把这些人转移出城。灾难发生后，政府救灾行动迟缓，致使灾害进一步扩大。新奥尔良市的社会治安工作也没有跟上，9月1日出现无政府状态的混乱局面，部分地区的劫匪们大肆烧杀抢掠和强奸，和警方进行枪战。2日发生数次剧烈爆炸。4日市里发生武装团伙与警察之间的枪战。新奥尔良市警察面临沉重压力，有2名警察自杀身亡，200名警察提出辞职。灾区有30万~40万儿童无家可归，5名灾民因感染霍乱弧菌丧生。灾区的两处航天设施遭飓风破坏，美铁火车日落特快号由纽尔良至奥兰多服务中断。

虽然美国国家大气海洋局对“卡特里娜”飓风的预报是比较成功的，也发布了飓风预警信号，但最终仍造成了灾难性结果。这在一定程度上反映了美国在应急体系上存在的问题以及应对灾难准备上的不足。

问题思考

1. 反思案例2-2，我国的地方政府在台风登陆前应如何有效发动各方面力量，妥善做好高风险区群众转移避险工作？

2. 结合案例2-2，我国的地方政府在灾后需要采取哪些有效措施，以保障好受灾群众的基本生活，维护灾区社会治安秩序？

理论知识

一、自然灾害的处置方法

为积极应对可能出现的自然灾害，高效、有序地组织应急行动，最大限度地减少人员伤亡、财产损失，有必要采取有针对性的措施：

1. 组织营救和救治受害人员，疏散、撤离并妥善安置受到威胁的人员以及采取其他救助措施；

2. 迅速控制危险源，标明危险区域，封锁危险场所，划定警戒区，实行交通管制以及其他控制措施；

3. 立即抢修被损坏的交通、通信、供水、排水、供电、供气、供热等公共设施，向受到危害的人员提供避难场所和生活必需品，实施医疗救护和卫生防疫以及其他保障措施；

4. 禁止或者限制使用有关设备、设施，关闭或者限制使用有关场所，中止人员密集的活动或者可能导致危害扩大的生产经营活动以及采取其他保护措施；

5. 启用本级人民政府设置的财政预备费和储备的应急救援物资，必要时调用其他急需物资、设备、设施、工具；

6. 组织公民参加应急救援和处置工作，要求具有特定专长的人员提供服务；

7. 保障食品、饮用水、燃料等基本生活必需品的供应；

8. 依法从严惩处囤积居奇、哄抬物价、制假售假等扰乱市场秩序的行为，稳定市场价格，维护市场秩序；

9. 依法从严惩处哄抢财物、干扰破坏应急处置工作等扰乱社会秩序的行为，维护社会治安；

10. 采取防止发生次生、衍生事件的必要措施。

二、自然灾害的处置原则

正确应对和处置自然灾害，必须把握三个原则：

（一）统一领导、综合协调的原则

自然灾害的突发性、危害性和不确定性等特点，要求对自然灾害的应急处置必须坚持统一领导的原则，避免出现多头领导、多重指挥导致应急状态沟通协调成本的增加。在各级党委的领导下，在中央，国务院是突发事件应急管理工作的最高行政领导机关；在地方，地方各级政府是本级行政区突发事件应急管理工作的行政领导机关。在应急状态下，统一领导至关重要，它保障了沟通协调的统一性，强调上下左右的综合协调，包括上下级政府之间、上级部门与下级部门之间、同级部门之间、相邻单位或不相隶属单位之间等，强化协作意识。国家相关部门在国务院统一领导下，按照各自职责和权限，各司其职，密切配合，做好各项抗灾救灾工作。

（二）分级负责、属地管理为主的原则

处置自然灾害必须坚持分级负责、属地管理的原则。依照这一原则，在救援实施方面，由事发当地地方政府负责具体救援指挥工作，但法律、行政法规规定由国务院有关部门对特定突发事件的应对工作负责的，以国务院有关部门管理为主。同时，根据自然灾害的影响范围和级别，确定自然灾害处置工作由不同层级的人民政府负责。在这个过程中，强调属地为主、条块结合、互不推诿，在各级人民政府的领导下，由各级主管部门具体负责。各级主管部门应当与地方人民政府密切配合，充分发挥专业优势，积极开展各种自然灾害的现场指挥和救援工作。

（三）预防为主、预防与应急相结合的原则

有备未必有患，但无备必有大患。平时要开展对自然灾害隐患的普查和监控，加强灾情信息报告和预警工作，建立和完善监测、预测和预警体系，做好常态下的风险评估、物资储备、队伍建设、预案演练等工作。同时，要全力做好应急处置和善后工作。每当重大自然灾害发生后，灾区各级政府应该在第一时间启动应急响应，成立由当地党委和政府领导担任指挥、相关部门作为成员的灾害应急指挥机构，确定灾害应对策略和措施，组织开展现场应急处置工作，包括抢险救援、转移安置、应急救助、医疗救护、社会动员，并及时向上级政府和相关部门报告灾情和抗灾救灾的进展情况。

任务三　地震的临灾处置

案例2-3

2011年3月11日14时46分，日本发生里氏9.0级地震。作为地震频发国，日本非常重视向民众普及防震、逃生避难的知识，完善抗震设施，加强整个社会的应急救援能力。

预警：地震预告系统覆盖整个国家

日本拥有世界上最好的地震预警系统，数百万人在地震发生前大约1分钟内就得知了消息。政府通过广播、电视和卫星数据传输系统来播发地震警报，有些人还能通过手机和电子邮件收到警报。

防震：从小演练，家家有张避难地图

在日本，防震知识和逃生演练是学校的必修课程。每户日本人家都有“急救包”和一张各个区域发放的《灾害时避难场所》地图。有关部门还准备了公众预案。

逃生：切断电源往外跑，避难不忘爱护环境

地震发生后国民首先切断电源，熄灭一切火源。为了防止传染病发生，日本还规定不要乱扔垃圾，不要随地大小便。

应灾：政府提供物资，秩序井井有条

地震发生当即，日本气象厅发布海啸预警，地震发生半小时之内恢复通信，一小时后自卫队出动救灾。当天到每户巡视了解伤亡情况，水、电、煤气在三天之内全部恢复，网络没有中断。政府每隔一段时间发布一次地震的情况以及政府的最新政策。地震发生后，所有的大型超市、公共场所、学校……都开辟为临时避难场所，并且提供免费的食品和毯子。避震完毕，大家散去后地上没有一片垃圾。震后部分地区手机通信中断，所有民众排队打公共电话……

问题思考

案例2－3中有哪些做法是值得我们学习的？给了你什么启示？

理论知识

据统计，全球每年大概会发生500多万次地震，有感地震占1%；在有感地震中，仅100次左右会造成灾害，其中，对人类造成严重危害的地震大约有10～20次；造成特别严重灾害的地震大约有1～2次。地震常常造成严重的人员伤亡，能引起水灾、火灾、有毒气体泄漏、细菌及放射性物质扩散，还可能造成海啸、滑坡、山体崩塌、地裂缝等次生灾害。

一、地震的含义、特点和危害

（一）地震及地震灾害

地震，是指地壳快速释放能量过程中造成振动，期间产生地震波的一种自然现象。引起地震的主要原因是地球板块与板块之间相互挤压碰撞，造成板块边沿及板块内部产生错动和破裂。地震灾害，是指由地震引起的强烈地面振动及伴生的地面裂缝和变形，使各类建（构）筑物倒塌和损坏，设备和设施损坏，交通、通信中断和其他生命线工程设施等被破坏，以及由此引起的火灾、爆炸、瘟疫、有毒物质泄漏、放射性污染、场地破坏等造成人畜伤亡和财产损失的灾害。

（二）地震的特点

地震灾害和其他的自然灾害有着不同的特点，主要有以下特点：

1. 突发性强。地震灾害的瞬间突发性是其他任何自然灾害都不能比拟的。地震瞬间发生，其作用的时间很短，短则几秒，长则几十秒，就可以顷刻间造成山崩地裂、房屋倒塌、人员伤亡。目前绝大多数地震还不能做到临震预报，地震的发生往往出乎预料，有时事前还没有明显的预兆，以致来不及逃避，难以采取人员撤离等应急措施进行应对，造成大规模的灾难。

2. 破坏性大。地震波到达地面以后造成大面积的房屋和工程设施的破坏。地震使大量抗震能力较差的房屋倒塌，是造成人员死亡最多的自然灾害。若发生在人口密集、经济发达地区，往往造成大量的人员伤亡和巨大的经济损失，尤其城市灾害日趋严重。中国是全球地震灾害最严重的国家之一。据我国20世纪大陆地震灾害统计数据表明，6.0～6.9级地震发生了380次，7.0～7.9级地震发生了65次，8.0级以上地震发生了7次，8.5级以上地震发生了2次，6级以上地震袭击过的省份达28个，死亡人数有59万人，伤残人数有76万人，倒塌房屋达600余万间，受灾人数有数亿人次，直接经济损失数百亿元，间接经济损失数千亿元。

3. 次生灾害多。地震瞬间巨大的作用力不仅会造成严重的直接灾害，还会引起其他一系列次生灾害，如海啸、滑坡、泥石流、火灾、水灾、毒气泄漏、流行病、放射性污染、瘟疫等。有的次生灾害的严重程度远远超过直接灾害所造成的损害，有的次生灾害还可能造成另一个次生灾害。地震灾害，无论直接灾害，还是次生灾害，只要涉及电力、油和气等能源设施，供水和排水设施，公路和铁路等交通设施，以及通信设施等支撑城市中枢机能和居民日常生活的生命线工程，损失就会格外严重。

4. 持续时间长。一般主震过后发生一系列余震是很普遍的事，余震会持续很长一段时间，这些后续地震虽然没有主震大，但都会有不同程度的发生，那部分主震已经震坏但尚未倒塌的建筑物再遭遇强余震时就可能倒塌。同时，由于破坏性大，灾区的恢复和重建的周期也比较长，因为在重建之前要对受灾的建筑物及地理环境进行调查评估，制定恢复重建规划等。

5. 防御难度大。我国目前的地震预报水平还停留在对地震孕育发生的原理、规律有所认识，但还没有完全认识的阶段；我们能够对某些类型的地震作出一定程度的预报，但还不能预报所有的地震；我们做出的较大时间尺度的中长期预报有一定的可信度，但短临预报的成功率还相对较低，特别是临震预报。因此，与其他气象灾害相比，地震预测要困难得多，地震灾害的预防也更困难。

6. 社会影响深远。由于地震突发性强、破坏性大、次生灾害多，它对一个地区甚至一个国家的社会生活和经济活动都会造成巨大冲击，社会波及面广，负面影响较大，心理受创、人力资源受损、产能被破坏、整体区域资源结构发生改变，这些都比其他自然灾害造成的社会影响更广泛、更强烈、更深远。

（三）地震的危害

1. 直接灾害。一是地面破坏，如地面裂缝、塌陷、喷水冒砂等；二是海啸、海底地震引起的巨大海浪冲上海岸，造成沿海地区的破坏；三是建筑物与构筑物的破坏，如房屋倒塌、桥梁断落、水坝开裂、铁轨变形等；四是建筑物的破坏倒塌直接导致人员伤亡、财产损失等。

2. 次生灾害。地震会间接引起火灾、水灾、毒气泄漏、疫病蔓延、海啸等次生灾害。例如：电器因地震短路引燃煤气、汽油等而引发火灾；水库大坝、江河堤岸因地震倒塌或震裂而引发水灾；化工厂管道、贮存设备因地震受到破坏而导致有毒物质泄漏、蔓延，危及人们的生命和健康；因地震导致卫生状况恶化，造成疫病流行等。

二、临震的应急准备

（一）保障临震急用物品物资

地震发生之后，水塔、水管往往被震坏，造成供水中断。食品、医药等日常生活用品的生产和供应会受到影响。为度过震后初期的生活难关，临震前社会和家庭都应准备一定数量的食品、水和日用品。

（二）划定疏散路线和避难场所

城市人口密集，人员避震和疏散比较困难，为确保震时人员安全，震前要按街、区分布，就近划定群众避震疏散路线和场所。同时，因房舍被震坏，余震又不断发生，需要临时搭建防震、防火、防寒、防雨的防震棚作为临震避难场所。此外，还需要在城内抗震能力强的场所，或在城外设置急救中心，备好床位、医疗器械、照明设备和药品等。

（三）组织人员撤离并转移物品财产

得到正式临震预报通知后，各种公共场所应暂停活动，迅速、有序地动员和组织群众撤离公共场所及房屋，及时将重要财产转移到安全区域，以便在抗震救灾中能发挥作用。震前还要把易燃、易爆和有毒物转运到城外存放。

（四）合理安排生产、抢险

临震前，各级政府要就地组织好抢险救灾队伍，包括救人、医疗、灭火、供水、供电、通信等。必要时，某些工厂应在防震指挥部的统一指令下暂停生产或低负荷运行。对于化工厂、煤气厂等容易发生地震次生灾害的单位，要加强监测和管理，设专人昼夜站岗和值班。

（五）确保机要部门的安全

城市内各种机要部门和银行比较多，地震时要加强安全保卫，防止国有资产损失和机密泄漏。消防队的车辆必须出库，消防人员要整装待发，以便及时扑灭火灾，减少经济损失。

（六）做好家庭防震准备

已发布地震预报地区的居民必须做好家庭防震准备，制订家庭防震计划，检查并及时消除家里不利防震的隐患，加固住房，合理放置家具、物品，准备好必要的防震物品，有条件的可以进行家庭防震演练。

三、临震的应急响应

各有关地方和部门根据灾情和抗灾救灾需要，可以采取以下应急措施：

（一）搜救人员

组织基层应急队伍和广大群众开展自救互救，同时组织协调当地解放军、武警部队、地震、消防、建筑和市政等各方面救援力量，调配大型吊车、起重机、千斤顶、生命探测仪等救援装备，抢救被掩埋人员。现场救援队伍之间加强衔接和配合，合理划分责任区边界，遇有危险时及时传递警报，做好自身安全防护。搜救人员的顺序要合理，一般救多数人，救活着的人，遵循由浅入深、由外向内、先易后难、先重伤后轻伤、先救人后救物的原则。每一次人员的成功抢救，往往不是一种特勤装备或一次救援行动就能够解决的，而是要经历几个回合，或由多种器材装备的合成操作才能完成。

（二）开展医疗救治和卫生防疫

组织协调应急医疗队伍赶赴现场，抢救受伤群众，必要时建立战地医院或医疗点，实施现场救治。加强救护车、医疗器械、药品和血浆的组织调度，特别是加大对重灾区及偏远地区医疗器械、药品供应，确保被救人员得到及时医治，最大限度地减少伤员致死、致残。统筹周边地区的医疗资源，根据需要分流重伤员，实施异地救治。开展灾后心理援助。

加强灾区卫生防疫工作。及时对灾区水源进行监测消毒，加强食品和饮用水卫生监督；妥善处置遇难者遗体，做好死亡动物、医疗废弃物、生活垃圾、粪便等的消毒和无害化处理；加强鼠疫、狂犬病的监测、防控和处理，及时接种疫苗；实行重大传染病和突发卫生事件每日报告制度。

（三）安置受灾群众

开放应急避难场所，组织筹集和调运食品、饮用水、衣被、帐篷、移动厕所等各类救灾物资，解决受灾群众的吃饭、饮水、穿衣、住处等问题；在受灾村镇、街道设置生活用品发放点，确保生活用品的有序发放；根据需要组织生产、调运、安装活动板房和简易房；在受灾群众集中安置点配备必要的消防设备器材，严防火灾发生。救灾物资优先保证学校、医院、福利院的需要；优先安置孤儿、孤老及残疾人员，确保其基本生活。鼓励采取投亲靠友等方式，广泛动员社会力量安置受灾群众。做好遇难人员的善后工作，抚慰遇难者家属；积极创造条件，组织灾区学校复课。

（四）抢修基础设施

抢通修复因灾损毁的机场、铁路、公路、桥梁、隧道等交通设施，协调运力，优先保证应急抢险救援人员、救灾物资和伤病人员的运输需要。抢修供电、供水、供气、通信、广播电视等基础设施，保障灾区群众的基本生活需要和应急工作需要。

（五）加强现场监测

地震局组织布设或恢复地震现场测震和前兆台站，实时跟踪地震序列活动，密切监视震情发展，对震区及全国震情形势进行研判。气象局加强气象监测，密切关注灾区重大气象变化。灾区所在地抗震救灾指挥部安排专业力量加强空气、水源、土壤污染监测，减轻或消除污染危害。

（六）防御次生灾害

加强次生灾害监测预警，防范因强余震和降雨形成的滑坡、泥石流、滚石等造成新的人员伤亡和交通堵塞；组织专家对水库、水电站、堤坝、堰塞湖等开展险情排查、评估和除险加固，必要时组织下游危险地区人员转移。

加强危险化学品生产储存设备、输油气管道、输配电线路的受损情况排查，及时采取安全防范措施；对核电站等核工业生产科研重点设施，做好事故防范处置工作。

（七）维护社会治安

严厉打击盗窃、抢劫、哄抢救灾物资、借机传播谣言制造社会恐慌等违法犯罪行为；在受灾群众安置点、救灾物资存放点等重点地区，增设临时警务站，加强治安巡逻，增强灾区群众的安全感；加强对党政机关、要害部门、金融单位、储备仓库、监狱等重要场所的警戒，做好涉灾矛盾纠纷化解和法律服务工作，维护社会稳定。

（八）开展社会动员

灾区所在地抗震救灾指挥部明确专门的组织机构或人员，加强志愿服务管理；及时开通志愿服务联系电话，统一接收志愿者组织报名，做好志愿者派遣和相关服务工作；根据灾区需求、交通运输等情况，向社会公布志愿服务需求指南，引导志愿者安全有序地参与。视情况开展为灾区人民捐款捐物活动，加强救灾捐赠的组织发动和款物接收、统计、分配、使用、公示反馈等各环节工作。必要时，组织非灾区人民政府，通过提供人力、物力、财力、智力等形式，对灾区群众生活安置、伤员救治、卫生防疫、基础设施抢修和生产恢复等开展对口支援。

（九）加强涉外事务管理

及时向相关国家和地区驻华机构通报相关情况；协调安排国外救援队入境救援行动，按规定办理外事手续，分配救援任务，做好相关保障；加强境外救援物资的接受和管理，按规定做好检验检疫、登记管理等工作；适时组织安排境外新闻媒体进行采访。

（十）发布信息

各级抗震救灾指挥机构按照分级响应原则，分别负责相应级别地震灾害信息发布工作，回应社会关切。信息发布要求统一、及时、准确、客观，提高地震灾害信息发布的时效性和覆盖面。

（十一）开展灾害调查与评估

地震局开展地震烈度、发震构造、地震宏观异常现象、工程结构震害特征、地震社会影响和各种地震地质灾害调查等。民政、地震、国土资源、建设、环境保护等有关部门，深入调查灾区范围、受灾人口、成灾人口、人员伤亡数量、建构筑物和基础设施破坏程度、环境影响程度等，组织专家开展灾害损失评估。

四、地震灾害中的搜索策略与方法

（一）搜索策略

搜索策略，是指要根据不同类型的场地或建筑物、不同的倒塌类型、不同时段、不同的外部环境影响等因素，确定各个区域或建筑物的搜索优先级别，选用搜索方法，部署搜索兵力和指派搜索任务。

确定各区域的搜索优先级别有两种方法：

1. 按照街区或其他易于定义的单位对任务区进行划分，将可用的资源平均分配。这种方法适用于较小的区域。

2. 根据建筑物的类型、用途和发震时间了解可能的幸存者的数量，以此确定搜索优先级。

（二）搜索方法

1. 人工搜索。人工搜索，就是向场地派出搜索人员进行搜索，搜索人员用肉眼对建筑物或场地的空区进行评估，以发现任何可能存在幸存者的迹象。该方法不需要其他资源就能完成，但有其局限性：一是这种搜索方法的前提是幸存者能够听到呼叫，并有能力作出反应；二是营救人员工作时需要距潜在危险地区比较近，因此，无法进入建筑物的所有空区，精确性较差。通常，对于大片开阔的场地可以采用地毯式搜索，对于小范围内的重点地区可以采用旋转式搜索。

2. 搜索犬搜索。搜索犬灵敏的嗅觉可以发现废墟下已失去知觉的幸存者和失去行动能力的幸存者。但这种方法使用范围有限，应与其他搜索方法相结合。

3. 技术搜索。利用各种生命探测仪搜索，例如音频生命探测仪、雷达生命探测仪、光学生命探测器、热成像生命探测仪、全功能生命探测仪等，可以在各种气候情况下透过混凝土、砖、雪、冰和泥浆即时移动探测，帮助搜救人员迅速、准确、安全地发现仍然存活的遇险者，从而为营救工作争取到宝贵的时间。但生命探测仪无法确定是几个人，只能探测有生命迹象存在，无法确定是否为人的生命迹象。

五、地震灾害现场的人员救助

（一）震后自救

震后自救，是指地震后被埋压人员利用自身的条件排除危险，保存生命的措施。

被埋压的人员要有信心和勇气，消除恐惧心理，尽快清理压在身上的物体，脱离危险区；一时不能脱险的，要设法扩大安全空间，保持呼吸道畅通，可用毛巾、衣服等捂住口、鼻，防止烟尘窒息；保持头脑清醒，不要大声呼喊和勉强行动，要分析自己被埋压的位置，想办法用砖块、木棍等支撑可能坠落的重物，尽量保存体力，等待救援；当听到地面有人时，可使用石块或者铁具敲击物体以发出声响，尽一切办法向外发出呼救信号；维持生命，尽量寻找食品和饮用水，必要时自己的尿液也能起到解渴作用。

（二）震后互救

震后互救是指地震后灾区幸免于难的人们，对被埋压人员实施救助的措施。

快速救人是震后互救的原则，在抢救时要注意听被困人员的呼喊、呻吟、敲击器物的声音；要根据房屋结构，先确定被困人员位置，再行抢救，以防发生意外伤亡；同时要先抢救建筑边沿瓦砾中的幸存者，及时抢救那些容易获救的幸存者，以扩大互救队伍；外援抢救队伍应当首先抢救的是医院、学校、旅社、招待所等人员密集的地方。

救援讲究方法，首先应使头部暴露，迅速清除口鼻内尘土，防止窒息，再行抢救，不可用利器刨挖；对于埋在废墟中时间较长的幸存者，首先输送食品和饮料，然后边挖边支撑，注意保护幸存者的眼睛；对于颈椎和腰椎受伤人员，施救时切忌生拉硬拖，要慢慢地暴露其全身，慢慢移出后用硬木板担架送到医疗点；对于一息尚存的危重伤员，应尽可能在现场进行救治，并迅速送往医疗点和医院。

拓展阅读

为应对频繁发生的地震和火山等极端地质灾害，日本磨炼出不少具备特殊技能的专业救助队伍。这支队伍曾活跃在日本“3·11”大地震、核电站泄漏事故、大型水害等各种自然灾害之中，我国四川汶川地震时也出现过他们的身影。他们就是日本的特别高度救助部队。

日本规定，为能在发生大型灾害和事故时迅速且高效地展开救援，在全国的政令指定都市和东京都必须设立特别高度救助部队。目前日本全国共有21个特别高度救助部队，每个队的队员都在5人以上。特别高度救助部队创立于1964年。从设立之初，该救助部队就连续5年接受自卫队特种部队的训练。因此，队员的一招一式都很军事化，每进行一步都要高声报告。要想成为特别高度救助部队成员，首先要经过5年的艰苦训练，加入普通救助队，然后每年从中选拔300人进行特别考核，包括各种体能测试，然后再通过潜水以及各种高难度仪器设备、车辆等的操作考试。得分最高的前15名才能参加特别高度救助部队。由于对体能的要求过于严格，虽然没有性别限制，但是目前还没有女性能通过考试加入特别高度救助部队。

特别高度救助部队的队员们在地震废墟上搜救生存者时，首先要组成一个搜救小组，树立告示牌，写明几日几时哪个小队在此进行搜救，以防止搜救过的地方被重复搜索。然后进入废墟呼唤，如果没有发现应答，则用感应器确认废墟下面是否有人存活。一旦确定幸存者具体位置，就用微型探头确定废墟下的情况。接下来队员带着一个薄而柔软的塑料担架先后潜入残垣断壁之下，将幸存者固定在担架上救出来。特别高度救助部队要应对各种可能的灾害，除了寻找幸存者的高精度工具外，还要携带防护服装、特种气体识别仪器，用于防止化学武器灾害。此外，该救助队还配备搭载有强烈吹风机的消防车、搭载吊车的消防车等特别车辆。

日本政府规定，在紧急救护中心必须有一名专业医生24小时值班，对事故现场的医疗救助提供及时指导。同时该中心还建立了一套判断事故紧急程度的系统。在接到通报电话后，接话员可通过电脑画面大致确认事故发生位置，如果是固定电话，还能马上显示来电家庭住址，即使是手机，也可通过GPS确认大体位置，在询问伤情时同步将情况输入电脑，系统就会对紧急程度作出判断，接线员据此发出正确的救护出动指令，从而发挥装备和人力的最大作用。

任务四　洪水、泥石流的临灾处置

案例2-4

2012年8月17日18时至18日凌晨，成都市彭州龙门山镇银厂沟景区遭遇有历史记录以来最大暴雨，引发多处山洪泥石流和山体滑坡，交通、通信、电力、供水中断。彭州市政府及时预警、科学应对，在6小时内两次组织群众主动避险，紧急疏散转移1.5万余人，临时安置8000余人，成功避免1200人因灾伤亡。

彭州市建成了山洪防治及防汛预警系统，针对地质灾害建立了完善的“市、镇、村”三级地质灾害预警响应机制。龙门山镇采取拉响警报、敲打铜锣、入户传递和短信群发等方式发布信息，通知游客及当地群众疏散转移。通过短信平台向镇村干部、地灾隐患点监测员、应急民兵等300多人发布指令，集结力量帮助群众和游客转移，对于拒不转移的人员实施强制转移。彭州市平时重视群众防灾避险宣传教育，在地质灾害隐患点开展逐村、逐组、逐点的地质灾害防治知识培训，帮助群众掌握逃生避险的技能方法。彭州市还每年定期进行防灾救灾的演练，邀请省市各级专家进行指导。

彭州市在应急避险点位的软硬件建设有些滞后，造成点位缺乏充足的床位和食品药品、饮用水等应急物资，交通中断也不能得到及时的供应，基本保障存在一定隐忧。同时，应急转移时，镇村一级缺乏医疗救护、应急救援等专业队伍，不规范的操作使得救援人员和被救援人员的生命安全都存在潜在风险，且延缓救援时间。

问题思考

案例2-4中有哪些做法是值得我们学习的？还有哪些方面是需要改进的？

理论知识

一、洪水的临灾处置

洪水，是指超过江河、湖泊、水库、海洋等容水场所的承纳能力，造成水量剧增或水位急涨的一种水文现象。洪水灾害，是指洪水给人类的生存和社会发展造成损失与祸患。在人类历史上，每年都会发生洪水灾害，给人民群众的生命和财产造成严重伤害和巨大损失。

（一）我国洪水的特点及危害

受气候地理条件和社会经济因素的影响，我国的洪水灾害具有影响范围广、发生频繁、受损严重、引发次生灾害、可以防御的特点。

1. 影响范围广。我国地域辽阔，自然环境差异很大，具有产生多种类型洪水和严重洪水灾害的自然条件和社会经济条件。我国受洪水灾害威胁的地区总面积达73.8万平方千米，耕地5亿亩。长江、黄河、淮河、海河、珠江、松花江、嫩江、辽河等八大江河的周边地区均受洪水灾害的严重威胁。

2. 发生频繁。洪水灾害每年都会发生，只是大小程度有所不同。据统计，自新中国成立以来，尤其20世纪50年代，10年中就发生大洪水11次。洪涝灾害频繁，既有自然因素，也有人为因素。地球大气圈进入活跃期，大气环流异常、太阳黑子爆发、热带风暴频发等，都可构成持续的梅雨或特大暴雨，我国洪水灾害恰以暴雨成因为主。此外，人类不恰当地干预了自然，必然会遭到自然的报复。

3. 受损严重。洪水灾害往往造成江、河、水库堤坝溃决，大量城乡居民因无法及时逃生而遇难，以致人员伤亡重大。洪水灾害会造成粮食大量减产，甚至绝收；冲塌房屋，吞没财产；工矿企业单位被淹，被迫停产停业；破坏水利设施，毁坏铁路、公路和城镇基础设施，使地面交通基本陷于瘫痪；经济损失严重，直接影响政治、经济以及人民的正常生活秩序。

4. 引发次生灾害。洪水灾害常常伴随泥石流、滑坡、山崩、化工设施毁坏后所发生的化学事故和灾后出现的瘟疫、饥荒等次生灾害，使灾情趋于复杂化、扩大化。

5. 可以防御。由于洪水灾害涉及地域广、受灾人数多、灾害周期长，道路交通、通信中断等，给救援工作带来了极大困难。虽然人类不可能根治洪水灾害，但通过各种努力，可以尽可能地缩小灾害的影响程度和空间范围，减少损失。

（二）洪水的应急准备

1. 在雨季，要多收听洪水警报信息，多了解水面可能上涨到的高度和可能影响的区域。如果出现持续不断的大雨和大风暴，要远离水道和低洼地区，在高地驻扎会更加安全。如果水位上升，就转移到更高的地域。

2. 洪水发生时，其流动是比较缓慢的，通常有充分的警戒时间。面对可能的汛情，首先应在门槛外垒起一道防水墙，最好的材料是沙袋，也就是用麻袋、塑料编织袋或米袋、面袋装入沙石、碎石、泥土、煤渣等，然后再用旧地毯、旧毛毯、旧棉絮等塞堵门窗的缝隙，如果预测洪水会涨得很高，在底层窗槛外也要垒防水墙。

3. 洪水即将来临时，要作必要的物资准备，提高避险的成功率：①准备无线电收音机，随时收听、了解各种相关信息；②准备饮用水，多备罐装果汁和保质期长的食品，密封捆扎以防变质；③准备保暖的衣物及治疗感冒、痢疾、皮肤感染的药品；④准备可以用作通信联络的物品，如手电筒、蜡烛、打火机等；⑤准备颜色鲜艳的衣物及旗帜、哨子等，以防不测时当做信号；⑥准备救生工具和烧火用具等，特别是偏僻山区，收集绳子或床单等东西，以备不时之用；⑦将汽车加满油，保证随时可以开动。

4. 平时要学会自制简易木筏的技能，用身边任何入水可浮的东西，如床、木梁、箱子、圆木、衣柜等绑扎而成。洪水来临时，要准备好救生物品，选择一切可以救生的物品逃生，体积较大的空容器、木质家具、三大球类的浮力都很好。

（三）洪水的临灾处置

1. 应急自救。

（1）当洪水迅猛，来不及撤离时，迅速向屋顶、大树、高墙等高处转移，并想办法发出求救信号，条件允许时，可利用船只、木板、木床等漂浮物转移。

（2）不要爬到土坯房的屋顶，这些房屋浸水后容易倒塌。在不了解水情时，不要冒险涉水，尤其是急流，要在安全地带等待救援。

（3）发现高压线铁塔倾倒、电线低垂或断折时，迅速远避，防止触电。

2. 应急救援。

（1）洪水来临时，要冷静观察水势和地势，迅速向附近的高地、楼房转移。转移时要先人员后财产，先老幼病残人员，后其他人员。

（2）在洪水灾害中，一旦有人溺水应当立即施以援救。对溺水者的急救措施，包括搬运、检查溺水者情况、清除口鼻中异物、排出腹水、人工呼吸、心脏按摩和转送医院抢救等。

（3）洪水退后，把所有淹死的动物尸体烧掉，所有的水饮用前要彻底煮沸；给房子彻底消毒，包括空调、供暖管道和过滤器，在重新使用之前检查并烘干所有电器，保持居住环境的清洁和通风，用消毒剂冲洗所有被污染的地方。

（4）在检查被水淹过的房子时，要使用手电筒，不要使用火柴，以防因煤气泄漏而引发火灾，同时向有关方面报告毁坏的基础设施线路。

二、泥石流的临灾处置

泥石流，是指在山区或者其他沟谷深壑、地形险峻的地区，因为暴雨、暴雪或其他自然灾害引发的山体滑坡，并携带有大量泥沙以及石块的特殊洪流。泥石流是一种灾害性的地质现象。

（一）泥石流的特点及危害

1. 特点。

（1）季节周期性。我国泥石流主要是受连续降雨、暴雨，尤其是特大暴雨集中降雨的激发。因此，泥石流发生的时间与集中降雨时间规律相一致，具有明显的季节性。同时，泥石流的发生发展与暴雨、洪水、地震等的活动周期也大体一致。

（2）流速快历时短。一般来说，泥石流流动的速度受地形坡度的制约，即地形坡度较缓时，滑坡、泥石流的运动速度较慢；地形坡度较陡时，滑坡、泥石流的运动速度较快。泥石流流动的全过程一般只有几个小时，短的只有几分钟。

（3）破坏力强。泥石流的面积、体积和流量都比较大。一旦突然爆发即来势凶猛，可携带巨大的石块。因其高速前进，具有强大的能量，因而破坏性极大。泥石流常常会冲毁公路铁路等交通设施甚至村镇等，造成巨大损失。

2. 危害。

（1）泥石流可以冲毁城镇、企事业单位、工厂、矿山、乡村，造成人畜伤亡，破坏房屋及其他工程设施，破坏农作物、林木及耕地。

（2）泥石流可以直接埋没车站、铁路、公路，摧毁路基、桥涵等设施，颠覆行驶中的火车、汽车，造成交通中断以及重大人身伤亡事故。此外，泥石流有时还会淤塞河道，引起河道大幅度变迁，阻断航运，迫使道路改线，还可能引起水灾。

（3）泥石流可以摧毁矿山及其设施，淤埋矿山坑道，伤害矿山人员，造成停工停产，甚至使矿山报废。

（4）泥石流可以冲毁水电站、引水渠道及过沟建筑物，淤埋水电站尾水渠，并淤积水库、磨蚀坝面等。

（二）泥石流的应急准备

1. 注意观察周围环境，特别留意是否有泥石流发生前的迹象：河流突然断流或水势突然加大，并夹有较多柴草、树枝；深谷或沟内传来类似火车轰鸣或闷雷般的声音；沟谷深处突然变得昏暗，并有轻微震动感等。

2. 山地户外游玩时要选择平整的高地作为营地，尽可能避开有滚石和大量堆积物的山坡下面，避开河（沟）道弯曲的凹岸或地方狭小、高度又低的凸岸，不在沟道处或沟内平处搭建宿营棚。

3. 房屋不要建在泥石流多发地区。要选择远离沟口且地势高平的地区建房。

4. 储备所需的食品、饮用水、交通工具、通信工具及雨具等；不饮用受污染水源。

（三）泥石流的临灾处置

1. 逃生时要观察地形，尽快向沟谷两侧山坡或高地跑，不能沿着沟向上或向下跑，抛弃一切影响奔跑速度的重物，离开沟道、河谷地带；不在低洼处停留，不在土质松软、土体不稳定的斜坡停留，避灾场所不选择在泥石流滑坡的上坡或下坡，可以选择河谷两岸的山坡高处或者河床两岸高处且土质基底稳固又较为平缓的地方。

2. 应急救灾指挥启动应急预案后，现场对重点灾情发生地段、易再次发生灾情地段进行专人分段巡视，发现异常情况应及时上报，迅速撤离还处在河道、冲沟、地质较软或松散等地段的人员，并对灾情中的受伤人员进行救护。

3. 监测当地的降雨过程和降雨量，或者接收当地天气预报信息，根据经验判断降雨激发泥石流的可能性；监测沟岸滑坡活动情况和沟谷松散土石堆积情况，分析未来泥石流的危险性。

4. 暴雨过后，泥石流仍会发生，要等雨停后过段时间方可返回；泥石流危险期内不要回泥石流发生地区居住。

拓展阅读

美国拥有众多河流和漫长海岸线，是世界上洪水灾害频发的国家之一。自19世纪末期开始，遏制洪水泛滥、提供灾后救济就成为美国联邦与各州政府历年的工作重心之一。此时开始出现洪水保险。但由于洪水保险产品主要由私营保险公司供给，此类公司抗风险能力普遍较弱，一场大的洪水通常可导致许多保险公司破产。于是此后几十年中，美国洪水保险产品的覆盖范围一直很小。20世纪50年代，洪水保险逐渐引起了立法者的重视。1956年，美国国会出台了《联邦洪水保险法》，规定在全国推广洪水保险。但由于立法准备得不充分，该法出台仅9个月即走向死亡。直至1968年通过了《国家洪水保险法》和《国家洪水保险计划》，洪水保险在美国才真正开始实施。《国家洪水保险法》的立法目的有两点：一是在全国范围内提供洪水保险，二是创设关于洪水泛滥的地区土地利用的适当政策。其最终目的在于用保险来代替灾害救助，并解决由于洪灾损失逐步升级所致纳税人负担加重的问题。1973年底，美国国会通过的《洪水灾害防御法》，进一步规定所有受洪水威胁的社区都必须参加国家洪水保险计划，否则将无权享受相关的联邦灾后救助。之后，随着专门的洪水保险管理机构的设置和众多私营保险公司的加入，洪水保险在美国得以迅速推广开来。经过40多年的实践，洪水保险法律制度在规范美国洪泛区土地利用、提升公众防洪意识、降低政府灾后救济负担等方面发挥的作用日益显著。

问题思考

1. 自然灾害的含义是什么？我国对自然灾害是如何分类的？

2. 自然灾害的处置方法和处置原则是什么？
3. 临震的应急准备和应急响应有哪些？
4. 洪水的应急准备和泥石流的临灾处置有哪些？

任务五　技能训练：地震现场的处置训练

一、训练内容

1. 制作地震应急疏散演练实施方案。
2. 临震的应急准备。
3. 地震现场的应急处置措施。
4. 地震现场的人员救助。

二、训练目的和要求

通过模拟对地震发生后现场处置的实战演练，使参训学生了解地震的应急知识，掌握防震应急措施、临震的应急准备、救助地震现场人员和应急疏散的基本常识，熟练掌握疏散路线，避难场所，疏散的组织、程序以及地震逃生和自救、互救的基本能力，增强迅速组织实施地震初期的应急处置能力以及引导人员疏散的能力，这对日后遇到或处置地震灾害有重要作用。

三、训练前准备

哨子、地震应急包、道具（包括生命探测仪、正压呼吸器、液压扩张及剪断器、破碎镐、光纤熔接设备、保护装置及试验仪器、救援三脚架、月球灯、应急照明、后勤保障及救援车辆等多套装备的模型或者图片）。

四、训练方法步骤

1. 以班为单位在校内空旷处组织模拟演练，2/5 的人作为演练人员，2/5 的人作为控制人员，1/5 的人作为评价人员。

2. 由控制人员中的学生设计地震现场的处置预案，并选出一名学生作为处置地震现场的总指挥。预案的制作应当包括指导思想和目的、基本原则和任务、组织指挥、责任分工、应急响应、后期处置、保障措施等。

3. 模拟地震灾害发生的前期、中期、后期不同阶段的情景，由学生根据地震的不同阶段，有针对性地采取相应的措施和有效的处置方法，并实际模拟划定疏散路线和避难场所，组织演练人员撤离并转移物品财产，演练搜救人员、医疗救治和卫生防疫、安置受灾群众维护社会治安、发布信息。

4. 指导教师。教师对学生制作的地震应急疏散演练实施方案进行审阅和检查，在演练后，对地震现场的处置过程中存在的问题进行点评和纠正。

五、注意事项

1. 参加实训的学生要按照各自的角色进行演练，并互换角色进行训练。
2. 在演练过程中，避免受到伤害。

六、考核方式及标准

（一）考核方式

1. 通过模拟小组之间的观摩，学生相互交流，指出优点与不足，总结心得体会。
2. 教师对整个模拟过程进行总结。

（二）考核标准

1. 优秀。处置预案制作全面，准备充分，演练符合实际情况，处置方式合理合法。
2. 良好。处置预案制作较为全面，准备较充分，演练较为符合实际情况，处置方式较为合理合法。
3. 及格。处置预案制作基本合格，准备基本充分，演练基本符合实际情况，处置方式基本合法。
4. 不及格。处置预案制作不合格，准备不充分，演练不符合实际情况，处置方式不合理，容易导致事态的进一步升级。

七、思考题

1. 地震灾害现场的处置程序有哪些？
2. 在地震事件中如何自救和避险？

项目三

火灾事故预防与处置

知识目标

了解火灾的起火条件和燃烧原理；
明确火灾事故的原因及危害；
掌握火灾事故预防与处置的基本知识与技能。

能力目标

能够运用火灾事故预防与处置的基本知识与技能从火场中成功逃生；
能够运用火灾事故预防与处置的基本知识与技能指导并完成火场疏散与救援工作。

任务一　火灾事故预防与处置基本知识认识

案例3-1

1993年8月5日13时25分，深圳夏日午后的宁静，被储运公司4号仓库的一声地动山摇的爆炸声打破了。当年中央电视台的新闻是这样形容的：一股数百米高的烟柱直冲云天，烟雾中不断翻出一个个巨大的火球，如同原子弹爆炸形成的蘑菇云，青山瞬间成为火海，库区立刻化作废墟。香港天文台13时26分测到剧震。该台发言人称，测得的震幅并非地震所致，测得震动时，恰巧深圳发生大爆炸。

5日中午因仓库要出货，工人们正聚在仓库内休息。13时10分，4号仓库的管理员发现仓内堆放的过硫酸铵冒烟、起火，因消防设施无水，用灭火器没有扑灭，电话报警，“119”接不通。于是，保安员赶紧截住一辆汽车前去笋岗报警。深圳市公安局消防处值班员接到报警后即调笋岗消防中队的消防车前往灭火。当消防车开出后不久(13时25分)，4号仓内堆放的可燃物发生了第一次爆炸，彻底摧毁了2、3、4号连体仓，强大的冲击波破坏了附近货仓，使多种化学危险品暴露于火焰之前。市消防处负责人听到爆炸声，首先想到临近的液化气罐库，于是立即调动最近的几个消防中队火速赶到现场。15 分钟内，5 个消防中队的 11 台消防车就到了着火点。消防处领导在现场迅速成立火场指挥部，对参战的指战员进行战前动员，同时制定应急措施。全体消防队员奋不顾身地站在火海前英勇奋战。

14 时 28 分，5、6、7 号连体仓发生第二次爆炸。爆炸冲击波造成更大范围的破坏，爆炸后的带火飞散物（如黄磷、燃烧的三合板和其他可燃物）使火灾迅速蔓延扩大，方圆数公里内的建筑物玻璃全部震碎，通红的火球四处乱飞，引燃了距离爆炸中心 250 米处的木材堆场的 3000 立方米木质地板块、300 米处 6 个四层楼干货仓以及 500 米处 3 个山头上的树木。

问题思考

1. 什么是火灾事故？结合案例 3－1，谈谈你对火灾事故的理解。

2. 结合案例 3－1，你是如何理解火灾事故预防与处置的？

理论知识

一、火灾事故

（一）火和火灾

火是生产和生活中必不可少的。五六十万年以前，在中国猿人生活的山洞里就有了用火的痕迹。可以说，自古以来，火在人类发展进化的历程中，一直拥有着极为重要的地位。故此，恩格斯把发明用火说成是当时“一切成就之上的进步”。

在人类与火共存的几十万年历史中，从保存火、钻木取火到后来发现火是热的一种能量转换方式，经过亿万人的无数实践，最终才对火形成了正确的认识。随着科学技术的发展，我们对火的了解不仅仅停留在表象上，更深入到对火的本质的研究：着火是一种放热发光的化学现象，是物质分子游离的链锁反应。

起火必须具备三个条件：①存在能燃烧的物质（可燃物）；②有助燃的氧气或氧化剂；③有能使可燃物燃烧的着火源（并非火源）。只要上述三个条件同时具备并相接触就能起火。一般固体燃烧是在受热后，由内部放出可燃气体，遇明火便开始与氧进行激烈的化合反应，发出光和热，即着火。可燃固体温度达到燃点遇明火就能燃烧，这是大家都知道的，而对于没有明火作用，能自行燃烧的现象，就不大熟悉了，然而，它却也是引起火灾的一个重要的原因。成堆的粮食或稻草，因为本身含有一定的水分，经微生物作用，内部发霉、发热，如果不经常倒垛会自行起火，这是微生物作用引起的自燃。有些化学危险物品，如硝化棉、废影片等，受摩擦、震动、气候影响，会自行分解、燃烧或爆炸；又如钠遇水爆炸，黄磷遇开水便燃烧。这些都是易燃易爆的化学危险物品。

总之，因物质的燃烧性，在条件适合的情况下，它就会循着本身内在的规律燃烧或爆炸。这个客观规律要求我们必须了解它，并在生产、贮存、使用和灭火中，采取相应防火、防爆的安全措施。如对火管理不好，防范不严，它就“祸灾乃作”，即所谓“善用之则为福，不能用之则为祸”。

火灾，即社会物质财富被火烧毁，造成不应有的损失的现象。“火灾”的名称最早见于《礼记·月令》：“孟秋行夏令则多火灾。”据《史记》记载：“项羽引兵西屠咸阳，杀秦降王子婴，烧秦宫室，火三月不灭。”公元 798 年、982 年、1086 年、1666 年、1794 年、1860 年英国伦敦曾数次大火，每次都几乎把伦敦全部烧光。公元 1812 年，俄国为防止拿破仑侵犯莫斯科而烧毁市街的 9/10，38 000 户受灾。

火灾危害乃是巨大自然灾害中的一个重要方面。人类与火灾作斗争的必要性是不可忽视的，将来也是必不可少的。为了战胜凶恶的火灾，必须采取防火和灭火的有力措施，做到“知己知彼”，以便“百战不殆”。为取得事半功倍的效果，就要经常研究火的习性，掌握火灾的各种规律。

（二）火灾的原因

形成火灾的原因很多，总的来说可以分为三类：

1. 失火。失火是指由于人们思想麻痹，不遵守必要的规章制度或者缺乏必要的常识所造成的火灾。在每年发生的火灾中，这类火灾所占的比例很大。如厂房内焊接、烘烤、熬炼用火不慎；居住建筑内用蜡烛、油灯照明或烧饭不小心；小孩在房间内玩火；电器设备超负荷工作；电阻过大，导致电线发热；引燃导线的绝缘体或落在导线上的可燃粉尘；公共场所内吸烟、乱扔烟头、火柴梗；输送易燃、可燃液体，可燃气体或蒸气的管道，由于内部物质摩擦带电，在设备接地不好的条件下，产生静电放电，把被输送的物质引燃，甚至发生爆炸；等等。

2. 纵火。纵火，顾名思义，就是故意放火，制造破坏。由于火具有很大的破坏作用，所以纵火是刑事犯罪分子用于毁灭证据的手段之一。犯罪分子作案后，往往放火，破坏现场，毁灭罪证，掩盖他们的犯罪活动。有的犯罪分子还放火烧毁陈旧破烂的公共设施，并制造种种假象，以达到欺骗保险公司，牟取巨额赔款的目的等。

3. 自然火灾。自然火灾是由于自然现象造成的火灾，主要有两个方面：一是物质自燃，二是雷击起火。凡是没有外来的热源作用而发生物质自行着火的过程叫做自燃。某些物质能够在一定条件下产生热量，并且自行升高温度，直到着火。如堆在仓库里的油布雨衣，由于通风条件不好，易积热发生自燃；化学性质互相抵触的物品混放在一起，发生化学反应引起自燃；等等。在落雷较多地区，建筑物上如果没有可靠的防雷保护设施，有可能发生雷击起火。

（三）火灾的特点

1. 突发性。火灾隐患有较长期潜伏孕育的阶段，而火灾却是突发的、难以预料的，火灾事故造成的环境变化给人的刺激是突然袭击式的，人们要保全自身，必然要在没有任何思想准备的条件下对火灾事故做出相应的反应。因此，火灾事故对生命、财产威胁极大。1980 年 7 月 24 日，上海乒乓球厂的赛璐珞自燃火灾，起火后瞬间温度达到一千多摄氏度，仅 10 分钟，3000 平方米的厂房、60 多吨原料、1300 万只成品及半成品球全部化为灰烬。不要说人来不及反应，就连起火区的水喷淋系统也没来得及启动就被彻底烧毁。一般建筑物火灾，对于全体人员来讲，由于得知起火时火已蔓延扩大，环境变化给予他们的刺激同样是突发性的，所以火灾发生的突发性也是火灾引起惊慌的重要原因。

2. 多变性。所谓多变性，一方面是指火灾之间的千差万别，另一方面是指火灾发展过程中的瞬息万变。火灾的蔓延扩大受多种环境条件的影响，像可燃物的种类及数量、起火区的布局、通风情况、人对初期火灾的处置情况等。1979 年 4 月 11 日美国一住宅发生火灾，开始只是一楼大厅中沙发垫上的烟头小火，最初的发现者曾试图用普通水杯盛水泼灭小火，由于门的通风作用再加上楼梯的烟囱效应，待停止泼水去报警时，火很快地蔓延到整个大厅，进一步扩展到二、三层，进而造成轰燃。所以说，火灾发展的多变性也是火灾对人命、财产造成威胁的重要原因。

3. 破坏性。火灾既然被称为灾，其灾难性的破坏力当然不言而喻。据公安部消防局统计，1998 年，全国共发生特大火灾 78 起，致死 117 人，伤 237 人，直接财产损失 2.7 亿元。1998 年 1 月 3 日 2 时 15 分，吉林省通化市东珠宾馆发生火灾，造成 24 人死亡、14 人受伤，烧毁建筑 1680 平方米及一批物品，直接财产损失 31.6 万元。在相距不到一个月的几乎同一时间，黑龙江省佳木斯市华联商厦发生火灾，烧死 1 人，烧伤 5 人，烧毁商厦一至四楼的大部分商品，过火面积 2 万多平方米，直接财产损失 3638 万元。2 月 13 日 9 时 55 分，广东省广州市华润化妆品厂发生火灾，造成 11 人死亡、1 人受伤，烧毁建筑 354 平方米，直接财产损失近 100 万元。字字鲜血淋漓，句句触目惊心，火灾不容置疑的破坏力给人类留下了惨痛的教训。

（四）火灾的危害

1. 火灾对国民经济造成严重危害。火灾造成的所有损失大大超过其直接经济损失。直接、间接经济损失、人员伤亡损失、扑火消防费用、保险管理费用以及投入的火灾防护工程费用统称为火灾代价。根据世界火灾统计中心以及欧洲共同体研究的结果，许多发达国家每年火灾直接损失占国民经济总产值的 2‰左右，相当于人均每年 20 英镑，而整个火灾代价约占国民经济总产值的 1% 左右。人员死亡率在十万分之二左右。

2. 火灾对环境和生态系统造成恶劣影响。燃烧产生的大量烟雾和一氧化碳、二氧化碳、碳氢化合物、氮氧化物等有害气体不仅会对环境产生不良影响，而且影响地面光照质量和数量，从而影响农作物的生长和收成；高强度火烧影响土壤结构，破坏营养元素循环，使土壤微生物减少；森林大火能够烧死大量植物，使植被难以恢复，系统失去自我调节能力，同时受伤林木生命力下降，病虫害易于发生，从而导致林木进一步死亡，加速生态系统崩溃。

3. 火灾给社会带来不安定因素。任何火灾都会给当事人造成或大或小的心理创伤。心理创伤是指由非同寻常的威胁或灾难性事件引发的精神状态损伤。重大火灾威胁到人们的生命财产安全，在事件发生后的初期，个体会出现一些典型的应激反应。在情绪上，主要表现为恐惧和担心、无助、悲伤、内疚、愤怒、焦虑等，同时还伴随对生活和自身的失望。据统计，每年仅火灾方面就直接或间接导致1亿人次受影响，人们的身体及心理受到严重损害。在一些火灾抢险救援及事故调查现场，经常碰到灾民急躁、窝火、不理解等心理问题，有的与消防官兵发生争吵，甚至一度紧张，影响警民关系，影响社会和谐稳定。

二、火灾事故的预防与处置

（一）火灾事故的预防

江泽民同志在谈到消防工作时指出：隐患险于明火，防范胜于防灾。其实，人们要做到远离火灾也并不难，未雨绸缪，预防在先，安全也是事在人为的。

1. 建立健全消防设施。

（1）疏散通道。在火灾发生时，疏散通道可供建筑物里的人员紧急疏散之用，因此，设施务求安全、畅通。不受火灾波及并能提供应急照明和指明安全疏散的路线，同时创造安全、畅通的疏散通道也是避免惊慌的重要手段。

在允许的时间内要成功地将几个连续楼层里的人员疏散至安全区或室外，就必须估算通道的宽度和居住人员的数量及步行进度。目前国外把允许的疏散时间规定为2.5分钟，即人员离开起火房间或起火层以上的时间。这一时间假设适合于没有防火分隔的大空间起火区，是设计疏散通道的依据。

多层建筑特别是高层建筑由于垂直疏散距离长，在设计中必须给予充分重视。在平时，垂直的交通通道有电梯和楼梯。发生火灾时，工作电梯因断电而停止运行，此时楼梯成了人们垂直疏散的唯一一种通道。因此，对楼梯的设计必须满足人们疏散时的行为要求。在正常条件下的出入是有序进行的。而火灾条件下的疏散，则由于人们紧张的心理状态加上火势发展的千变万化，出口处必然要出现拥挤等许多意想不到的现象，一般要求建筑物能有两个或两个以上疏散方向不同的安全出口。当一个出口被火或浓烟封锁了，还有另一个可以通行。不同疏散方向的出口还可避免烟气的干扰。公共场所的太平门绝对不可加锁，否则会在使用中造成出口数减少。

（2）指示标志。整个的疏散通道上都需安装指示标志，包括走廊、走廊拐角、交叉通道、楼梯处、避难间入口、出口等。当发生火灾时，因事故停电或为扑救创造良好条件而切断电源，都会造成一片漆黑，烟气过浓也会造成一片混乱。因此，在疏散通道上的关键部位设置指示标志是必不可少的。

(3) 消防器材。各种消防设施，包括各类手提式灭火器、报警系统和固定灭火设备都必须定期检查。有的重新充装，有的需抽样检查，对泡沫灭火器还应注意防冻保护。这些设施是控制初期火灾的有效手段。由于对消防器材管理不善，当火灾袭来时消防栓不能及时出水，使小火酿成大灾；报警器屡屡出现误报，耽误疏散良机，导致较大的人身伤亡的事例屡见不鲜。

2. 加强消防宣传与教育。消防事业是永恒的事业，只要有人类、有火，就会有消防工作。消防宣传教育是消防工作的组成部分，是消防安全的治本措施，其对扭转落后无知、忽视安全的思想意识和普及消防科学知识，提高自防自救能力方面起着关键作用。通过宣传教育，还要使社会每一个成员认识到消防工作是他们自身的利益所在，消防事业是全民的事业。

在宣传教育中要宣传防火知识，如物质燃烧知识、电气防火知识、建筑防火知识、易燃易爆物品的防火防爆知识、家庭液化石油气使用知识等。不仅是一般的原理宣传，还要结合各部门各岗位的具体情况，讲解典型的火灾案例，指导人们生产、生活中的实际防火问题。在宣传教育中还要宣传灭火自救知识，包括怎样报警、怎样灭初期火灾、各种灭火装置的使用方法、怎样逃生、怎样建立避难间、怎样组织疏散等。

要把消防安全意识扎根于千家万户，各行各业，面向社会、基层、群众，就必须建立以消防宣传部门为中心，纵向到各单位保卫部门、公安派出所、居委会，横向到各专业宣传部门、电影、电视、广播、文艺团体的全方位宣传教育网络。宣传要深入，要动员全社会的力量来组织宣传教育，只有提高全社会的消防安全意识，消防管理才会有显著成效。

（二）火灾事故的处置

火灾事故的处置无疑指的就是火灾发生后，我们要如何处理和对付它。生命安全高于一切，在火灾发生时，我们并不是消防战士，所以先要保证自身的人身安全，否则只会自顾不暇、忙中添乱，因此我们首先要学会在火场中如何逃命；在自身安全得到保证后，也不能忘记依然处于危险当中的人，所以协助进行疏散引导工作是我们应尽的一份责任；最后当所有人安全转移后，才是处理财产问题的时候，我们可以协助展开扑救工作。

1. 火场逃生。火灾是世界各国政府和人民普遍关注的灾难性问题，其发生频率高，伤亡人数多，财产损失大，这已是不争的事实。据我国 20 世纪 90 年代中期统计，在 1990 年 ~ 1994 年间，我国共发生火灾 17 900 多起，死伤人数达 25 400 人。火灾都具有发生的突然性、发展的多变性和救灾处理的瞬时性等特点。火灾的突发性、险恶的火场环境和千变万化的复杂火情，给予人群强烈的刺激，这是人们在火灾中惊慌的重要原因。由于火灾之间的千差万别，引起火灾的原因多种多样，每次火灾的形成和发展过程各不相同，加上发展过程来势凶猛，瞬息万变，这就要求人们在突变、多变、瞬时的火灾发生发展过程中，想办法由被动的瞬时反应性行为变为临危不乱，处险不惊，根据火灾的发展变化及时采取正确的应变措施。

2. 疏散引导。疏散引导针对那些人员流动大、人员密集、相关人员对环境又不熟悉的场所，如旅馆、剧院、百货商场、综合性大楼等尤其重要。应该注意的是，建筑物内的大多数人平时并不熟悉各种可供安全疏散的出口，特别是旅馆和综合性大楼，他们日常从大厅进入电梯，乘到各自居住或工作的楼面，然后沿习惯的路线走到各自房间或办公室。所以一旦意外事故发生，电梯就停运，电源也会被切断，疏散引导便成了他们成功逃生的保证。

3. 火灾扑救。随着人类的出现及社会发展，劳动群众与火灾的斗争就没有停止过。从人们领悟到大雨可以浇灭林火的道理，到总结出冷却法、窒息法、隔离法等基本的灭火方法；从研究扑救固体物质火灾开始，到逐渐攻克液体、气体火灾的堡垒，人们不断地从灭火实践中、从正反两个方面的经验教训中总结探索灭火方法，针对出现的各种新课题，寻求最佳的灭火措施。

凡是参加过火灾扑救的消防员都知道，火场的发展变化是十分复杂的。一次火灾往往会出现多种发展趋势，或有毒气体泄漏，或发生爆炸倒塌，或形成大面积燃烧等，每一种情形的出现又可以用不同的方法达到相同的灭火目的。若灭火措施得当，即使力量不多，也能起到“一夫当关，万夫莫开”的效果；而若方法不对，就会小火救成大火，进而发生十分严重的人身伤亡事故。

拓展阅读

1983 年 4 月 17 日，黑龙江省哈尔滨市道里区发生火灾，共烧毁 5 条街道，受灾 758 户，死亡 9 人，伤 14 人，惨不忍睹。然而尽管火势凶猛，仍有几户人家没有伤亡，而且连家具都保存了下来。其中一住户在六层楼上，当发现大火袭来时，已无法逃生，于是他们一家马上把阳台上的可燃物全都搬进屋里，并紧闭门窗，拿出被子、衣物等用水浸湿后堵住门缝、窗缝，并不停地往上泼水。结果大火始终没有烧进这户人家，全家人连同家具一同躲过了这次劫难。

在大火围困的情况下，如果没有有效的逃生办法，那么就得想尽一切办法阻止火势进入房间。最好的方法是紧闭门窗，拿出被子、衣物等用水浸湿后堵住门缝、窗缝，并不停地往上泼水。这一住户在大火中能大难不死，正是因为利用了这种方法，这种方法称为棉被阻火法。

任务二　火灾事故处置机制

“机制”一词最早源于希腊文，原指机器的构造和动作原理，后泛指一个工作系统的组织或部分之间相互作用的过程和方式，并在经济学、政治学、社会学等领域获得广泛应用。简单地说，机制就是制度加方法或者制度化了的方法。灭火救人并非我们的专业，这里的火灾事故处置机制主要是让我们了解面对火灾时，所需要采用的系统化措施和方法。

理论知识

一、火场逃生

火灾中，当燃烧威胁着在场人员生命安全时，保存生命、迅速逃离危险区域就成为人类的第一需要。正所谓“三十六计，走为上计”，为了我们能够更好地从火场脱“走”，我们要掌握以下内容。

（一）火场心理

人在火灾中的心理状态，对于能否及时采取正确的应变措施和产生的后果影响很大。归纳起来，心理反应主要有两种，即惊慌和群聚。

火灾中的惊慌是指火灾中的人群在接受异常灾难刺激时表现出的一种焦虑状态或行为状态。这种在极度难忍、充满恐怖的环境中造成的心理反应大多不能自控，从而易产生各种不幸的结果。惊慌一开始只是个别人的非理性行为，但是惊慌具有“传染性”，随后迅速波及众多的人，导致多数人不顾一切的非理性行为，最终由于个别人的不安而造成灾难。

火灾中的群聚是指受灾者在面临烈火威胁生命安全时，均会产生聚群抱团的心理，多一个人似乎可以减少惊慌和恐惧。当群体形成后，群体成员的活动便会体现出一些特有的现象，例如，发现起火的人奔跑呼叫，有人也跟着喊起来；别人往楼下跑，有些人尽管还不清楚起火点，也会跟着往下跑，盲目从众。另外群聚心理的迟钝性，也妨碍了群聚体做出富有智慧的行为，在火灾事故中多表现为消极地等待救援或呼救，尚未见到有群体集体自救的报道，而在火灾事故中单独一人进行积极性自救的例子就很普遍了。

在火灾中要树立起良好的心理状态，必须通过激发积极心理、消除消极心理去努力实现。在火场环境中，在心理因素的作用下，受灾人员会产生积极主动地、勇敢地同火灾做斗争的行为，也会产生惊慌失措的消极心理反应。群聚则大部分属于消极的心理反应，小部分属于积极的心理反应。只有激发积极心理、克服消极心理，才能使火灾中人员的伤亡和财产损失减少到最低程度。提高火灾中人们心理素质的办法，主要是教育和训练。其中，教育是激发积极心理、克服消极心理的基本手段，它的主要目的是转化思想，增长知识和提高技能，达到增强人们抗灾能力的目的。通过教学和应用两种心理训练，可以有效地提高人们在火灾条件下的思维能力和在复杂、紧张、难以对所形成的局势做出准确判断情况下坚定意志和克服消极心理的能力。

（二）火场逃生方法

1. 自救。自救是最常用的逃生方法。实施自救行动之前，应强制自己保持头脑冷静，克服恐慌心理，再根据周围环境和各种自然条件，选择适宜的自救途径和方式。

首先，熟悉所处环境。这里的环境，是指人们经常工作、学习、居住的建筑，或临时外出所至的宾馆、饭店、商场及文体场所。人们居住在环境已熟悉的建筑物内，亦应制订出比较详细的逃生计划，以及进行必要的逃生训练和演练，如确定逃生的出口、路线和方法，并要求所有成员熟悉和掌握。临时出入不熟悉的公共场所环境的，应留心观察太平门、消防楼梯、安全出口的位置，以及报警、消防器材所在地点，以便发生火灾时能够及时逃出险区，或在被围困情况下及时向外报警求救。每个人都应养成熟悉所处环境的良好习惯，做到有备无患。

其次，处理好初起火情。除非火很小，居住者一般不要只顾自行灭火，而要迅速报警；待人员从起火房间撤离后，要立即关闭起火房间的门；不论是位于起火房间还是非起火房间，逃至室外后，都要做到随手关门，这样可控制火势的发展，延长允许的逃生时间；在着火期间不论任何原因都不要重返房间。

最后，选择正确的逃生方式。由于人们在火场中所处的火势、位置和掌握的救生器材不同，选择逃生的方式方法亦有所区别。但不管条件如何，当发现或意识到自己可能已被烟火围困，生命受到威胁时，都应争分夺秒地选择可靠的自救方式设法脱险，切勿延迟。逃生方式有以下几种：

（1）利用建筑物内疏散设施逃生。楼房着火时，首先应选择建筑物内安全疏散设施进行逃生，如利用安全疏散楼梯、室外疏散楼梯、消防电梯等。若上述通道被烟火封锁，又无其他器材救生时，可考虑利用建筑物构件逃生，如阳台、屋顶、落水管、避雷线等，但应查看落水管、避雷线是否牢固，以防断裂脱落造成伤亡。

（2）准备简易防护器材。逃生人员多数要经过充满烟雾的路线，才能离开危险区域。如果被浓烟呛得透不过气来，可用湿毛巾、湿口罩捂住口鼻。无水时干毛巾、干口罩也可以。实践和实验都已证明湿毛巾和干毛巾除烟效果都较好。使用毛巾捂住口鼻时，一定要使过滤烟的面积增大，将口鼻捂严。在穿过烟雾区时，即使感到呼吸困难，也不能将毛巾从口鼻上拿开，一旦拿开，就有立即中毒的危险。在穿过烟雾区时，除用毛巾、口罩捂住口鼻，还应将身体尽量贴近地面或爬行穿过险区。如果门窗、通道、楼梯等已被烟火封锁，冲出险区有危险的，可向头部、身上浇些冷水或用湿毛巾等将头部包好，用湿棉被、湿毯子将身体裹好或穿上阻燃的衣服，再冲出险区。

（3）自制简易救生绳索，切勿跳楼。当各通道全部被烟火封死时，应保持镇定。可利用各种结实的绳索，如无绳索可将被褥、衣服、床单或结实的窗帘布等撕成条，拧好成绳，拴在牢固的窗框、床架或其他室内的牢固物体上，然后沿绳缓慢下滑到地面或下层的楼层内顺利逃生。如果被烟火困在二层楼内，在没有救生器材逃生或因得不到救助而万不得已的情况下，有些人也可以跳楼逃生。但跳楼之前，应先向地面扔一些棉被、床垫等柔软物品，然后用手扒住窗台或阳台，身体下垂，自然下落，这样可以缩短距离，更好地保护人身安全。如果被火围困于三层以上楼层内，那就千万不要急于往下跳，因距离很高，往下跳时容易摔成重伤或死亡。

（4）创造避难场所。在各种通道被切断，火势较大，一时又无人救援的情况下，对于没有避难间的建筑，被困人员都应开辟避难场所与浓烟烈火搏斗。当我们被因在房间里时，应关紧迎火的门窗，打开背火的门窗，但不能打碎玻璃。要是窗外有烟进来，还要关上窗子。如门窗缝隙或其他孔洞有烟进来，应该用湿毛巾、湿床单等物品堵上或挂上湿棉被等难燃或不燃的物品，并不断向物品上和门窗上洒水，最后向地面洒水，并淋湿房间的一切可燃物。要运用一切手段和措施与火搏斗，直到消防队到来，救助脱险。避难间要选择在有水源和能同外界联系的房间。一方面有水源能进行降温、灭火、消烟，以利避难人员生存，同时又能与外界联系及时获救，如房间有电话能及时报警，如无电话，可用白旗或其他明显的标志在白天向外报警，夜间要打开电灯、手电筒等向外报警。

避难间及场所是为救生开辟的临时性避难的地方。因火场情况不断发展，避难场所也不会永远绝对安全。所以不要在有可能疏散的条件下不疏散而创造避难间避难，最终失去逃生的机会。

2. 互救。互救是指在火灾事故中舍己救人，以帮助他人。互救分为自发性互救和有组织的互救。自发性互救是指在火灾现场，在无组织无领导的情况下，群众所采取的一种自觉自愿的救助行为。如当火灾发生时高喊“着火了”或敲门向左邻右舍报警。当周围的邻居听到着火的消息后，年轻力壮和有行为能力的人都会纷纷跑来救人、扑火和帮助年老体弱者、妇女和儿童逃离火场。火场上经常出现有人搀扶或背着病人或孩子从火中冲出来的场面，体现出了高尚的舍己救人的道德品质。有组织的互救是指在火灾初期，消防人员尚未到达火场之前，由起火单位的干部和职工组织起来的互救行为。表现为火灾发生时利用喊话、广播通知，引导被火围困人员逃离险境。当疏散通道被烟火封锁时，协助架设梯子、抛绳子、递竹竿等帮助被因人员逃生。有时候还能在楼下拉起救生网，放置软体物质，救助从梯上往下跳的人员。在配置有一般消防器材的建筑物火灾中，还会出现群众利用建筑物内的水带、水枪为被围人员开辟通道，帮助迅速逃离火场的场面。

（三）火场逃生器材

在火灾中，生命危在旦夕，人们必然竭尽所能设法逃生与互救。逃生与救人的器材设施种类较多，主要有救生绳、救生袋、救生垫、救生软梯、缓降器、救生滑杆、救生云台、救生舷梯，以及其他物品，如床单、毛毯、软垫等。如果能巧妙和充分利用这些器材设施，就可能使人死里逃生。

1. 救生绳。救生绳是用有一定抗拉强度和耐水性的天然纤维和化学纤维作原料制作的。如由天然的负麻、白棕和棉纱制作；或由人造化学纤维的聚乙烯、聚丙烯、聚氯乙烯及少量脂纶、锦纶等制作。人造纤维材料虽然强度大、重量轻，但由于耐热性差、延伸率大，在火场上使用受限制。目前使用较为普遍的是用宁麻精制的、直径为6mm～14mm、长度为15m～30m的安全绳，以及直径较小的抛绳、引绳和标绳等。

2. 救生垫。救生垫是一种接救从高处下跳人员的充气软垫。平时救生垫是折叠起来存放的，使用时，在现场用空气充填泵充填压缩空气。充气以后，救生垫的形状就像很大很厚的棉被，由于内部是充灌的空气，当高处人员跳落在救生垫上时，救生垫就起到了缓冲作用，大大减缓了人体自高处落地的惯性冲击力，使人不受损伤。但用救生垫救人也有局限性：一是救生高度有限，一般要求安全救生的跳落高度不超过7m，也就是不超过三层楼的高度，如果太高，人体下落的重力增大，救生垫的缓冲作用难以保证人体不受损伤；二是救生垫面积有限，由于救生垫占地面积较小，人员从高处跳落时，有偏离救生垫的危险。

3. 救生滑杆。救生滑杆是用无缝钢管焊制的，一般安装在楼房建筑物上。救生滑杆要与墙壁保留一定距离，以防止人员下滑过程中被墙壁擦伤。救生滑杆的直径不宜过粗或太细，通常选用适合手握的尺寸。为减少人员下滑到地面的冲击力，可以在地面上铺一层较厚的黄沙，也可以采用垫海绵垫等方法。

使用救生滑杆时，要充分利用双手（臂）、双脚（腿）的力量，紧贴于滑杆。下滑速度不宜过快，双手（臂）一定要将滑杆握（夹）稳，双脚（腿）协助双手（臂）控制下滑速度，防止围滑杆转圈下滑。不允许脱手，单手操作，快接触地面时，速度要减缓，保持平稳落地。二人或多人逃生时，要安排好先后顺序，相隔一定距离，在地面应有人组织疏散，防止造成一窝蜂的局面。

二、疏散撤离

火灾初期采取有效措施，组织好人员疏散，对于减少人员伤亡具有十分重要的意义。尤其在人员集中的火灾现场，如影院、礼堂、歌舞厅、体育场馆、商场、集贸市场等，由于浓烟阻挡视线，使受害者晕头转向；缺氧使受害者呼吸困难，反应迟钝；毒气使受害者中毒或神经系统麻痹而失去理智；热气流和高温使受害者无法生存，从而惊慌失措，争相逃离，互相拥挤踩踏，造成大量人员伤亡。为减少人员伤亡必须采取有效的疏散措施：

（一）有组织疏散

在人员集中的场所发生火灾，最好要有熟悉现场的相关人员作为临时指挥员，使受灾群众有组织地按平时拟订和演练过的抢救疏散计划，按规定疏散路线和疏散出口有秩序地进行疏散，同时要稳定好群众的情绪，使其听从指挥。待消防人员到达火场后，我们还要继续协助其做好疏散抢救工作。

（二）正确通报

在人员集中场所发生火灾的初期阶段，我们必须适时向群众进行正确火情通报和正确指引疏散路径和疏散方向，以保证人员疏散迅速及时，各种疏散通道得到充分利用，防止发生混乱。

（三）疏散引导

在人员集中场所发生火灾时，出于人们急于逃生的心理，可能会一起拥向有明显标志的出口，造成拥挤混乱。这时，必须有人及时站出来引导疏散，为人们指明各种疏散通道，并用镇定语气消除临险恐慌心理，有条不紊地安全疏散。此时引导人员充当的是指挥者的角色，在火灾事故的威胁下，人们往往把个人的安危寄希望于他们身上，他们所表现的与受灾者共患难的高尚品德，镇定指挥、安排疏散的卓识才干，是取得受灾者信任的根本因素，从而使受灾者对他们产生尊重感、信赖感、亲切感和遵从心理。要达到这些效果，正确有效的引导语是必不可少的，引导语的内容包括以下几个方面：

1. 火灾事故的情况。主要包括起火的位置和严重程度。知悉自己所处的情况可以使被疏散人员心神宁静。此时要牢记我们的最终目的是所有人的安全疏散，而不是新闻发布会，告知火灾情况时简明扼要、节省时间是一方面；另一方面，如果一些善意的谎言对于稳定情绪、快速疏散是有帮助的，那么它也就是有价值的，是可以使用的。

2. 疏散事项。疏散时的注意事项主要包括哪些部位的人需要疏散，哪些地方是安全的，疏散时间是否充足等。以往的火灾告诉我们，起火层以上两层和以下两层的受灾者遇难比例较大。所以火灾时要首先安排这些处于危险楼层内的人进行疏散。在引导危险楼层进行疏散的同时，还要将信息送到临近受灾事故楼层的人员。在进行水平疏散时，要指明防火分隔中的防火墙、防火门或防火窗，让受灾者确实认识到这里是比较安全的地区。

3. 指示疏散方向。疏散方向主要包括说明利用哪条疏散通道、到达何处最安全，并说明指示标志的高低位置及颜色。由于烟的上升速度比人上楼速度快，所以火灾时，除非向下的出口被烟、火封闭或紧靠屋顶平台，应该尽量引导人群向下疏散，即便是向下的出口被烟、火封闭，指挥者也应该引导人群绕道（包括上行绕道）利用下面的出口转移到安全地带。

4. 说明道理。要说明的内容主要包括比如听从指挥，分层、分阶段疏散是避免出口严重拥挤而造成堵塞等。还要在事先观察计算的基础上讲明各部位在火灾时允许的安全疏散时间，减轻人们对火灾的恐惧感，维持疏散秩序。

（四）广播喊话

对于被困在建筑物内的受害者，除去神志不清的以外，多数人会借助窗口、阳台、屋顶等处向外求救，这是人的趋光性和避开危险场所的特性所导致的必然结果。此时，对于这些人，灾难的威胁就在身后，他们随时都有被烈火吞噬的危险，随时也都有丧失理智的危险。被困的受害者在严重的灾难面前，精神高度集中，冒险跳楼前有部分人表现出呆滞不动的抑制行为，此时犹豫不决的精神状态表明其正处于心理调节的瞬间，我们警务人员适时喊话有助于促进其最终行为向理智方向转化。

喊话的内容包括：①要使受灾者了解火情；②使受灾者认识到所处房间的安全程度；③宣传自救的简单措施；④要坚决制止冒险跳楼。喊话的语调要坚定而又权威，喊话的声音要洪亮，这样才能突破冒险者的“注意力屏障”，使那些精神高度集中、处于模糊动机的人清醒过来。

（五）对受灾者脱险后的管理

对于已经被安全疏散的人员，要坚决制止其重返火场。在人们脱离起火区域后，对自身生命的威胁减少了，但对财产的威胁增加了，对未逃离起火区域亲人的生命威胁增加了。此时，逃离起火区域的人有可能重返起火区，这样会遇到新的危险，或是在人流中增加新的混乱，妨碍灭火作业。所以对已疏散出来到达安全地点的人员必须加强管理，对于正在疏散的人员也要保证他们按照最便利的途径单向疏散。

三、火灾扑救

《中华人民共和国消防法》中明确提出了“预防为主，防消结合”的消防工作方针，它准确表达了预防的重要性，以及预防与灭火的辩证关系。但是，火灾的预防对策未必都能成功，因此，一旦发生火灾，必须竭尽全力，应用灭火设施和技术，尽快将其扑灭，并及时抢救出人员和财产。

（一）火场救人

抢救人员是火场的首要任务。当火场发展接近轰燃时，已十分危险，此时抢救人员更为紧急和重要。在火场上，当有人受到火灾威胁时，应立即组织抢救，首先应救出中毒、灼伤、晕倒的人员以及老人、小孩和妇女。抢救人员要选择最近、最安全的道路向外疏散。当道路被堵塞时，可迅速破拆门窗或墙壁进行救人。遇到火场烟雾很大、视线不良时，应沿墙根匍匐前进并呼喊。一般情况下，受火灾威胁人员多在门窗附近或设备、墙角、桌柜下。救人时应注意安全，进入火场应带手电筒、绳子。当火场烟雾大，没有防毒面具，可用口罩、湿毛巾捂嘴，防止烟气中毒。

在一般建筑火灾中，应首先抢救着火层受火势威胁的人员，特别是夜间被烟火惊醒而惊慌失措的人员，应进行重点抢救和疏散。由于烟气容易向上蔓延，危及着火层上层人员的生命安全，对该层人员亦应及时组织抢救和疏散。当着火层和着火上层人员疏散完毕后，再对着火层下层人员进行抢救。当楼梯已被火势封锁或发现楼上有物件抛出、灯光显示，有人登上窗、阳台、楼顶呼救时，应从建筑物外部架设梯子或利用地形通过翻窗、攀登水管等登楼救人，或利用各种器材装备进行抢救，如使用安全绳、缓降器、拉梯、挂钩梯、消防车云梯和登高平台等。

（二）灭火原理与灭火器具

1. 灭火原理。现有的灭火方法有以下四种：冷却、隔离、窒息、化学抑制。前三种属于物理方法灭火，第四种属化学方法灭火，各种灭火剂都是通过其中的一种或综合作用扑灭火灾。

冷却灭火是指将固体燃烧物质的温度降低到燃点以下，火焰将被熄灭，燃烧停止，或将可燃液体冷却到燃点以下，使可燃液体不能挥发出足以维持燃烧的蒸气，将其扑灭。冷却效果最好的灭火剂是水，在一般火灾中应用最广。

隔离灭火是指将正在燃烧的物质与可燃物隔离，使燃烧区因无可燃物供应而熄灭。如使用泡沫覆盖在未着火的易燃液体表面，把燃烧区与液面隔离开，阻止可燃蒸气进入燃烧区。石油化工装置及其输送管道（特别是气体管路）发生火灾时，应关闭易燃、可燃液体的来源，将易燃、可燃液体或气体与火焰隔开，待残余的易燃、可燃液体（或气体）烧尽后，火灾就可扑灭。

窒息灭火是指基于可燃物燃烧必须具有维持燃烧所需的最低氧浓度，低于这个浓度，燃烧就不能继续进行的特点，从而扑灭火灾。一般碳氢化合物的气体或蒸气，在氧浓度小于12%时不能维持燃烧。窒息灭火就是在火场空气中充入二氧化碳、氮气、水蒸气等，使空气中的氧浓度低于12%时，火灾自动熄灭。如在计算机房使用二氧化碳灭火、在石油化工设备中以氮气保护、在高温设备区以蒸气灭火等。

化学抑制灭火是指使用含氟（F）、氯（Cl）、溴（Br）的卤族化学灭火剂喷向火焰，让灭火剂参与燃烧反应，并在燃烧中放出 Br、CL、F 分子，与活化分子 O、H、OH 碰撞，使活化分子惰化，燃烧中的连锁反应中断，直至燃烧物完全停止燃烧。卤代烷灭火剂常用于贵重设备与计算机房等的灭火。

2. 灭火器具使用方法。

（1）水是来源丰富的灭火剂，而且被广泛应用。水受热蒸发成水蒸气时需吸收大量的热能量，因此具有极为良好的冷却作用。1 公斤的水能生成 1 千多升的水蒸气，水蒸气为不燃气体，在燃烧区内可以稀释可燃气体的浓度，阻止空气中氧的供给，防止火势扩大。水通过冷却作用保护燃烧的建筑、设备等，并能降低一些易燃易爆物的燃烧和爆炸能力。

但水不能扑灭有些物质和设备的着火，因为水能导电，故不能用来灭电火。水也不能扑灭与水反应剧烈的化学危险物的火灾，如电石、金属钾或钠、多卤化物、发烟硫酸、氯磺酸等。水也不能用于扑灭比水轻、不溶于水的易燃液体火灾，如汽油、苯类物品的火灾。

用水灭火主要有两种方法：①密集高压水。在管道内通过加压构成强有力的水柱，可以喷射到较高较远的地方。由于水流压力大，灭火的效果也好，因此，可适用于多种燃烧物品的灭火，或用来冷却和保护邻近的燃烧物品及建筑物。但对粉尘状固体和氧化剂类则不宜用高压水灭火，因为水压大会冲击粉尘物飞扬，可能使火灾扩大。②雾状水。用喷雾装置使水流成雾状，喷射面积广，能吸收大量热能，降低燃烧温度。此外，受热产生的大量水蒸气还能吸收在燃烧时产生的二氧化硫、氯化氮、氨等有毒气体。雾状水可用于对粉尘状固体和溶于水的易燃物品如醇类、酮类、氧化剂等危险物品的灭火，并可用于对气体钢瓶的灭火和防护。

（2）泡沫。泡沫灭火的主要原理是泡沫比易燃和可燃液体轻，覆盖在着火的液面上，阻挡易燃或可燃液体的蒸汽进入燃烧区，阻止空气与着火液面接触，防止热量向液面传导，从而使燃烧停止。泡沫是目前扑救易燃和可燃液体火灾最有效、最经济的灭火剂。但因泡沫内含有水分，不能扑救忌水物质和带电物体的火灾。

（3）二氧化碳。二氧化碳在通常情况下是无色无味的惰性气体。二氧化碳通常以液态装在耐压的钢瓶内。液态二氧化碳从钢瓶中喷出变成气体，其体积扩大450倍，同时吸收大量的热，瞬时温度下降到零下78.5度，而凝结成雪花状（俗称干冰），干冰能够冷却燃烧物质和冲淡燃烧区的含氧量。二氧化碳不导电，不损害物质，不留污迹，因此，它适用于扑救电气设备、精密仪器、图书、档案以及范围不大的油类、气体和其他一些忌水物质的火灾，特别是对于扑救室内初起火灾最为有效。

（4）固体灭火物质。一般有干粉、砂土、石粉、碳酸钙、石棉被等。干粉可以用人工来喷洒，也可装入灭火机内以惰性气体作压力来喷射。由于干粉颗粒微细，浓度密集，在燃烧区能隔绝火焰的热辐射，并析出惰性气体，冲淡空气中氧的含量。另外干粉还有化学灭火效能，可中断燃烧的连锁反应，从而熄灭火焰。砂土可用于盖熄少量易燃液体和某些不宜用水扑救的化学物品的燃烧。其他不燃的固体粉尘，如石粉、碳酸钙、碳酸钠等，亦可用来扑救初起的小火。石棉被、毯等对于扑救少量易燃液体和固体化学物品的初起火灾，亦有效果。

拓展阅读

在高层建筑发生火灾后，由于习惯心理，多数人会往电梯跑，想从电梯逃离火场，这样的选择带来的后果是：

1. 普通电梯没有防水防火性能，火灾时轿箱容易因高温而失控，甚至变形卡住，即使没有失控也会由于灭火射水而引起电器故障，有的还会有触电的危险。

2. 电梯口直通大楼隔层，火场上极易形成“烟囱效应”，烟气涌入电梯井，使人在电梯里被浓烟毒气熏呛而窒息导致死亡。

3. 火灾时当楼内的电器线路被烧毁或断电时，电梯便会停在楼层中间。一方面不利于电梯内人员逃生，另一方面也有碍于外面抢险人员实施营救，极易酿成人员伤亡事故。

4. 电梯的荷载能力有限，在火场情况下大量人员集中涌到电梯中来，易发生挤压、超重和经常停靠而无法迅速安全逃离。

任务三　火灾事故现场的处置程序和方法

理论知识

一、尽早获取火灾信息

建筑起火时，室内人员应该竭尽一切手段尽早获取火灾信息，以便为扑灭初期火灾创造最佳灭火时机。同时，也为尽快组织室内人员安全疏散，通过安全疏散通道，使他们安全、迅速撤离火灾现场，争取到更多的安全疏散时间。否则，延误了扑灭初期火灾的最佳时机，可能造成火灾的蔓延扩大，而且也会使安全疏散推迟甚至难以进行，以致室内人员不得不通过特殊途径进行逃生自救。因此，获取火灾信息的手段迅速、准确与否，关系到初期灭火、安全疏散的成败和室内人员逃生避难的安危。

（一）借助听觉器官发现起火时所产生的异常声音

许多火灾事例中，除火灾自动报警设备正常通报其所处环境的火警信息外，最先发现火灾的人，常常是凭借自身的听觉器官来发现起火所产生的异常声音，并促使其去到起火处看到火烟而确认起火的。这些异常声音有可燃物燃烧伴之空气对流所发出的“吟吱”声、房间玻璃窗遇火爆裂的“噼啪”声、建筑材料遇火开裂的“叭叭”声等，还有单纯的爆炸声，这是由日光灯管烧裂、电视机和电冰箱烧爆、液化石油气管遇火爆炸等而产生的。当然，气体爆炸声在广阔的范围内人们都可听到。另外，在火灾事例中，还有一种所谓的“嘈杂”声，它是在物质燃烧过程中夹杂有惊慌人员的叫喊声。总之，上述各种异常声音是人们判辨起火的重要信息源，借助它们可使室内人员判辨自己所处环境的危险性，从而采取相应的疏散、逃生的措施，迅速撤离火场。

（二）借助嗅觉器官发现燃烧产物所特有的气味

建筑起火时，燃烧产物所特有的气味，也是人们获取火灾信息的另一类重要的信息源。应当指出，借助嗅觉功能所获取的火灾信息较之借助听觉所获取的火灾信息为晚，特别是在远离起火场所的情况下，借助它所获取的起火信息往往不是起火阶段的火灾信息，而多半是火灾已蔓延扩大的发展阶段了。但是，在深夜人们熟睡的情况下，它却会使人们惊醒，并使其判定已处于危险环境之中，从而采取特殊途径逃生自救或等待外援。

二、迅速查明火情

灭火工作必须了解火情，正确部署，才能有效扑救。在发现起火后，必须迅速到达着火部位，查明情况，采取正确扑救措施，扑灭火灾。应查明的情况包括：燃烧物质和范围、火场内有否受火灾威胁的人、火场区有否易燃易爆有毒物品、建筑受损程度和可能倒塌危险、火势蔓延方向、火场电源、可燃气源是否切断。查明情况后，结合平时制定的应急预案组织灭火。

三、报警

一旦发现起火，应立即向公安消防部门报警，及时报告企事业保卫部和安全负责人。向消防部门报警时，必须说明起火地点的详细地址、起火物质及其危险性、火势大小、是初起火还是已经蔓延扩大、燃烧范围等，以便公安消防部门根据灾情及时调集力量和正确携带相应的灭火器材。

四、逃生自救

火灾中人的生存与死亡往往只是一念之差，冷静加技巧是你面对熊熊烈火和滚滚浓烟时能否成功逃生的关键。从众多的火灾案例分析来看，能否掌握科学、合理的逃生方法是非常重要的：一场大火中，同是一样的处境，有的人头脑清醒、急中生智，利用所掌握的消防知识死里逃生，有的人却不知所措、延误时机、丧生火海。由此说明，对消防常识的了解与否是大不一样的，懂得几招火场逃生技巧的人，关键时刻就能险中取胜、起死回生，反之则面对灾难无法脱险，葬身火海。众多的灾难往往是在人们大意时来临，火场逃生的技巧应被所有关爱生命的人们所掌握。困境中也许就能让你获得第二次生命。

危急条件是指初期灭火失败，火烟蔓延扩大，人们难以进入安全疏散通道的安全空间环境，随时可受到火烟伤害而危及其安全的条件。在初期灭火失败，火烟继续蔓延、扩大，阻碍了人们进入安全疏散通道的危急情况下，人们怎样逃生自救呢？危急条件下的逃生自救，是指初期灭火失败后，少数室内人员贻误了上述应急条件下的安全疏散时间，火不断蔓延扩大而阻止其不能进入安全疏散通道，只能通过其他特殊途径逃生自救。

首先，在危及人身安全的危急情况下，人们应保持良好的心理状态、执着的求生欲望、理智的思考、正确的判断，这是决定正确逃生自救途径、方法与行为的先决条件。许多火灾事例中劫后余生的逃生调查表明：在危急情况发生的最初几分钟，遇难者往往失去理智，惊恐失措随之而动，最后在毫无自卫措施的情况下涌入已失去安全意义的疏散通道之中而堆叠、挤压死亡，此种事例不胜枚举。但是，具有执着求生欲望而又保持良好心态的受难者，却能理智地思考，正确地判断其所处环境的危险性，从而正确地选择相应途径，采用正确的自卫方法死里逃生。

其次，争分夺秒迅速撤离是逃生自救的首选。火灾发生后烟火的蔓延速度很快，而且烟气具有毒害性，人在烟雾中停留时间过长，会因吸入高温有毒烟气而影响疏散，甚至导致死亡。所以在火场上不能为抢夺个人财物而贻误逃生的时间，更不能脱险后为拿物品而返回火场，这是极其危险的。

（一）寻路

在大火发生的情况下，面对滚滚的浓烟和灼人的热浪，很少有人能够保持镇定，认真思考如何逃生，而往往乱奔乱跑，导致一片混乱，甚至选择错误的逃生行为，结果在生与死仅一步之遥的关键时刻，跨入火海而失去了自己宝贵的生命。在火灾危急之中，人们脑子里首先想到的就是从进来的入口和楼梯逃生，尽管那里已挤作一团，堵塞了出口，还是争相夺路而不肯离去。只有出口被烟火阻塞不得已的情况下方寻找其他出口，从而贻误了逃生的最佳时机导致丧生。人们在火灾中惊慌失措、没有主见，盲从于他人，往往朝人流多的方向逃生，甚至看到别人跳楼，惊恐中自己也跟着跳。当发生大火时，在有烟雾的场所不能意识到烟雾的毒害性，直立狂跑，结果因浓烟窒息昏迷，而后被大火吞噬。在大火来临时，有些人会心存侥幸，首先想到的是抢运财务而不是迅速逃离，也有人认为火离自己还远，不会威胁到自己的生命，最终造成不可挽回的伤亡。

逃生路线的选择要做到心中有数，不能盲目追从别人而慌乱逃窜，这样会延误你顺利逃离的时间，还容易感染别人引起骚乱。应根据火灾发生时的风向来确定逃生方向，迅速逃到火场上风处躲避火焰和烟气，同时也可获得更多逃生时间。逃生时要选择路程最短、障碍最少而又能安全快速抵达建筑物室外地面的路线。楼房着火后，火焰夹着浓烟滚滚而来，所以，在逃离火场时，千万不要在弄不清方向的情况下乱跑。应沿烟气不浓、大火尚未烧及的楼梯、应急疏散通道、室外楼梯等往下跑，一旦在下跑的过程中受到烟火或人为封堵，应从水平方向选择其他通道，或临时退守到房间及避难层内，争取时间，进而采用其他方法逃生。

（二）开门

当家中失火或者楼层邻近家起火，被浓烟和高温围困在家中时，上策是想尽办法，尽一切可能逃到屋外，远离火场，保全自己。为此目的应该做到以下几点：首先，开门之时，先用手背碰一下门把。如果门把烫手，或门隙有烟冒进来，切勿开门。用手背先碰是因金属门把传热比门框快，手背一感到热就会马上缩开。接着，若门把不烫手，则可打开一道缝以观察可否出去。用脚抵住门下方，防止热气流把门冲开。如门外起火，开门会鼓起阵风，助长火势，打开门窗则形同用扇扇火，应尽可能地把全部门窗关上。最后，如果出口堵塞了，则要试着打开窗或走到阳台上，走出阳台时随手关好阳台门。

（三）移动

在逃生过程中，极容易出现聚堆、拥挤甚至相互践踏的现象，造成通道堵塞和发生不必要的人员伤亡，故在逃生过程中应遵循依次逃离原则。

据资料表明，火灾死亡人数中80%是由于烟毒引起的。因此，逃生时要加强个人防护，防止和减少烟气的吸入。由于有些建筑装饰采用塑料、人造纤维等易燃化工材料，燃烧后散发出有毒气体，以快于人奔跑速度的4～8倍迅速蔓延，加之高温烟气及毒气比空气轻，在上升充满屋顶后再往下沉，在离地面0.9米的地方空气一般比较洁净少烟，含氧量较多。所以宜弯腰快速跑离，避免被毒烟熏倒而窒息。火场当中烟的蔓延方向是上升到建筑楼层的顶部后沿墙下降至地面，最后只在走廊中心剩下一个圆形空间。一般烟能把整个空间充满是要一定时间的，利用这个时间可以成功逃生。所以在逃生过程中要弯腰跑，千万不要站立行走。应用水将毛巾等浸湿，捂住口鼻，防止吸入有毒烟气。当你被烟雾围困时，可以把日常生活中的毛巾顺手捡来折叠6～8层浸湿后蒙鼻保护，这样可减少60%的烟雾毒气的吸入。在穿过烟雾时一刻也不能将毛巾从口和鼻上拿开，即使只吸一口，也会使人感到不适，心慌意乱，丧失逃生信心。用水浸湿地毯等包褒好身体，就地滚出火焰区逃生。不要在逃生中乱跑乱窜，大喊大叫，这样会消耗大量体力，吸入更多的烟气，还会妨碍正常疏散而发生混乱，造成更大的伤亡。

1. 如火势不大，要当机立断披上浸湿的衣服或裹上毛毯、湿被褥勇敢地冲出去，千万别披塑料雨衣等易燃可燃化工制品。身上着火千万不能奔跑，因为你越跑补充的氧气越充分，身上的火就越大。也不可将灭火器对准人体喷射，这样可能导致身体感染或加重中毒，可以就地打滚或用厚重的衣物压灭火焰。

2. 要充分利用楼内各种消防设施。防烟楼梯间、封闭楼梯间、连通式阳台、避难层（间）等，都是为逃生和安全疏散创造条件、提供帮助的有效设施，火灾时应充分加以利用。当火势自下向上迅速蔓延而将楼梯封死时，住在上部楼层的居民可通过通至屋顶的楼梯等迅速上到屋顶，转移到另一人家或另一单元的楼梯进行疏散。可在阳台、窗台、屋顶平台处用木板、竹竿等较坚固的物体搭至相邻单元或相邻建筑，以此作为跳板转移到相对安全的区域。当建筑外墙或阳台边上有落水管、电线杆、避雷针引线等竖直管线时，可以借助其下滑至地面，同时应注意一次下滑的人数不宜过多，以防逃生途中因管线损坏而致人坠落。将结实的竹竿、晾衣竿直接从阳台或窗口斜插到室外地面或下一层平台上，两头固定好以后顺竿滑下。

3. 火灾时安全通道被堵，救援人员又不能及时赶到，情况万分危急时，可迅速利用身边的绳索逃生。绳索浇水后将一端紧拴在窗框管道或其他负载物体上，另一端沿窗口下垂至地面或较低的楼层窗口、阳台处，顺绳下滑逃生。紧急情况下，找不到现成的绳索的，你可以将室内的窗帘、床单、被罩系在一起作为安全绳索也能顺利逃生。

限于长度难以到达地面，可借助它转移至下一层，逃离起火层。

（四）避难间

火灾发生后由于慌乱性急，容易将房间内的床下、桌下、洗漱间和无任何消防设施保护的走廊、楼梯间、电梯间等部位作为避难场所。许多火灾中的遇难者就是这样被烟气熏烤昏迷致死的。你所处的环境突发火灾逃生困难时，封闭楼梯间、防烟楼梯及阳台等是临时避难场所，千万不可滞留走廊、普通楼梯间等烟火极易波及而又没有消防保护设施的地带。建筑物内的火灾主要是通过门和窗蔓延的，在室内发现外边着火，而你却冲不出去的时候，赶快用毛毯等织物钉或夹在门窗上，并不断往上浇水冷却，以防止外部火焰及烟气侵入，从而达到控制火势蔓延速度、争取逃生时间的目的。

当大火无情地袭来，而你却很难及时逃离到室外的时候，要选择相对比较安全的地方避难，等待救助。这种情况多发生在大面积火灾、高层建筑火灾中。此时正确选择临时避难所的方法有：

1. 选择临街的房间。这类房间便于观察火情，便于与救助者取得联系。

2. 选择有阳台的房间。这类房间有较好的通风条件，可降低烟气的浓度，便于与救助者取得联系。

3. 选择离楼梯间较接近的房间。这类房间相对比较牢固，不易倒塌，一些高层建筑往往将靠近楼梯的第一个房间作为专用的避难间，进入后就较安全。

4. 选择有门的公用厕所。这里较少采用易燃装修材料，结构相对独立，一般比较安全。

5. 室内空间较大而可燃物较少时，将室内可燃物清理干净，同时清楚相邻室内可燃物，紧闭与燃烧区相通的门窗，防止烟和有毒气体进入，等待救援。

在建筑物内被大火围困，又没有室内通道供你逃生时，此刻就得选择攀爬来躲避大火的袭击，通过爬到阳台、窗台的外沿及建筑周围的脚手架、雨篷等突出物以躲避火势。

（五）呼救

居住在楼上被火包围，无法逃生时，可以向外边发出信号，引起救援人员的注意，便于及时获得营救。向外高声呼救是一种很有效的途径，如果你在高楼上呼救无济于事时，可用竹竿等物挑起鲜艳衣物摇晃或向外抛轻型显眼的物品。夜间在高楼上被火包围，无法逃生时，可以打手电筒等发光物向外边发出信号，提示救援人员，以便被救出。

（六）跳楼

高楼着火不要轻易地跳楼，一般在二、三楼跳楼还有一点生还的希望，在四楼以上跳楼，生还的机会就很小了，所从大楼发生大火时不要惊慌失措，盲目跳楼。在火灾中由于心慌而跳楼的例子很多，但多数非死即伤。据统计，在三层以上楼层下跳死亡概率极大，所以非到万不得已，最好不要跳楼。但是，火灾时若被火势威逼，万般无奈跳楼的，要采取相应措施，尽量设法减少伤亡。跳楼时多抱一些棉被、沙发垫等松软的物品，是一种减轻伤亡的跳楼方法，因为这样可以减缓着地时的冲击力。在不得不跳楼的情况下，尽量选择往楼下的电话线、石棉瓦车棚、草地、水池或树上跳，这样在人往下落的过程中可以起到缓冲的作用，相对减轻伤亡的程度。在楼层不太高的情况下，如果不得不徒手跳楼，要抱紧头部，身体弯曲，抱成一团，避免头部着地。当你不得不跳楼，又找不着软物作缓冲的时候，可以找一根比你的个子高的杆，抱紧杆跳。这样跳是杆先着地，可以起到减缓着地时的冲击作用。如果居住在楼上，而该楼层离地不太高，落点又不是硬地，可抓住窗沿悬身窗外，伸直双臂以缩短与地面之间的距离。这样做虽然可能造成肢体的扭伤和骨折，但这毕竟是主动求生。在跳下前，先松开一只手，用这只手及双脚撑一撑离开墙面跳下。在确实在无其他办法时，才可从高处跳下。

拓展阅读

火灾时火势的发展、烟雾的蔓延是有一定规律的，火场同时也是千变万化的，被浓烟烈火围困的人员或灭火人员，一定要抓住有利时机，就近利用一切可以利用的工具、物品，想方设法迅速撤离火灾危险区。在众多人员被大火围困的时候，一个人的正确行为，往往能带动更多人的跟随，就会避免一大批人员的伤亡。因此，火灾逃生的基本原则应被大家了解和掌握，这样，当我们突遇火魔侵袭的时候就能在熊熊大火中顺利逃生。

发生火灾先报警，保持冷静不惊慌，择路逃生不盲从，逃离险情不恋财；
注意防护避烟毒，逃生避难看环境，逃离火场防践踏，利用条件找出路；
穿过烟区弯腰跑，电梯逃生不可行，逃生途中不乱叫，身上着火不乱跑；
室内着火闭门栓，不到关头不跳楼，披毯裹被冲出去，顾全大局互救助。

任务四　技能训练：大型商场火灾现场处置的模拟训练

一、训练内容

1. 大型商场火灾现场处置的要点解析。
2. 大型商场火灾现场逃生的程序和方法。
3. 大型商场火灾现场疏散的方法。
4. 大型商场火灾现场扑救的方法。
5. 制作大型商场火灾应急疏散演练实施方案。

二、训练目的和要求

通过模拟大型商场火灾现场处置的实战演练，让学生切身体会大型商场火灾现场有可能遭遇的情景，使参训学生掌握大型商场火灾现场处置不同阶段的处置程序和方法，主动全面地了解火灾的应急知识，掌握防火应急措施、临灾的应急准备、救助火灾现场人员和应急疏散的基本常识，熟练掌握疏散路线、避难场所，疏散的组织、程序以及火灾逃生和自救、互救的基本能力，增强迅速组织实施火灾初期的应急处置能力以及引导人员疏散的能力，提高大型商场火灾现场处置的自防自救能力。

三、训练前准备

各种类型的灭火器、逃生绳、逃生气垫等消防器材；棉被、水盆、衣物等日常生活用品。

四、训练方法步骤

1. 以班为单位在校内教学楼里组织模拟演练，3/4 的学生扮演火场逃生人员，1/4 的学生扮演火场疏散引导和扑救人员。

2. 由扮演火场疏散引导和扑救人员的学生引导一部分扮演火场逃生人员的学生从火场有序撤离，并选出一名学生作为疏散引导火灾扑救工作的总指挥。由另一部分扮演火场逃生人员的学生扮演被大火围困，得不到救助，自行逃生的自救人员。

3. 模拟大型商场火灾现场情况应包括起火原因、火势大小、风量风速、周围可燃物等情况。由学生根据不同情况的不同特点、危险程度、发生场所等有针对性地采取相应的措施和有效的处置方法，并实际操作逃生、疏散和扑救的方式。

4. 教师对学生大型商场火灾现场处置进行审阅和检查，在演练后，对过程中存在的问题进行点评和纠正。

五、注意事项

1. 参加实训的学生要按照各自的角色进行演练，并互换角色进行训练。

2. 在演练过程中，注意安全，避免受伤。

六、考核方式及标准

（一）考核方式

1. 通过模拟小组之间的观摩，学生相互交流，指出优点与不足，总结训练心得体会。

2. 教师对模拟过程进行总结。

（二）考核标准

1. 优秀。能够根据实际案情准备充分，快速有效地撤离、疏散和扑救，处置方式合理。

2. 良好。能够根据实际案情准备较充分，疏散、撤离方法得当，处置方式较为合理。

3. 及格。能够根据实际案情准备基本充分，疏散、撤离有些许疏漏，处置方式基本有效。

4. 不及格。疏散、撤离不成功，过程混乱，处置方式不合理，人员的生命财产受到极大威胁。

七、思考题

1. 大型商场火灾现场处置的程序是怎样的？
2. 大型商场火灾现场处置时应该注意哪些问题？

项目四

危险化学品事故预防与处置

知识目标

了解危险化学品的定义、分类及性质等基本概念；
掌握危险化学品事故处置中的基本原则；
掌握正确处置危险化学品的程序与方法。

能力目标

能够对具有不同危险性的化学品采取相应的管理方法；
能够运用危险化学品事故处置原则和操作规程指导实践工作。

任务一　危险化学品事故预防基本知识认识

案例4-1

2015年8月12日23时许，天津滨海新区第五大街与跃进路交叉口的一处集装箱码头发生爆炸。第一次爆炸发生在2015年8月12日23时34分6秒，近震震级ML约2.3级，相当于3吨TNT；第二次爆炸发生在30秒钟后，近震震级ML约2.9级，相当于21吨TNT。现场火光冲天，多位市民反映，事发时10公里范围内均有震感，抬头可见蘑菇云。爆炸发生后，天津塘沽、滨海等地均有震感，造成轻轨东海路站建筑及周边居民楼受损。事故共造成165人遇难，其中公安消防人员24人，天津港消防人员75人，民警11人，其他人员55人。数百人不同程度受伤。据悉，事故地点为天津新港瑞海危化品仓库，爆炸时仓库内存有包括氰化钠、硝酸铵、硝酸钾、三氯甲烷等在内的数千吨危险化学品。事故造成了惨重的人员伤亡及财产损失。

问题思考

1. 什么是危险化学品事故？危险化学品事故的危害形式有哪些？

2. 结合案例分析为何此次危险化学品事故能够造成如此严重的危害?

理论知识

随着我国经济的快速发展，在生产、生活中人们涉及的化工原料及化工类产品的种类越来越多元化。危险化学品是指具有爆炸性、毒害性、放射性等危险性物质。由于其在生产、运输、储存和使用等各环节的特殊性，因操作不当或设备不符合质量要求等原因导致的危险化学品爆炸事故频发。再加上危险化学品具有危险性大、突发性强、处置难度高的特点，处置不当随时可能发生二次爆炸和火灾等次生灾难，因此一旦发生，将给当事人带来巨大经济损失，对公共安全及生态环境都会造成极大危害，并且容易引起公众恐慌情绪蔓延，因此如何防范及处置危险化学品事故已成为当今亟待解决的安全难题。

一、危险化学品的分类

危险化学品的分类不是绝对的，一种危险化学品往往具有多重的危险特性。如硫酸具有强氧化性，也具有很强的腐蚀性。因此，在危险化学品的事故预防与处置当中，要充分了解各种危险化学品所具有的所有危险特性，否则就很容易在生产、使用、储存、运输过程中因顾此失彼而发生事故。

(一) 压缩气体和液化气体

压缩气体和液化气体是指压缩、液化或加压溶解，并符合下述两种情况之一的气体：①临界温度低于50℃，或在50℃时，其压力大于294kpa的压缩或液化气体；②温度在21.2℃时，气体的绝对压力大于257kpa，或在54.4℃时，气体的绝对压力大于715kpa的压缩气体；或在37.8℃时，雷德蒸气压力大于275kpa的液化气体或加压溶解气体。本类物品当受热、受到撞击或强烈震动时，容器内压力会急剧增大，致使容器破裂爆炸，或导致气瓶阀门松动漏气，酿成火灾或中毒事故。

常见的压缩气体和液化气体有液化石油气、天然气等。液化石油气是目前我国最常用的生活能源，主要有罐装和管道两种传输方式。液化石油气是从石油的开采、裂解、炼制等生产过程中得到的副产品，是碳氢化合物的混合物，其主要成分包括丙烷、丙烯、丁烷、丁烯和丁二烯，同时还含有少量的甲烷、乙烷、戊烷及硫化氢等成分，在常压条件下，液化石油气的沸点都低于常温，容易汽化为气体，有的沸点较高，在汽化之后仍有残液。

液化石油气属于一级可燃气体，比煤气、石油等物质更易燃，而且燃烧时发出的热量（热值）和火焰温度很高。其热值大于1560.5kJ/kg（91 272kJ/m^3），火焰温度高达2120℃。着火时热辐射很强，极易引起周围物质燃烧、爆炸。

(二) 易燃液体

易燃液体是指在常温下极易着火燃烧的液体物质。闪点在45℃以下的液体称为易燃液体，闪点高于45℃的液体称为可燃液体。这类物质大都是有机化合物，包括汽油、柴油、酚、硝基苯、润滑油等石油化工产品。

常见的易燃液体有甲醇、乙醇、汽油等。

1. 乙醇。乙醇的结构简式为 C_2H_5OH，俗称酒精、无水酒精、火酒、无水乙醇。它是一种中枢神经系统抑制剂，以玉米、小麦、薯类、糖蜜等为原料，经发酵、蒸馏而成为无色、透明、易挥发、易燃的液体。乙醇的用途很广，可用乙醇来制造醋酸、饮料、香精、染料、燃料等，医疗上也常用体积分数为70% ~75%的乙醇作消毒剂等。吸入、食入乙醇经皮肤吸收，有加速人体的血液循环、麻痹中枢神经、抑制呼吸中枢、扩张毛细血管的作用，在生产中长期接触高浓度乙醇，可引起鼻、眼、黏膜刺激症状，以及头晕、疲乏、易激动、震颤、恶心等。皮肤长期接触可引起干燥、脱屑和皮炎。

2. 甲醇。甲醇（CH_3OH）被大众所熟知，具有毒性。工业酒精中大约含有4%的甲醇，若被不法分子当作食用酒精制作假酒，饮用后，会产生甲醇中毒。甲醇的毒性对人体的神经系统和血液系统影响最大，它经消化道、呼吸道或皮肤摄入都会产生毒性反应，甲醇蒸气能损害人的呼吸道粘膜和视力。急性中毒症状有头疼、恶心、胃痛、疲倦、视力模糊以至失明，继而呼吸困难，最终导致呼吸中枢麻痹而死亡。慢性中毒反应为眩晕、昏睡、头痛、耳鸣、视力减退、消化障碍。甲醇摄入量超过4克就会出现中毒反应，误服一小杯超过10克就能造成双目失明，饮入量大则会造成死亡，致死量为30毫升以上。甲醇在体内不易排出，会发生蓄积，在体内氧化生成甲醛和甲酸，也都有毒性。在甲醇生产工厂，我国有关部门规定，空气中允许甲醇浓度为$50mg/m^3$，在有甲醇气的现场工作须戴防毒面具，工厂废水要处理后才能排放，允许含量小于200mg/L的甲醇。

甲醇的中毒机理是，甲醇经人体代谢产生甲醛和甲酸（俗称蚁酸），然后对人体产生伤害。常见的症状是：先是产生喝醉的感觉，数小时后头痛、恶心、呕吐以及视线模糊，严重者会失明乃至丧命。失明的原因：甲醇的代谢产物甲酸累积在眼睛部位，破坏视觉神经细胞。脑神经也会受到破坏，进而产生永久性损害。甲酸进入血液后，会使组织酸性越来越强，损害肾脏导致肾衰竭。

特别提醒

甲醇中毒，通常可以用乙醇解毒法。其原理是，甲醇本身无毒，而代谢产物有毒，因此可以通过抑制代谢的方法来解毒。甲醇和乙醇在人体的代谢都是同一种酶，而这种酶和乙醇更具亲和力。因此，甲醇中毒者，可以通过饮用烈性酒（酒精度通常在60度以上）的方式来缓解甲醇代谢，进而使之排出体外。而甲醇已经代谢产生的甲酸，可以通过服用小苏打（碳酸氢钠）的方式来中和。

（三）易燃固体、自燃物品和遇湿易燃物品

本类物品易引起和促成火灾，按其燃烧特性分为以下三项：

1. 易燃固体是指燃点低，对热、撞击、摩擦敏感，易被外部火源点燃，燃烧迅速，并可能散发出有毒烟雾或者有毒气体的固体。

2. 自燃物品是指自燃点低，在空气中易于发生氧化反应，放出热量，而自行燃烧的物品。

3. 遇湿易燃物品是指遇水或受潮时，发生剧烈化学反应，放出大量的易燃气体和热量的物品。有些不需明火，即能燃烧或爆炸。

常见的易燃固体、自燃物品和遇湿易燃物品有铝粉、锌粉、金属钠、金属钾、电石等。

（四）氧化剂和有机过氧化物

本类物品具有强氧化性，易引起燃烧、爆炸，按其组成分为以下两项：

1. 氧化剂指处于高氧化态，具有强氧化性，易分解并放出氧和热量的物质。包括：①含有过氧基的无机物，其本身不一定可燃，但能导致可燃物的燃烧；②与粉末状可燃物能组成爆炸性混合物，对热、震动或摩擦较为敏感。按其危险性大小，分为一级氧化剂和二级氧化剂。

2. 有机过氧化物指分子组成中含有过氧键的有机物，其本身易燃易爆，极易分解，对热、震动和摩擦极为敏感。

常见的氧化剂有高氯酸钾、高锰酸钾、溴、碘等。以高锰酸钾为例，高锰酸钾（$KMnO_4$）为无机化合物，深紫色细长斜方柱状结晶，有金属光泽。1659 年被西方人发现，中文俗称灰锰氧。在化学品生产中，广泛用作氧化剂，例如用作制糖精、维生素C、异烟肼及安息香酸的氧化剂；在医药上用作防腐剂、消毒剂、除臭剂及解毒剂；在水质净化及废水处理中用作水处理剂，以氧化硫化氢、酚、铁、锰和有机、无机等多种污染物，控制臭味和脱色；在气体净化中，可除去痕量硫、砷、磷、硅烷、硼烷及硫化物；在采矿冶金方面，用于从铜中分离钼，从锌和镉中除杂，以及化合物浮选的氧化剂；还用作特殊织物、蜡、油脂及树脂的漂白剂，防毒面具的吸附剂，木材及铜的着色剂等。

高锰酸钾有毒，且有一定的腐蚀性，吸入后可引起呼吸道损害。溅落眼睛内，刺激结膜，重者致灼伤。刺激皮肤后呈棕黑色。浓溶液或结晶对皮肤有腐蚀性，对组织有刺激性。口服后，会严重腐蚀口腔和消化道，出现口内烧灼感、上腹痛、恶心、呕吐、口咽肿胀等。口服剂量大者，口腔粘膜黑染呈棕黑色，肿胀糜烂，胃出血，肝肾损害，剧烈腹痛，呕吐，血便，休克，最后死于循环衰竭，高锰酸钾纯品致死量约为10g。高锰酸钾是一种强氧化剂，遇浓硫酸、铵盐能发生爆炸，遇甘油能引起自燃。与有机物、还原剂、易燃物（如硫、磷等）接触或混合时有引起燃烧爆炸的危险，因此生产作业时要注意安全，小心操作。

（五）腐蚀品

腐蚀品是指能灼伤人体组织并对金属等物品造成损坏的固体或液体。是与皮肤接触4

小时内可见坏死现象，或温度在55℃时，对20号钢的均匀年腐蚀率超过6.25mm/a的固体或液体。

该类按化学性质分为三类：①酸性腐蚀品；②碱性腐蚀品；③其他腐蚀品。按其腐蚀性的强弱又细分为一级腐蚀品和二级腐蚀品。

常见的酸性腐蚀品有硫酸、硝酸、氢氟酸；常见的酸性腐蚀品有氢氧化钠、氨水等。

1. 常见的酸性腐蚀品——硫酸。硫酸（化学式：H_2SO_4），是一种最活泼的二元无机强酸，能和许多金属发生反应。高浓度的硫酸有强烈吸水性，可用作脱水剂，碳化木材、纸张、棉麻织物及生物皮肉等含碳水化合物的物质。与水混合时，亦会放出大量热能。其具有强烈的腐蚀性和氧化性，故需谨慎使用。硫酸是一种重要的工业原料，可用于制造肥料、药物、炸药、颜料、洗涤剂、蓄电池等，也广泛应用于净化石油、金属冶炼以及染料等工业中。常用作化学试剂，在有机合成中可用作脱水剂和磺化剂。

硫酸（特别是在高浓度的状态下）能对皮肉造成极大伤害。正如其他具腐蚀性的强酸强碱一样，硫酸可以迅速与蛋白质及脂肪发生酰胺水解作用及酯水解作用，从而分解生物组织，造成化学性烧伤。不过，其对肉体的强腐蚀性还与它的强烈脱水性有关，因为硫酸还会与生物组织中的碳水化合物发生脱水反应并释出大量热能。除了造成化学烧伤外，还会造成二级火焰性灼伤。故由硫酸所造成的伤害，很多时候都比其他可作比较的强酸（像盐酸及硝酸）的大。若不慎让硫酸接触到眼睛的话就有可能会造成永久性失明；而若不慎误服，则会对体内器官构成不可逆的伤害，甚至会致命。浓硫酸也具备很强的氧化性，会腐蚀大部分金属，故需小心存放。

2. 常见的碱性腐蚀物——氢氧化钠。氢氧化钠（化学式为NaOH），俗称烧碱、火碱、苛性钠，为一种具有很强腐蚀性的强碱，一般为片状或颗粒形态，易溶于水（溶于水时放热）并形成碱性溶液，另有解潮性，易吸取空气中的水蒸气（潮解）和二氧化碳（变质）。氢氧化钠是化学实验室中一种必备的化学品，亦为常见的化工品之一。纯品是无色透明的晶体。

该品有强烈刺激和腐蚀性。粉尘或烟雾会刺激眼和呼吸道，腐蚀鼻中隔，皮肤和眼与氢氧化钠直接接触会引起灼伤，误服可造成消化道灼伤、粘膜糜烂、出血和休克。氢氧化钠对玻璃制品有轻微的腐蚀性，两者会生成硅酸钠，使得玻璃仪器中的活塞黏着于仪器上。因此盛放氢氧化钠溶液时不可以用玻璃瓶塞，否则可能会导致瓶盖无法打开。

特别提醒

氢氧化钠对玻璃有腐蚀性。氢氧化钠对于表面光滑的玻璃腐蚀速度比较慢，玻璃表面光滑，分子排列致密，氢氧化钠的腐蚀能力还不能够将玻璃腐蚀，但是瓶口处玻璃粗糙，容易被氢氧化钠腐蚀，所以只能用橡胶塞。如果以玻璃容器长时间盛装热的氢氧化钠溶液，也会造成玻璃容器损坏。

二、危险化学品的危险特性及预防控制措施

危险化学品一般来说都具有易燃性、易爆性、腐蚀性、热膨胀性、毒害性和氧化性等危险特性，因此在危险物品运输、储存和使用的过程中，一旦疏忽或发生意外事件，容易发生火灾、泄漏、中毒等危险事故，因此在实际操作过程中要了解危险物品的运输、使用操作规程，掌握防控事故发生的基本原则和措施，以避免事故发生，或在事故发生后尽可能地减少事故造成的损失。

（一）危险化学品中毒、污染事故的预防控制措施

案例4-2

2014年1月1日23时20分，山东滨州阳信县滨化滨阳燃化有限公司储运车间由石脑油储罐向重整装置送料过程中发生石脑油泄漏（泄漏时间从22时30分至23点40分，泄漏量约240立方米），在处置过程中发生硫化氢中毒事故，造成4人死亡，3人受伤。事故直接原因是：维护人员为防冻防凝拆开倒罐管线上的一处法兰（一种管道连接件）排水后未及时复原，在向生产装置送料（经事故后检测，硫化氢含量在3800ppm）时，操作人员错误开启倒罐阀门，造成石脑油泄漏，在处置泄漏过程中，现场人员未佩戴个体防护用品，释放出的硫化氢气体致使人员中毒。

问题思考

1. 事故的起因是什么？
2. 事故造成人员伤亡的直接原因是什么？

很多危险化学品不仅本身具有毒害性，其燃烧或发生化学反应后的生成物也可能具有毒害性。如甲醇、一氧化碳、硫化氢的物质，一旦发生泄漏，都会对人体造成严重的伤害。因此，我们在生产、运输和储存过程中可以采取如下措施来预防和控制危险化学品的中毒和污染事故：

1. 替代。选用无毒或低毒的化学品代替有毒有害化学品，选用可燃化学品代替易燃化学品。
2. 变更工艺。采用新技术，改变原料配方，消除或降低化学品危害。
3. 隔离。将生产设备封闭起来，或设置屏障，避免作业人员直接暴露于有害环境中。
4. 通风。借助于有效的通风，使作业场所空气中有害气体、蒸气或粉尘的浓度降低，通风分局部排风和全面通风两种。局部排风适用于点式扩散源，将污染源置于通风罩控制范围内；全面通风适用于面式扩散源，通过提供新鲜空气，将污染物分散稀释。

5. 个体防护。只能作为一种辅助性措施，是一道阻止有害物质进入人体的屏障。防护用品主要有呼吸防护器具、头部防护器具、眼防护器具、身体防护器具、手足防护用品等。

6. 卫生。卫生包括保持作业场所清洁和作业人员个人卫生两个方面。应经常清洗作业场所，对废物、溢出物及时处置；作业人员应养成良好的卫生习惯，防止有害物质附着在皮肤上。

（二）危险化学品火灾爆炸事故的预防

案例4-3

2013 年 6 月吉林省长春市德惠市的吉林宝源丰禽业有限公司主厂房发生特别重大火灾爆炸事故，共造成 121 人死亡、76 人受伤，17 234 平方米主厂房及主厂房内生产设备被损毁，直接经济损失 1.82 亿元。经调查：事故原因是该公司主厂房一车间女更衣室西面和毗连的二车间配电室的上部电气线路短路，引燃周围可燃物。火势蔓延到氨设备和氨管道区域，燃烧产生的高温导致氨设备和氨管道发生物理爆炸，大量氨气泄漏介入了燃烧。

问题思考

1. 火灾爆炸事故有什么特点？
2. 火灾爆炸事故易发生于哪些单位和场所？

危险化学品通常具有易燃、易爆的危险特性，从上述案例可得知，危险化学品一旦发生火灾和爆炸事故，对人员和财产安全往往造成损失惨重的后果，因此火灾和爆炸事故也成了危险化学品事故的主要危害形式。而危险化学品超温、超压和泄漏往往是火灾爆炸事故发生的根源，对此应采取如下措施防控火灾和爆炸事故：

1. 采用防止可燃可爆混合物的形成的监控措施，控制工艺参数。将温度、压力、流量、物料配比等工艺参数严格控制在安全限度范围内，防止超压、超温、物质泄漏。易燃易爆的危险化学品一旦泄漏与空气混合达到一定浓度，就极易发生火灾或爆炸。如乙醇蒸发与空气混合后能形成爆炸性混合气体，其爆炸浓度极限为 3.3% ~19%。因此，在储存中应采用惰性气体保护并加强通风置换。

2. 消除点火源，远离明火、高温表面、化学反应热、电气设备，避免撞击摩擦、静电火花、光线照射，防止自燃发热。易燃、易爆危险化学品泄漏后遇到明火或静电极为危险，因此要消除火源和静电隐患。

3. 限制火灾爆炸蔓延扩散，采用阻火装置、阻火设施、防爆泄压装置及隔离措施。

（三）危险化学品的运输安全

案例4-4

2014年7月19日2时57分，湖南省邵阳市境内沪昆高速公路1309公里33米处，一辆自东向西行驶运载乙醇的轻型货车，与前方停车排队等候的一辆大型普通客车（以下简称大客车）发生追尾碰撞，轻型货车运载的乙醇瞬间大量泄漏起火燃烧，致使大客车、轻型货车等5辆车被烧毁，造成54人死亡、6人受伤（其中4人因伤势过重医治无效死亡），直接经济损失5300余万元。

1. 哪些措施能够有效防止危险化学品运输事故的发生？
2. 事故发生后的现场处置有哪些需要注意的地方？

理论知识

我国每年运输危险化学品2亿吨，95%以上为异地运输，80%通过道路运输。危险化学品运输事故不同于一般运输事故，往往会衍生出燃烧、爆炸、泄漏等更严重的后果，造成经济财产损失、环境污染、生态破坏、人员伤亡等一系列问题。所以，只有充分认识危险化学品运输的危险所在，并加强对设备、人员和应急救援的管理，才能有效控制、减少危险化学品事故发生。具体措施如下：

1. 托运危险物品必须出示有关证明，到指定的铁路、交通、航运等部门办理手续。托运物品必须与托运单上所列的物品相符。

2. 危险物品的装卸和运输人员，应按照装运危险品的性质，佩戴相应的防护用品，装卸时必须轻装、轻卸，严禁摔拖、重压和摩擦，不得损毁包装容器，并注意标示，堆放稳妥。

3. 危险物品装卸前，应对车（船）搬运工具进行必要的通风和清扫，不得留有残渣，对装有剧毒物品的车（船），卸车后必须洗刷干净。

4. 装运爆炸、剧毒、放射性、易燃液体、可燃气体等物品，必须使用符合安全要求的运输工具。禁止用电瓶车、翻斗车、铲车、自行车等运输爆炸物品。运输强氧化剂、爆炸品时，不宜用铁底板车及汽车挂车；禁止用叉车、铲车、翻斗车搬运易燃、易爆液化气体等危险物品；温度较高地区装运液化气体和易燃液体等危险物品，要有防晒设施；遇水燃烧物品及有毒物品，禁止用小型机帆船、小木船和水泥船承运。

5. 运输爆炸、剧毒和放射性物品，应指派专人押运，押运人员不得少于2人。

6. 运输危险物品的车辆，必须保持安全车速，保持车距，严禁超车、超速和强行会车，应按公安交通管理部门指定的路线和时间运输，不可在繁华街道行驶和停留。

7. 运输易燃、易爆物品的机动车，其排气管应装阻火器，并悬挂“危险品”标志。

8. 蒸汽机在调车作业中，对装载易燃、易爆物品的车辆、必须挂不少于 2 节的隔离车，并严禁溜放。

9. 运输散装固体危险物品，应根据性质采取防火、防爆、防水、防粉尘飞扬和遮阳等措施。

（四）危险化学品的储存安全

案例4－5

2013 年 3 月湖北省武汉市江汉路黄陂街汉来广场附近一个废弃化学品仓库发生爆炸，现场至少发生两次爆炸，并伴有白色浓烟冒出。爆炸仓库已成废墟，爆炸波及与仓库紧挨的某公司宿舍，一栋 7－8 层高的居民楼发生爆炸，造成半栋居民楼垮塌。事故造成多人受伤，两辆小轿车受损。后经调查证实，爆炸事发地储存有过氧化氢（俗称双氧水）、氢氧化钠（俗称火碱）等易燃易爆危化品。此次事故为危险化学品因储存不当自燃引起的爆炸事故。

问题思考

易燃易爆化学品的储存需要注意哪些问题?

理论知识

危险化学品的储存有着严格的要求和规范，具体如下：

1. 危险化学品应当储存在专门地点，不得与其他物资混合储存。

2. 危险化学品应该分类、分堆储存，堆垛不得过高、过密，堆垛之间以及堆垛与墙壁之间，应该留出一定间距、通道及通风口。

3. 互相接触容易引起燃烧、爆炸的物品及灭火方法不同的物品，应该隔离储存。

4. 遇水容易发生燃烧、爆炸的危险化学品，不得存放在潮湿或容易积水的地点。受阳光照射容易发生燃烧、爆炸的危险化学品，不得存放在露天或者高温的地方，必要时还应该采取降温和隔热措施。

5. 容器、包装要完整无损，如发现破损、渗漏，必须立即进行安全处理。

6. 性质不稳定、容易分解和变质，以及混有杂质而容易引起燃烧、爆炸危险的危险化学品，应该进行检查、测温、化验，防止自燃、爆炸。

7. 不准在储存危险化学品的库房内或露天堆垛附近进行实验、分装、打包、焊接和其他可能引起火灾的操作。

8. 库房内不得住人，工作结束时，应进行防火检查，切断电源。

任务二　危险化学品事故处置原则和方法

案例4-6

2015年3月6日7时左右，一辆满载30吨环氧氯丙烷的重型危化品运输车，在黄山市屯溪区境内浯村路段发生侧倾事故。当地安监、公安、消防等多部门及时处置，成功化解了险情。事故发生时，正值上班高峰时段，路上行人及车辆较多。一旦环氧氯丙烷发生泄露或爆炸，将严重威胁附近群众的生命安全。接到报警后，黄山市立即启动危险化学品事故应急救援预案，多部门相关人员迅速赶到事故现场，开展应急救援。在消防抢险救援车、大型吊车、危险化学品倒罐车等救援器材设备到达现场的情况下，利用高压倒液泵将30吨环氧氯丙烷输送至另一辆运输槽罐车上，由消防官兵用泡沫管枪对罐体实施喷洒掩护，利用两辆大型吊车对事故车辆进行起吊扶正。12时30分左右，事故现场处理圆满结束。

问题思考

1. 危险化学品事故主要有几种类型？
2. 针对不同类型的危险化学品事故应该采取怎样的具体措施？

理论知识

危险化学品事故主要有泄漏、火灾（爆炸）两大类。其中火灾又分为固体火灾、液体火灾和气体火灾。针对事故不同类型，应采取不同的处置措施，主要措施包括：灭火、隔绝、堵漏、拦截、稀释、中和、覆盖、泄压、转移、收集、点火控制燃烧等。在制定事故处置方案时，需遵循以下原则：

一、泄漏事故及处置原则

（一）进入泄漏事故现场时，应注意人员的安全防护

进入现场救援人员必须配备必要的个人防护器具。如果泄漏物是易燃易爆介质，事故中心区域应严禁火种、切断电源、禁止车辆进入、立即在边界设置警戒线。如果泄漏物是有毒介质，应使用专用防护服、隔离式空气呼吸器。为了在现场能正确使用，平时应进行严格的适应性训练。根据不同介质和泄漏量确定夜间和日间疏散距离后，立即在事故中心区边界设置警戒线。根据事故情况和事故发展，确定事故波及区人员的撤离。应急处理时严禁单独行动，应严格按专家组制定的方案执行。

（二）泄漏源控制

通过控制泄漏源来消除化学品的溢出或泄漏。对泄漏源进行控制，应立即采取以

下两项措施：

1. 隔离。根据专家组制定的方案，由事故单位负责切断进料或隔离物料。

2. 堵漏。专家组制定方案后由专业检修人员实施。

在厂调度室的指令下，通过关闭有关阀门、停止作业或改变工艺流程、物料走副线、局部停车、打循环、减负荷运行等方法进行泄漏源控制。

容器发生泄漏后，采取措施修补和堵塞裂口，制止化学品的进一步泄漏，对整个应急处理是非常关键的。能否成功地进行堵漏取决于几个因素：接近泄漏点的危险程度、泄漏孔的尺寸、泄漏点处实际的或潜在的压力、泄漏物质的特性。

表4－1　堵漏方法

部位	形式	方法
罐体	砂眼	使用螺丝加粘合剂旋进堵漏
	缝隙	使用外封式堵漏袋、电磁式堵漏工具组、粘贴式堵漏密封胶（适用于高压）、潮湿绷带冷凝法或堵漏夹具、金属堵漏锥堵漏
	孔洞	使用各种木楔、堵漏夹具、粘贴式堵漏密封胶（适用于高压）、金属堵漏锥堵漏
	裂口	使用外封式堵漏袋、电磁式堵漏工具组、粘贴式堵漏密封胶（适用于高压）堵漏
管道	砂眼	使用螺丝加粘合剂旋进堵漏
	缝隙	使用外封式堵漏袋、金属封堵套管、电磁式堵漏工具组、潮湿绷带冷凝法或堵漏夹具堵漏
	孔洞	使用各种木楔、堵漏夹具、粘贴式堵漏密封胶（适用于高压）堵漏
	裂口	使用外封式堵漏袋、电磁式堵漏工具组、粘贴式堵漏密封胶（适用于高压）堵漏
阀门		使用阀门堵漏工具组、注入式堵漏胶、堵漏夹具堵漏
法兰		使用专用法兰夹具、注入式堵漏胶堵漏

（三）泄漏物处理

对于已经泄漏的危险化学品，应当采取必要的措施来排除或减少其危害。现场泄漏物要及时进行覆盖、收容、稀释、处理，使泄漏物得到安全可靠的处置，防止二次事故的发生。泄漏物处置主要有四种方法：

1. 围堤堵截。即筑堤堵截泄漏液体或者引流到安全地点。贮罐区发生液体泄漏时，要及时关闭堤内和堤外雨水阀，切断阀，防止物料沿阴沟外溢。

2. 稀释与覆盖。向有害物蒸气云喷射雾状水或能抑制物性的中和介质，加速气体溶解稀释和沉降落地。对于可燃物，可以采用断链和覆盖窒息，破坏燃烧条件。对于液体泄漏，为降低物料向大气中的蒸发速度，根据物料的相对密度及饱和蒸气压大小确定用干粉中止链式反应，用泡沫（或抗溶性泡沫）或其他覆盖物品覆盖外泄的物料，在其表面形成覆盖层，抑制其蒸发。

3. 收容（集）。对于大型容器和管道泄漏，可选择用隔膜泵将泄漏出的物料抽入容器内或槽车内；当泄漏量小时，可用沙子、吸附材料、中和材料等吸收中和。

4. 废弃。将收集的泄漏物运至废物处理场所处置。用消防水冲洗剩下的少量物料，冲洗水排入污水系统处理。

二、火灾事故及处置原则

危险化学品容易发生火灾、爆炸事故，但不同的化学品以及同一化学品在不同情况下发生火灾时，其扑救方法差异很大，若处置不当，不仅不能有效扑灭火灾，反而会使灾情进一步扩大。此外，由于化学品本身及其燃烧产物大多具有较强的毒害性和腐蚀性，极易造成人员中毒、灼伤。因此，扑救化学危险品火灾是一项极其重要而又非常危险的工作。从事化学品生产、使用、储存、运输的人员和消防救护人员平时应熟悉和掌握化学品的主要危险特性及其相应的灭火措施，并定期进行防火演习，加强紧急事态发生时的应变能力。

一旦发生火灾，每个职工都应清楚地知道他们的作用和职责，掌握有关消防设施、人员的疏散程序和危险化学品灭火的特殊要求等内容。

（一）火灾事故处置原则

1. 查明范围。应迅速查明燃烧范围、燃烧物品及其周围物品的品名和主要危险特性、火势蔓延的主要途径，查明燃烧的危险化学品及燃烧产物是否有毒。

2. 方法正确。正确选择最适合的灭火剂和灭火方法。火势较大时，应先堵截火势蔓延，控制燃烧范围，然后逐步扑灭火势。

3. 及时撤退。有可能发生爆炸、爆裂、喷溅等特别危险需紧急撤退的，撤退应按照统一的撤退信号和撤退方法及时撤退（撤退信号应格外醒目，能使现场所有人员都看到或听到，并应经常演练）。

（二）灭火对策

1. 扑救初期火灾。在火灾尚未扩大到不可控制之前，应使用适当移动式灭火器来控制火灾。迅速关闭火灾部位的上下游阀门，切断进入火灾事故地点的一切物料，然后立即启用现有各种消防设备、器材扑灭初期火灾和控制火源。

2. 对周围设施采取保护措施。为防止火灾危及相邻设施，必须及时采取冷却保护措施，并迅速疏散受火势威胁的物资。有的火灾可能造成易燃液体外流，这时可用沙袋或其他材料筑堤拦截流淌的液体或挖沟导流，将物料导向安全地点。必要时用毛毡、草帘堵住下水井、阴井口等处，防止火焰蔓延。

3. 火灾扑救。扑救危险化学品火灾绝不可盲目行动，应针对每一类化学品，选择正确的灭火剂和灭火方法。必要时采取堵漏或隔离措施，预防次生灾害扩大。当火势被控制以后，仍然要派人监护，清理现场，消灭余火。

（三）特殊化学品的火灾扑救

对于性质不同的各类危险化学品，在灭火过程中应该采取的措施也会有所差异。

1. 液化气体类火灾。扑救液化气体火灾和扑灭一般的火灾有一个很大的区别，就是不能一味地扑灭明火，而是应该遵循保持燃烧——疏散周围压力容器——切断泄漏源的科学顺序进行灭火扑救，如果一次堵漏仍未成功，还需要进行二次堵漏以确保安全。

（1）保持燃烧。扑救液化气体类火灾，切忌盲目扑灭火势，在没有采取堵漏措施的情况下，必须保持稳定燃烧。否则，大量可燃气体泄漏出来与空气混合，遇着火源就会发生爆炸，后果将不堪设想。即使在扑救周围火势以及冷却过程中，不小心把泄漏处的火焰扑灭了，在没有采取堵漏措施的情况下，也必须立即用长点火棒将火点燃，使其恢复稳定燃烧。

（2）疏散周围压力容器。如果火势中有压力容器或有受到火焰辐射威胁的压力容器，能疏散的应尽量在水枪的掩护下疏散到安全地带，不能疏散的应部署足够的水枪进行冷却保护。为防止容器爆裂伤人，进行冷却的人员应尽量采用低姿射水或利用现场坚实的掩蔽体防护。对卧式贮罐，冷却人员应选择贮罐四侧角作为射水阵地。

（3）切断泄漏源。如果是输气管道泄漏着火，应首先设法找到并关闭气源阀门。储罐或管道泄漏关阀无效时，应根据火势大小判断气体压力和泄漏口的大小及其形状，准备好相应的堵漏材料（如软木塞、橡皮塞、气囊塞、粘合剂、弯管、卡管工具等）。堵漏工作准备就绪后，即可用水扑救火势，也可用干粉、二氧化碳灭火，但仍需用水冷却储罐或管壁。火扑灭后，应立即用堵漏材料堵漏，同时用雾状水稀释和驱散泄漏出来的气体。

（4）二次堵漏。一般情况下完成了堵漏也就基本完成了灭火工作，但有时一次堵漏不一定能成功，如果一次堵漏失败，再次堵漏需一定时间，应立即用长点火棒将泄漏处点燃，使其恢复稳定燃烧，以防止较长时间泄漏出来的大量可燃气体与空气混合后形成爆炸性混合物，从而存在发生爆炸的危险，并准备再次灭火堵漏。如果确认泄漏口很大，根本无法堵漏，只需冷却着火容器及其周围容器和可燃物品，控制着火范围，直到燃气燃尽，火势自动熄灭。

2. 易燃液体类火灾。对于易燃液体类火灾，要注意与易燃气体类火灾处置方法上的区别。易燃液体通常也是贮存在容器内或用管道输送的。与气体不同的是，液体容器有的密闭，有的敞开，一般都是常压，只有反应锅（炉、釜）及输送管道内的液体压力较高。液体不管是否着火，如果发生泄漏或溢出，都将顺着地面流淌或水面漂散，而且，易燃液体还有比重和水溶性等涉及能否用水和普通泡沫扑救以及危险性很大的沸溢和喷溅等问题。因此易燃液体火灾的扑救也应当遵循一定的程序。

（1）应切断火势蔓延的途径，冷却和疏散受火势威胁的密闭容器和可燃物，控制燃烧范围，并积极抢救受伤和被困人员。如有液体流淌时，应筑堤（或用围油栏）拦截漂散流淌的易燃液体或挖沟导流。

（2）应及时了解和掌握着火液体的品名、比重、水溶性以及有无毒害、腐蚀、沸溢、喷溅等危险性，以便采取相应的灭火和防护措施。对较大的贮罐或流淌火灾，应准确判断着火面积。大面积（$>50m^2$）液体火灾则必须根据其相对密度（比重）、水溶性和燃烧面积大小，选择正确的灭火剂扑救，并掌握正确的灭火方法。

第一，对不溶于水的液体（如汽油、苯等），用直流水、雾状水灭火往往无效。可用普通氟蛋白泡沫或轻水泡沫扑灭。用干粉扑救时灭火效果要视燃烧面积大小和燃烧条件而定，最好用水冷却罐壁。

第二，比水重又不溶于水的液体（如二硫化碳）起火时，可用水扑救，水能覆盖在液面上灭火。用泡沫也有效。用干粉扑救的，灭火效果要视燃烧面积大小和燃烧条件而定，最好用水冷却罐壁，降低燃烧强度。

第三，对于具有水溶性的液体（如醇类、酮类等），虽然从理论上讲能用水稀释扑救，但用此法要使液体闪点消失，水必须在溶液中占很大比例，这不仅需要大量的水，也容易使液体溢出流淌，而普通泡沫又会受到水溶性液体的破坏（如果普通泡沫强度加大，可以减弱火势），因此最好用抗溶性泡沫扑救。用干粉扑救时，灭火效果要视燃烧面积大小和燃烧条件而定，也需用水冷却罐壁，降低燃烧强度。

第四，扑救毒害性、腐蚀性或燃烧产物毒害性较强的易燃液体火灾，扑救人员必须佩戴防护面具，采取防护措施。对特殊物品的火灾，应使用专用防护服。考虑到过滤式防毒面具范围的局限性，在扑救毒害品火灾时应尽量使用隔离式空气呼吸器。为了在火场上正确使用和适应，平时应进行严格的适应性训练。

第五，扑救闪点不同粘度较大的介质混合物，如原油和重油等具有沸溢和喷溅危险的液体火灾，必须注意计算可能发生沸溢、喷溅的时间和观察是否有沸溢、喷溅的征兆。现场指挥一旦发现危险征兆，应迅速作出准确判断，及时下达撤退命令，避免造成人员伤亡和装备损失。扑救人员看到或听到统一撤退信号后，应立即撤退至安全地带。

第六，遇易燃液体管道或贮罐泄漏着火，在切断蔓延方向并把火势限制在上定范围内的同时，应设法找到输送管道并关闭进、出阀门，如果管道阀门已损坏或贮罐泄漏，应迅速准备好堵塞材料，然后先用泡沫、干粉、二氧化碳或雾状水等扑灭地上的流淌火焰，为堵漏扫清障碍，再扑灭泄漏处的火焰，并迅速采取堵漏措施。与气体堵塞不同的是，液体一次堵漏失败，可连续堵几次，只需用泡沫覆盖地面，并堵住液体流淌，控制好周围着火点，不必点燃泄漏处的液体。

3. 对于爆炸物品火灾，切忌用沙土盖压，以免增强爆炸物品爆炸时的威力；扑救爆炸物品堆垛火灾时，水流应采用吊射，避免强力水流直接冲击堆垛，以免堆垛倒塌引起再次爆炸。

4. 对于遇湿易燃物品火灾，绝对禁止用水、泡沫、酸碱等湿性灭火剂扑救。

5. 氧化剂和有机过氧化物的灭火比较复杂，应针对具体物质具体分析。

6. 扑救毒害品和腐蚀品的火灾时，应尽量使用低压水流或雾状水，避免腐蚀品、毒害品溅出；遇酸类或碱类腐蚀品，最好调制相应的中和剂稀释中和。

7. 易燃固体、自燃物品一般都可用水和泡沫扑救，只要控制住燃烧范围，逐步扑灭即可。但有少数易燃固体、自燃物品的扑救方法比较特殊。如2，4－二硝基苯甲醚、二硝基萘、萘等是易升华的易燃固体，受热放出易燃蒸气，能与空气形成爆炸性混合物，尤其在室内，易发生爆燃，在扑救过程中应不时向燃烧区域上空及周围喷射雾状水，并消除周围一切火源。

特别提醒

1. 发生化学品火灾时，灭火人员不应单独灭火，出口应始终保持清洁和畅通，要选择正确的灭火剂，灭火时还应考虑人员的安全。

2. 化学品火灾的扑救应由专业消防队来进行，其他人员不可盲目行动，待消防队到达后，介绍物料介质，配合扑救。

3. 应急处理过程并非是按部就班地按以上顺序进行，而是根据实际情况尽可能同时进行，如危险化学品泄漏，应在报警的同时尽可能切断泄漏源等。

4. 化学品事故的特点是发生突然，扩散迅速，持续时间长，涉及面广。一旦发生化学品事故，往往会引起人们的慌乱，若处理不当，会引起二次灾害。

任务三　危险化学品事故处置的程序

案例4-7

2014 年 1 月 9 日 9 时许，安徽省亳州市康达化工有限公司（以下简称康达公司）发生一起违法较大中毒事故，造成 4 人死亡、2 人轻伤。2013 年 9 月 1 日，康达公司将部分空闲厂房和场地以 300 万元/年租给山东籍人员王某，王某在未办理任何审批手续的情况下，自行购买安装设备，组织人员生产农药莠灭净。1 月 9 日 9 时许，王某所聘技术人员张某去异丙醇输送泵泵池（深约 2.6m，宽约 1.5m，长约 5m）查看，入池后中毒晕倒，随后现场另 3 名工人未佩戴个体防护用品下去施救，也倒在池内。其他 2 名工人听到呼救后，在泵池边用铁钩将 4 人救出，4 人经抢救无效死亡。最后实施救援的 2 人在施救过程中也轻微中毒。

问题思考

1. 发生危险化学品事故后应该如何进行救援？

2. 救援人员如何在救援时保证自己的安全?

理论知识

大多数化学品具有有毒、有害、易燃、易爆等特点，在生产、储存、运输和使用过程中因意外或人为破坏等原因发生泄漏、火灾爆炸，极易造成人员伤害和环境污染的事故。制定完备的应急预案，了解化学品基本知识，掌握化学品事故现场应急处置程序，可有效降低事故造成的损失和影响。

一、隔离、疏散

（一）建立警戒区域

事故发生后，应根据化学品泄漏扩散的情况或火焰热辐射所涉及的范围建立警戒区，并在通往事故现场的主要干道上实行交通管制。建立警戒区域时应注意以下几项：

1. 警戒区域的边界应设警示标志，并有专人警戒；
2. 除消防、应急处理人员以及必须坚守岗位的人员外，其他人员禁止进入警戒区；
3. 泄漏溢出的化学品为易燃品时，区域内应严禁火种。

（二）紧急疏散

迅速将警戒区及污染区内与事故应急处理无关的人员撤离，以减少不必要的人员伤亡。

紧急疏散时应注意：

1. 如事故物质有毒，需要佩戴个体防护用品或采用简易有效的防护措施，并有相应的监护措施；
2. 应向侧上风方向转移，明确专人引导和护送疏散人员到安全区，并在疏散或撤离的路线上设立哨位，指明方向；
3. 不要在低洼处滞留；
4. 要查清是否有人留在污染区与着火区。

二、防护

根据事故物质的毒性及划定的危险区域，确定相应的防护等级，并根据防护等级按标准配备相应的防护器具。

三、询情和侦检

首先要询问遇险人员情况，容器储量、泄漏量、泄漏时间、部位、形式、扩散范围，周边单位、居民、地形、电源、火源等情况，消防设施、工艺措施、到场人员处置意见。然后使用检测仪器测定泄漏物质、浓度、扩散范围。最后确认设施、建筑物险情及可能引发爆炸燃烧的各种危险源，确认消防设施运行情况。

四、现场急救

在事故现场，化学品对人体可能造成的伤害为中毒、窒息、冻伤、化学灼伤、烧伤等。进行急救时，不论患者还是救援人员都需要进行适当的防护。

（一）现场急救注意事项

1. 选择有利地形设置急救点；
2. 做好自身及伤病员的个体防护；
3. 防止发生继发性损害；
4. 应至少 2～3 人为一组集体行动，以便相互照应；
5. 所用的救援器材需具备防爆功能。

（二）现场处理

首先迅速将患者拖离现场至空气新鲜处，伤员呼吸困难时要及时给氧，呼吸停止时立即进行人工呼吸，心脏骤停时立即进行心脏按摩。伤员皮肤受到污染的，要脱去污染的衣服，用流动清水冲洗，冲洗要及时、彻底、反复多次。头面部灼伤时，要注意眼、耳、鼻、口腔的清洗。

1. 当人员发生冻伤时，应迅速复温，复温的方法是采用 40℃～42℃ 恒温热水浸泡，使其温度提高至接近正常，在对冻伤的部位进行轻柔按摩时，不要将伤处的皮肤擦破，以防感染。

2. 当人员发生烧伤时，应迅速将患者衣服脱去，用流动清水冲洗降温，用清洁布覆盖创伤面，避免创面感染，不要任意把水疱弄破，患者口渴时，可适量饮水或含盐饮料。

急救时应使用特效药物对症治疗，严重者送医院观察治疗。

特别提醒

急救之前，救援人员应确保受伤者所在环境是安全的。另外，口对口人工呼吸及冲洗污染的皮肤或眼睛时，要避免进一步受伤。

拓展阅读

《中华人民共和国危险化学品安全管理条例》

第六十七条　危险化学品生产企业、进口企业，应当向国务院安全生产监督管理部门负责危险化学品登记的机构（以下简称危险化学品登记机构）办理危险化学品登记。

危险化学品登记包括下列内容：

（一）分类和标签信息；

（二）物理、化学性质；

（三）主要用途；

（四）危险特性；

（五）储存、使用、运输的安全要求；

（六）出现危险情况的应急处置措施。

对同一企业生产、进口的同一品种的危险化学品，不进行重复登记。危险化学品生产企业、进口企业发现其生产、进口的危险化学品有新的危险特性的，应当及时向危险化学品登记机构办理登记内容变更手续。

危险化学品登记的具体办法由国务院安全生产监督管理部门制定。

第七十条 危险化学品单位应当制定本单位危险化学品事故应急预案，配备应急救援人员和必要的应急救援器材、设备，并定期组织应急救援演练。

危险化学品单位应当将其危险化学品事故应急预案报所在地设区的市级人民政府安全生产监督管理部门备案。

第七十二条 发生危险化学品事故，有关地方人民政府应当立即组织安全生产监督管理、环境保护、公安、卫生、交通运输等有关部门，按照本地区危险化学品事故应急预案组织实施救援，不得拖延、推诿。

有关地方人民政府及其有关部门应当按照下列规定，采取必要的应急处置措施，减少事故损失，防止事故蔓延、扩大：

（一）立即组织营救和救治受害人员，疏散、撤离或者采取其他措施保护危害区域内的其他人员；

（二）迅速控制危害源，测定危险化学品的性质、事故的危害区域及危害程度；

（三）针对事故对人体、动植物、土壤、水源、大气造成的现实危害和可能产生的危害，迅速采取封闭、隔离、洗消等措施；

（四）对危险化学品事故造成的环境污染和生态破坏状况进行监测、评估，并采取相应的环境污染治理和生态修复措施。

第七十三条 有关危险化学品单位应当为危险化学品事故应急救援提供技术指导和必要的协助。

第七十四条 危险化学品事故造成环境污染的，由设区的市级以上人民政府环境保护主管部门统一发布有关信息。

任务四　技能训练：危险物品泄漏现场处置模拟训练

一、模拟情景

2015年11月11日凌晨0点20分，某化工厂一辆装载20吨液氨的罐车，在某县化肥公司液氨库区灌装场地进行液氨灌装，到凌晨2点左右灌装基本结束时，押运员谢某在关闭灌装阀门过程中，液氨连接导管突然破裂，大量液氨泄漏。驾驶员王某吩咐押运员谢某立即关闭灌装区西侧约64米处的紧急切断阀，自己迅速赶到罐车尾部，对罐车的紧急切断装置采取关闭措施（后经鉴定该装置失灵），并与厂值班人员联系并电话报警。2时9分，县公安局接到报警，立即出警，迅速组织抢险和群众疏散。不久邻县的公安消防部门也迅速调集警力，赶赴现场参加救援。现场救护队员组成了救人、堵漏、器材供应、供水、救援保障和现场警戒六个小组，展开抢险救援工作。搜救工作一直持续到6时30分，共解救遇险人员102人，疏散群众2000余人。这起事故共泄漏液氨约20.1吨，造成15人死亡（其中当时死亡13人，后经抢救无效死亡2人），重度中毒22人，直接经济损失约数百万元。

问：1. 此事件的直接原因是什么？

2. 事故扩大的主要原因是什么？其深层次原因是什么？

二、训练内容

制定详细的事故处置及救援方案，并考虑针对该特定事件需要注意的事项。

三、训练的目

通过多危险化学品泄漏事故的处置方案的制定，使学生学习危险化学品事故的处置办法，掌握危险化学品事故处置的基本原则，提高对危险化学品事故的处置能力。

四、训练方法步骤

1. 2～3人为一组，首先对模拟案情进行深入分析，并展开讨论。

2. 着手制定并撰写事故处置的具体方案，方案中要阐明具体的处置办法、注意事项和总结反思。

3. 由一名同学上台阐述其所在组的具体方案。

4. 听完学生阐述后，教师对方案中存在的问题进行点评和纠正。

五、注意事项

1. 每组同学要分工协作。

2. 方案制作过程中要勤于思考，着手细节，以提升自己对事故处置的理解和认识。

六、考核方式及标准

（一）考核方式

1. 学生讨论投票，选出方案制定最完善、演讲表述最佳的若干组。
2. 教师打分。

（二）考核标准

1. 优秀：方案清晰完整，完全符合教材所述的处置流程及原则，演讲表述清晰流畅。
2. 良好：方案较为清晰，基本符合教材所描述的流程和原则，但有个别遗漏，演讲表述清楚。
3. 及格：方案原则上正确，但细节不够充分，演讲一般。
4. 不及格：方案错误明显，无法达到事故处置的效果。

项目五

突发公共卫生事件预防与处置

知识目标

了解突发公共卫生事件的概念和处置方法；
明确突发公共卫生事件预防与处置的目的；
掌握突发公共卫生事件的处置原则。

能力目标

能够运用突发公共卫生事件处置原则指导实践工作；
能够运用突发公共卫生事件处置方法处理各类公共卫生事件。

任务一　突发公共卫生事件与预防基本知识认识

案例5-1

2014年3月21日，几内亚卫生部报告了一种急性传染病，当时感染病例数49例，早期表现特征为发热、严重腹泻、呕吐和高病死率（59%）。几内亚将20人标本紧急送往法国里昂巴斯德研究所，经验证，其中15例为埃博拉病毒感染，并证实为埃博拉病毒。埃博拉病毒是一种能引起人类和灵长类动物产生埃博拉出血热的烈性传染病病毒，因其极高的致死率而被世界卫生组织列为对人类危害最严重的病毒之一。埃博拉病毒通常通过血液和其他体液等途径传播，不通过空气传播，感染潜伏期从2天到21天不等。患者的最初症状是突然发烧、头痛，随后是呕吐、腹泻和肾功能障碍，最后是体内外大出血，死亡。

自从2014年2月暴发疫情以来，在世界卫生组织的呼吁下，西非得到了世界卫生组织、无国界医生组织和包括中国在内的世界多个多国家和地区的积极广泛的援助，但仍然遭受了最为沉重的打击。西非三国利比里亚、塞拉利昂和几内亚受影响最为严重，当地众多社区成为废墟，数千孩童沦为孤儿，百万民众食不果腹。此次疫情首次超出边远的丛林村庄，蔓延至人口密集的大城市。更加令人恐惧的是，埃博拉病毒甚至越过大洋，从非洲扩散至欧洲和美国。

1. 什么是突发公共卫生事件？哪些情况可以引发突发公共卫生事件？

2. 结合案例5－1，你是如何理解突发公共卫生事件的？有什么样的特征？

理论知识

一、突发公共卫生事件

（一）突发公共卫生事件的定义

突发公共卫生事件是指突然发生，造成或者可能造成社会公众健康严重损害的重大传染病疫情、群体性不明原因疾病、重大食物和职业中毒以及其他严重影响公众健康的事件。突发公共卫生事件应当具备以下特征：

1. 突发性。突发公共卫生事件不易预测，突如其来，但其发生与转归也具有一定的规律性。

2. 公共属性。突发事件所危及的对象不是特定的人，而是不特定的社会群体，在事件影响范围内的人都有可能受到伤害，往往累及大众。

3. 危害的严重性。突发事件可对公众健康和生命安全、社会经济发展、生态环境等造成不同程度的危害，这种危害既可以是对社会造成的即时性严重损害，也可以是从发展趋势看对社会造成严重影响的事件。其危害可表现为直接危害和间接危害。直接危害一般为事件直接导致的即时性损害，比如人群健康和生命受损。间接危害一般为事件的继发性损害或危害，例如事件引发公众恐慌、情绪焦虑等造成心理伤害，对社会、政治、经济产生影响（如经济遭受损失，国家和地区形象受损，以及造成政治不稳等）。

（二）突发公共卫生事件的分类

突发性公共卫生事件的分类方法有多种，从性质和发生原因上通常可分为：

1. 重大传染病疫情。是指某种传染病在短时间内发生，波及范围广泛，出现大量的病人或死亡病例，其发病率远远超过常年的发病率水平。比如1988年在上海发生的甲型肝炎暴发、2004年青海鼠疫疫情等。

2. 群体性不明原因疾病。是指在短时间内，在某个相对集中的区域内，同时或者相继出现具有共同临床表现病人，且病例不断增加，范围不断扩大，又暂时不能明确诊断的疾病。如传染性非典型肺炎疫情发生之初，由于对病原方面认识不清，虽然知道这是一组同一症状的疾病，但对其发病机制、诊断标准、流行途径等认识不清，随着科学研究的深入，才逐步认识到其病原体是由冠状病毒的一种变种所引起的。

3. 重大食物中毒和职业中毒事件。是指由于食品污染和职业危害的原因而造成的人数众多或者伤亡较重的中毒事件。如2002年9月14日，南京市汤山镇发生一起特大投毒案，造成395人因食用有毒食品而中毒，死亡42人。2002年初，保定市白沟镇苯中毒事件，箱包生产企业数名外地务工人员中陆续出现中毒症状，并有6名工人死亡。

4. 新发传染性疾病。狭义是指全球首次发现的传染病；广义是指一个国家或地区新发生的、新变异的或新传入的传染病。世界上新发现的32种新传染病中，有半数左右已经在我国出现，我国尚未发现的传染病是指埃博拉、猴痘、黄热病、人变异性克雅氏病等在其他国家和地区已经发现，在我国尚未发现过的传染病。新出现的肠道传染病和不明原因疾病对人类健康构成的潜在危险十分严重，处理的难度及复杂程度进一步加大。

5. 群体性预防接种反应和群体性药物反应。是指在实施疾病预防措施时，出现免疫接种人群或预防性服药人群的异常反应。这类反应原因较为复杂，可以是心因性的，也可以是其他异常反应。

6. 重大环境污染事故。是指在化学品的生产、运输、储存、使用和废弃处置过程中，由于各种原因引起化学品从其包装容器、运送管道、生产和使用环节中泄漏，造成空气、水源和土壤等周围环境的污染，严重危害或影响公众健康的事件。如2004年4月，发生在重庆江北区某企业的氯气储气罐泄漏事件，造成7人死亡、15万人疏散的严重后果。

7. 核事故和放射事故。是指由于放射性物质或其他放射源造成或可能对公众健康产生严重影响或严重损害的突发事件。如1992年，山西忻州钻—60放射源丢失，不仅造成3人死亡、数人住院治疗，还造成了百余人受到过量辐射的惨痛结局。

8. 生物、化学、核辐射恐怖事件。是指恐怖组织或恐怖分子为了达到其政治、经济、宗教、民族等目的，通过实际使用或威胁使用放射性物质、化学毒剂或生物制剂，或通过袭击或威胁袭击化工（核）设施（包括化工厂、核设施、化学品仓库、实验室、运输槽车等）引起有毒有害物质或致病性微生物释放，导致人员伤亡，或造成公众心理恐慌，从而破坏国家和谐安定，妨碍经济发展的事件。如1995年，发生在日本东京地铁的沙林毒气事件，造成5510人中毒，12人死亡。

（三）突发公共卫生事件的分级

按照《国家突发公共卫生事件应急预案》的规定，根据突发公共卫生事件的性质、危害程度、涉及范围，可将突发公共卫生事件划分为一般（Ⅳ级）、较大（Ⅲ级）、重大（Ⅱ级）和特别重大（Ⅰ级）四级。依次用蓝色、黄色、橙色、红色来标识和预警。

1. 有下列情形之一的为特别重大突发公共卫生事件（Ⅰ级）：

（1）肺鼠疫、肺炭疽在大、中城市发生并有扩散趋势，或肺鼠疫、肺炭疽疫情波及2个以上的省份，并有进一步扩散趋势。

（2）发生传染性非典型肺炎，人感染高致病性禽流感病例，并有扩散趋势。

（3）涉及多个省份的群体性不明原因疾病，并有扩散趋势。

（4）发生新传染病，或我国尚未发现的传染病发生或传入，并有扩散趋势，或发现我国已消灭的传染病重新流行。

（5）发生烈性病菌株、毒株、致病因子等丢失事件。

（6）周边以及与我国通航的国家和地区发生特大传染病疫情，并出现输入性病例，严重危及我国公共卫生安全的事件。

（7）国务院卫生行政部门认定的其他特别重大突发公共卫生事件。

2. 有下列情形之一的为重大突发公共卫生事件（II级）：

（1）在一个县（市）行政区域内，一个平均潜伏期内（6天）发生5例以上肺鼠疫、肺炭疽病例，或者相关联的疫情波及2个以上的县（市）。

（2）发生传染性非典型肺炎，人感染高致病性禽流感疑似病例。

（3）腺鼠疫发生流行，在一个市（地）行政区域内，一个平均潜伏期内多点连续发病20例以上，或流行范围波及2个以上市（地）。

（4）霍乱在一个市（地）行政区域内流行，1周内发病30例以上，或波及2个以上市（地），有扩散趋势。

（5）乙类、丙类传染病波及2个以上县（市），1周内发病水平超过前5年同期平均发病水平2倍以上。

（6）我国尚未发现的传染病发生或传入，尚未造成扩散。

（7）发生群体性不明原因疾病，扩散到县（市）以外的地区。

（8）发生重大医源性感染事件。

（9）预防接种或群体预防性服药出现人员死亡。

（10）一次食物中毒人数超过100人并出现死亡病例，或出现10例以上死亡病例。

（11）一次发生急性职业中毒50人以上，或死亡5人以上。

（12）境内外隐匿运输、邮寄烈性生物病原体、生物毒素造成我境内人员感染或死亡的。

（13）省级以上人民政府卫生行政部门认定的其他重大突发公共卫生事件。

3. 有下列情形之一的为较大突发公共卫生事件（III级）：

（1）发生肺鼠疫、肺炭疽病例，一个平均潜伏期内病例数未超过5例，流行范围在一个县（市）行政区域以内。

（2）腺鼠疫发生流行，在一个县（市）行政区域内，一个平均潜伏期内连续发病10例以上，或波及2个以上县（市）。

（3）霍乱在一个县（市）行政区域内发生，1周内发病10～29例，或波及2个以上县（市），或市（地）级以上城市的市区首次发生。

(4) 1 周内在一个县（市）行政区域内，乙、丙类传染病发病水平超过前 5 年同期平均发病水平 1 倍以上。

(5) 在一个县（市）行政区域内发现群体性不明原因疾病。

(6) 一次食物中毒人数超过 100 人，或出现死亡病例。

(7) 预防接种或群体预防性服药出现群体心因性反应或不良反应。

(8) 一次发生急性职业中毒 10 ~ 49 人，或死亡 4 人以下。

(9) 市（地）级以上人民政府卫生行政部门认定的其他较大突发公共卫生事件。

4. 有下列情形之一的为一般突发公共卫生事件（Ⅳ级）：

(1) 腺鼠疫在一个县（市）行政区域内发生，一个平均潜伏期内病例数未超过 10 例。

(2) 霍乱在一个县（市）行政区域内发生，1 周内发病 9 例以下。

(3) 一次食物中毒人数 30 ~ 99 人，未出现死亡病例。

(4) 一次发生急性职业中毒 9 人以下，未出现死亡病例。

(5) 县级以上人民政府卫生行政部门认定的其他一般突发公共卫生事件。

二、突发公共卫生事件的预防

突发公共卫生事件的预防是指在没有突发公共卫生事件发生的情况下所采取的预防或应对可能发生的突发公共卫生事件的措施。“预防为主”是现代应急管理的重要原则，也是减少和避免事件发生的最经济手段。《突发公共卫生事件应急条例》中指出：突发公共卫生事件应急工作，应当遵循预防为主、常备不懈的方针。为了有效预防、及时控制和消除突发公共卫生事件的危害，保障公众身体健康与生命安全，县级以上各级人民政府应当组织开展防治突发事件相关科学研究，建立突发事件应急流行病学调查、传染源隔离、医疗救护、现场处置、监督检查、监测检验、卫生防护等，有关物资、设备、设施、技术与人才资源储备，所需经费列入本级政府财政预算。突发公共卫生事件的预防主要有以下几个方面：

(一) 做好疾病预防控制的基础建设性工作

国家要建立统一的疾病预防控制体系。各级行政区域要加快疾病预防控制机构和基层预防保健组织建设，强化医疗卫生机构疾病预防控制的责任；建立功能完善、反应迅速、运转协调的突发公共卫生事件应急机制；健全覆盖城乡、灵敏高效、快速畅通的疫情信息网络；改善疾病预防控制机构基础设施和实验室设备条件；加强疾病控制专业队伍建设，提高流行病学调查、现场处置和实验室检测检验能力。就此，各地政府都应加大公共卫生的资金投入力度，加强医疗机构和科研机构的经费保障。

(二) 建立统一的突发事件的监测、预警、报告体系

国家建立统一的卫生执法监督体系。地方各级卫生执法机构应全面提高卫生执法

监督的能力和水平，积极开展突发公共卫生事件风险隐患排查工作，如高致病性病原微生物排查工作，去除传染病隐患，严格做好食品、水安全检查工作。国务院卫生行政部门和地方各级人民政府卫生行政部门要加强对监测工作的管理和监督，保证监测质量。监测与预警工作应当根据突发事件的类别，制订监测计划，科学分析、综合评价监测数据。对早期发现的潜在隐患以及可能发生的突发事件，应当依照规定的报告程序和时限及时报告。省级人民政府卫生行政部门要按照国家统一规定和要求，结合实际，组织开展重点传染病和突发公共卫生事件的主动监测。县级以上各级人民政府卫生行政主管部门，应当指定机构负责开展突发事件的日常监测。各级人民政府卫生行政部门根据医疗机构、疾病预防控制机构、卫生监督机构提供的监测信息，按照公共卫生事件的发生、发展规律和特点，及时分析其对公众身心健康的危害程度、可能的发展趋势，及时做出预警。

（三）事先制定突发事件应急预案

制定预案的目的在于有效预防、及时控制和消除突发公共卫生事件及其危害，指导和规范各类突发公共卫生事件的应急预案处理工作，最大限度地减少突发公共卫生事件对公众健康造成的危害，保障公众身心健康与生命安全。国务院卫生行政主管部门按照分类指导、快速反应的要求，制定了全国突发公共卫生事件应急预案。各省、自治区、直辖市人民政府根据全国突发公共卫生事件应急预案，结合本地实际情况，制定本行政区域的突发公共卫生事件应急预案。各相关部门还可以制定部门的应急预案，以及针对某一类问题的专项预案。预案要具有可行性、可操作性和时效性，提高防控体系各单位部门的参与程度，要把落实预案列入日常工作，采取强有力的措施，推动预案的实施。事件应急预案应当根据突发事件的变化和实施中发现的问题及时进行修订、补充。

（四）做好应急物质、技术、人才储备工作，建立突发事件应急救治系统

有关部门应当根据突发事件应急预案的要求，保证应急设施、设备、救治药品和医疗器械等物资储备。卫生应急储备物资使用后要及时补充。县级以上各级人民政府应当加强急救医疗服务网络的建设，配备相应的医疗救治药物、技术、设备和人员，提高医疗卫生机构应对各类突发事件的救治能力。设区的市级以上地方人民政府应当设置与传染病防治工作需要相适应的传染病专科医院，或者指定具备传染病防治条件和能力的医疗机构承担传染病防治任务。按照“中央指导、地方负责、统筹兼顾、平战结合、因地制宜、合理布局”的原则，逐步在全国范围内建成包括急救机构、传染病救治机构和化学中毒与核辐射救治基地在内的，符合国情、覆盖城乡、功能完善、反应灵敏、运转协调、持续发展的医疗救治体系。

县级以上地方人民政府卫生行政主管部门，应当定期对医疗卫生机构和人员开展突发事件应急处理相关知识、技能的培训，定期组织医疗卫生机构进行突发事件应急

演练，推广最新知识和先进技术，注重提升基层医疗机构的医疗水平。作为疾病防控体系中行使神经末梢作用的基层医疗机构，在对于突发公共卫生事件进行的应急处理和疾病防控中起着非常重要的作用，可以减轻大中型医院的工作压力，让每个病人都可以得到及时有效的救治。

（五）开展宣传教育，增强全社会对突发事件的防范意识和应对能力

县级以上各级人民政府卫生行政主管部门和其他有关部门，应当对公众开展突发事件应急知识的专门教育，增强全社会对突发事件的防范意识和应对能力，要组织有关部门利用广播、影视、报刊、互联网、手册等多种形式对社会公众广泛开展突发公共卫生事件应急知识的普及教育，宣传卫生科普知识，指导群众以科学的行为和方式对待突发公共卫生事件，实现将政府应急向全民应急转变。要充分发挥有关社会团体在普及卫生应急知识和卫生科普知识方面的作用。

（六）保护环境与生态平衡

自然灾害可以被认为是天灾与人祸共同造成的恶果。自然资源开发利用不够合理，造成生态环境的破坏，从而诱发或加剧了自然灾害的发生发展。由于人为的原因，自然环境恶化加剧，导致自然灾害频繁发生。一些新型传染病和重复出现的传染病、核污染和生物恐怖事件等，往往是自然界中原有的媒介生物和病原体宿主，由于环境和气候的改变，其虫媒和动物宿主的组成、数量等产生了变化，再加上人类对这些媒介生物和病原体宿主的接触增加，导致了其致病和传染的概率增大。我们必须了解人类所处的生存环境，人为因素造成生态失衡的现象仍非常严重，我们必须高度重视环境保护，确保人类与大自然的和谐相处。

（七）促进国际合作

世界卫生组织公布的《2007 年世界卫生报告》指出：疾病的国际传播，使全球公共卫生安全受到了前所未有的威胁，世界卫生组织要求全世界各国密切合作，制定切实有效的措施以应对新的传播和新出现的公共卫生安全事件，减少新的疫情给全球造成的威胁，共同为全球未来的公共卫生安全作出努力。随着全球经济一体化，世界各国贸易往来和合作交往日益密切，疾病的国际化蔓延趋势日益明显，非典、禽流感等疫情的全球化传播，再次给人们敲响了警钟：世界各国必须联合起来，共同抵御和防控全球突发公共卫生事件的发生。

特别提醒

全国突发事件应急预案包括以下主要内容：

1. 突发事件应急处理指挥部的组成和相关部门的职责；
2. 突发事件的监测与预警；
3. 突发事件信息的收集、分析、报告、通报制度；

4. 突发事件应急处理技术和监测机构及其任务；

5. 突发事件的分级和应急处理工作方案；

6. 突发事件预防、现场控制，应急设施、设备、救治药品和医疗器械以及其他物资和技术的储备与调度；

7. 突发事件应急处理专业队伍的建设和培训。

任务二 突发公共卫生事件的应急处置

一、突发公共卫生事件应急处置工作原则

突发公共卫生事件应急处置工作，应当遵循预防为主、常备不懈的方针，贯彻统一领导、分级负责、反应及时、措施果断、依靠科学、加强合作的原则。

（一）预防为主，常备不懈

即提高全社会对突发公共卫生事件的防范意识，落实各项防范措施，做好人员、技术、物资和设备的应急储备工作。对各类可能引发突发公共卫生事件的情况要及时进行分析、预警，做到早发现、早报告、早处理。

（二）统一领导，分级负责

根据突发公共卫生事件的性质、范围和危害程度，对突发公共卫生事件实行分级管理。各级人民政府负责突发公共卫生事件应急处置的统一领导和指挥，各有关部门按照预案规定，在各自的职责范围内做好突发公共卫生事件应急处理的有关工作。

（三）反应及时，措施果断

地方各级人民政府和卫生行政部门要按照相关法律、法规和规章的规定，完善突发公共卫生事件应急体系，建立健全系统、规范的突发公共卫生事件应急处理工作制度，对突发公共卫生事件和可能发生的公共卫生事件做出快速反应，及时、有效开展监测、报告和处理工作。

（四）依靠科学，加强合作

突发公共卫生事件应急工作要充分尊重和依靠科学，要重视开展防范和处理突发公共卫生事件的科研和培训，为突发公共卫生事件应急处理提供科技保障。各有关部门和单位要通力合作、资源共享，有效应对突发公共卫生事件，要广泛组织、动员公众参与突发公共卫生事件的应急处理。

二、突发公共卫生事件应急处置的体系与职责

（一）应急指挥机构

卫生部依照职责和有关规定，在国务院统一领导下，负责组织、协调全国突发公共卫生事件应急处理工作，并根据突发公共卫生事件应急处理工作的实际需要，提出成立全国突发公共卫生事件应急指挥部。地方各级人民政府卫生行政部门依照职责和本预案的规定，在本级人民政府统一领导下，负责组织、协调本行政区域内突发公共卫生事件应急处理工作，并根据突发公共卫生事件应急处理工作的实际需要，向本级人民政府提出成立地方突发公共卫生事件应急指挥部的建议。各级人民政府根据本级人民政府卫生行政部门的建议和实际工作需要，决定是否成立国家和地方应急指挥部。地方各级人民政府及有关部门和单位要按照属地管理的原则，切实做好本行政区域内突发公共卫生事件应急处理工作。

全国突发公共卫生事件应急指挥部负责对特别重大突发公共卫生事件的统一领导、统一指挥，作出处理突发公共卫生事件的重大决策。指挥部成员单位根据突发公共卫生事件的性质和应急处理的需要确定。省级突发公共卫生事件应急指挥部由省级人民政府有关部门组成，实行属地管理的原则，负责对本行政区域内突发公共卫生事件应急处理的协调和指挥，作出处理本行政区域内突发公共卫生事件的决策，决定要采取的措施。

（二）应急日常管理机构

国务院卫生行政部门设立卫生应急办公室（突发公共卫生事件应急指挥中心），负责全国突发公共卫生事件应急处理的日常管理工作。各省、自治区、直辖市人民政府卫生行政部门及军队、武警系统要参照国务院卫生行政部门突发公共卫生事件日常管理机构的设置及职责，结合各自实际情况，指定突发公共卫生事件的日常管理机构，负责本行政区域或本系统内突发公共卫生事件应急的协调、管理工作。各市（地）级、县级卫生行政部门要指定机构负责本行政区域内突发公共卫生事件应急的日常管理工作。

（三）专家咨询委员会

国务院卫生行政部门和省级卫生行政部门负责组建突发公共卫生事件专家咨询委员会。市（地）级和县级卫生行政部门可根据本行政区域内突发公共卫生事件应急工作需要，组建突发公共卫生事件应急处理专家咨询委员会。

（四）应急处理专业技术机构

医疗机构、疾病预防控制机构、卫生监督机构、出入境检验检疫机构是突发公共卫生事件应急处理的专业技术机构。应急处理专业技术机构要结合本单位职责开展专

业技术人员处理突发公共卫生事件能力培训，提高快速应对能力和技术水平，在发生突发公共卫生事件时，要服从卫生行政部门的统一指挥和安排，开展应急处理工作。

特别提醒

国家建立突发事件应急报告制度。国务院卫生行政主管部门制定突发事件应急报告规范，建立重大、紧急疫情信息报告系统。有下列情形之一的，省、自治区、直辖市人民政府应当在接到报告1小时内，向国务院卫生行政主管部门报告：

1. 发生或者可能发生传染病暴发、流行的；
2. 发生或者发现不明原因的群体性疾病的；
3. 发生传染病菌种、毒种丢失的；
4. 发生或者可能发生重大食物和职业中毒事件的。

突发事件监测机构、医疗卫生机构和有关单位发现有前述情况的，应当在2小时内向所在地县级人民政府卫生行政主管部门报告；接到报告的卫生行政主管部门应当在2小时内向本级人民政府报告，并同时向上级人民政府卫生行政主管部门和国务院卫生行政主管部门报告。

县级人民政府应当在接到报告后2小时内向设区的市级人民政府或者上一级人民政府报告；设区的市级人民政府应当在接到报告后2小时内向省、自治区、直辖市人民政府报告。国务院卫生行政主管部门对可能造成重大社会影响的突发事件，应当立即向国务院报告。任何单位和个人对突发事件，不得隐瞒、缓报、谎报或者授意他人隐瞒、缓报、谎报。接到报告的地方人民政府、卫生行政主管部门依照规定报告的同时，应当立即组织力量对报告事项调查核实、确证，采取必要的控制措施，并及时报告调查情况。

国务院卫生行政主管部门应当根据发生突发事件的情况，及时向国务院有关部门和各省、自治区、直辖市人民政府卫生行政主管部门以及军队有关部门通报。突发事件发生地的省、自治区、直辖市人民政府卫生行政主管部门，应当及时向毗邻省、自治区、直辖市人民政府卫生行政主管部门通报。接到通报的省、自治区、直辖市人民政府卫生行政主管部门，必要时应当及时通知本行政区域内的医疗卫生机构。县级以上地方人民政府有关部门，已经发生或者发现可能引起突发事件的情形时，应当及时向同级人民政府卫生行政主管部门通报。

国家建立突发事件举报制度，公布统一的突发事件报告、举报电话。任何单位和个人有权向人民政府及其有关部门报告突发事件隐患，有权向上级人民政府及其有关部门举报地方人民政府及其有关部门不履行突发事件应急处理职责，或者不按照规定履行职责的情况。接到报告、举报的有关人民政府及其有关部门，应当立即组织对突发事件隐患不履行或者不按照规定履行突发事件应急处理职责的情况进行调查处理。对举报突发事件有功的单位和个人，县级以上各级人民政府及其有关部门应当予以奖励。

三、突发公共卫生事件的应急处置

（一）应急反应原则

发生突发公共卫生事件时，事发地的县级、市（地）级、省级人民政府及其有关部门按照分级响应的原则，作出相应级别应急反应。同时，要遵循突发公共卫生事件发生发展的客观规律，结合实际情况和预防控制工作的需要，及时调整预警和反应级别，以有效控制事件，减少危害和影响。要根据不同类别突发公共卫生事件的性质和特点，注重分析事件的发展趋势：对事态和影响不断扩大的事件，应及时升级预警和反应级别；对范围局限、不会进一步扩散的事件，应相应降低反应级别，及时撤销预警。

国务院有关部门和地方各级人民政府及有关部门对在学校、区域性或全国性重要活动期间等发生的突发公共卫生事件，要高度重视，可相应提高报告和反应级别，确保迅速、有效地控制突发公共卫生事件，维护社会稳定。

突发公共卫生事件应急处理要采取边调查、边处理、边抢救、边核实的方式，以有效措施控制事态发展。

事发地之外的地方各级人民政府卫生行政部门接到突发公共卫生事件情况通报后，要及时通知相应的医疗卫生机构，组织做好应急处理所需的人员与物资准备，采取必要的预防控制措施，防止突发公共卫生事件在本行政区域内发生，并服从上一级人民政府卫生行政部门的统一指挥和调度，支援突发公共卫生事件发生地区的应急处理工作。

（二）分级反应

特别重大突发公共卫生事件应急处理工作由国务院或国务院卫生行政部门和有关部门组织实施，开展突发公共卫生事件的医疗卫生应急、信息发布、宣传教育、科研攻关、国际交流与合作、应急物资与设备的调集、后勤保障以及督导检查等工作。国务院可根据突发公共卫生事件性质和应急处置工作，成立全国突发公共卫生事件应急处理指挥部，协调指挥应急处置工作。事发地省级人民政府应按照国务院或国务院有关部门的统一部署，结合本地区实际情况，组织协调市（地）、县（市）人民政府开展突发公共事件的应急处理工作。特别重大级别以下的突发公共卫生事件应急处理工作由地方各级人民政府负责组织实施。超出本级应急处置能力时，地方各级人民政府要及时报请上级人民政府和有关部门提供指导和支持。

（三）应急反应具体处置措施

1. 各级人民政府的应急处置措施。

（1）组织协调有关部门参与突发公共卫生事件的处理。

（2）根据突发公共卫生事件处理需要，调集本行政区域内各类人员、物资、交通工具和相关设施、设备参加应急处理工作。涉及危险化学品管理和运输安全的，有关部门要严格执行相关规定，防止事故发生。

（3）划定控制区域。甲类、乙类传染病暴发、流行时，县级以上地方人民政府报经上一级地方人民政府决定，可以宣布疫区范围；经省、自治区、直辖市人民政府决定，可以对本行政区域内甲类传染病疫区实施封锁；封锁大、中城市的疫区或者封锁跨省（区、市）的疫区，以及封锁疫区导致中断干线交通或者封锁国境的，由国务院决定。对重大食物中毒和职业中毒事故，根据污染食品扩散和职业危害因素波及的范围，划定控制区域。

（4）疫情控制措施。当地人民政府可以在本行政区域内采取以下措施来控制疫情：限制或者停止集市、集会、影剧院演出，以及其他人群聚集的活动；停工、停业、停课；封闭或者封存被传染病病原体污染的公共饮用水源、食品以及相关物品等紧急措施；临时征用房屋、交通工具以及相关设施和设备。

（5）流动人口管理。对流动人口采取预防工作，落实控制措施，对传染病病人、疑似病人采取就地隔离、就地观察、就地治疗的措施，对密切接触者根据情况采取集中或居家医学观察。

（6）实施交通卫生检疫。组织铁路、交通、民航、质检等部门在交通站点和出入境口岸设置临时交通卫生检疫站，对出入境、进出疫区和运行中的交通工具及其乘运人员和物资、宿主动物进行检疫查验，对病人、疑似病人及其密切接触者实施临时隔离、留验和向地方卫生行政部门指定的机构移交。

（7）信息发布。突发公共卫生事件发生后，有关部门要按照有关规定作好信息发布工作，信息发布要及时主动、准确把握、实事求是，正确引导舆论，注重社会效果。

（8）开展群防群治。街道、乡（镇）以及居委会、村委会协助卫生行政部门和其他部门、医疗机构，做好疫情信息的收集、报告、人员分散隔离及公共卫生措施的实施工作。

（9）维护社会稳定。组织有关部门保障商品供应，平抑物价，防止哄抢；严厉打击造谣传谣、哄抬物价、囤积居奇、制假售假等违法犯罪和扰乱社会治安的行为。

2. 公安机关的应急处置措施。突发公共卫生事件的发生，会引发社会治安问题，使涉及稳定的不确定因素增加。一些别有用心、惟恐天下不乱者通过互联网等渠道编造、散布谣言和虚假恐怖信息，蛊惑人心，危害社会稳定。公安机关在公共卫生事件中的工作目标是及时、准确地掌握有关突发的信息动态，配合有关部门及时处置、严厉打击造谣和借机进行捣乱、破坏的违法犯罪活动，切实维护社会正常秩序。围绕这一工作目标，公安机关在政府和上级公安机关的领导下，积极配合卫生防疫等有关部门，以“区分性质、讲究策略、把握时机、严格执法、冷静稳妥”为工作要求，做到早发现、早控制、早处置，把可能导致的损害和影响压减到最低限度。具体措施可以有以下几个方面：

（1）防范和打击境内外敌对势力、宗教极端势力、民族分裂势力、暴力恐怖势力以及一些邪教组织借机进行的破坏活动。

（2）密切关注社会动态，搜集掌握与突发事件有关尤其是影响社会稳定的情况信息，积极预防、妥善处置由突发事件引发的群体性治安事件。

（3）严密监控网上有关信息，及时处理有害信息。

（4）加强对社会面的控制，及时发现、严厉打击哄抬物价等扰乱市场秩序和造谣惑众等违法犯罪活动。

（5）协助卫生防疫部门对突发公共卫生事件中感染病人和疑似病人采取强制隔离治疗措施。

（6）协助卫生防疫部门对擅自脱离的突发事件中感染病人和疑似病人进行查找。

（7）协助卫生防疫部门对突发公共卫生事件隔离区（点）采取封闭隔离措施。

（8）配合卫生防疫部门在主要道路设卡，对过往车辆和人员进行卫生检疫（包括强制检疫）。

（9）做好交通疏导，保障突发公共卫生事件期间道路交通安全畅通，特别是要重点保障疫情处理车辆和人员迅速抵达疫区。

（10）承办突发公共卫生事件指挥部或领导组交办的其他任务。

3. 卫生行政部门的应急处置措施。

（1）组织医疗机构、疾病预防控制机构和卫生监督机构开展突发公共卫生事件的调查与处理。

（2）组织突发公共卫生事件专家咨询委员会对突发公共卫生事件进行评估，提出启动突发公共卫生事件应急处理的级别。

（3）应急控制措施。根据需要组织开展应急疫苗接种、预防服药。

（4）督导检查。国务院卫生行政部门组织对全国或重点地区的突发公共卫生事件应急处理工作进行督导和检查。省、市（地）级以及县级卫生行政部门负责对本行政区域内的应急处理工作进行督察和指导。

（5）发布信息与通报。国务院卫生行政部门或经授权的省、自治区、直辖市人民政府卫生行政部门及时向社会发布突发公共卫生事件的信息或公告。国务院卫生行政部门及时向国务院各有关部门和各省、自治区、直辖市卫生行政部门以及军队有关部门通报突发公共卫生事件情况。对涉及跨境的疫情线索，由国务院卫生行政部门向有关国家和地区通报情况。

（6）制定技术标准和规范。国务院卫生行政部门对新发现的突发传染病、不明原因的群体性疾病、重大中毒事件，组织力量制定技术标准和规范，及时组织全国培训。地方各级卫生行政部门开展相应的培训工作。

（7）普及卫生知识。针对事件性质，有针对性地开展卫生知识宣教，提高公众健康意识和自我防护能力，消除公众心理障碍，开展心理危机干预工作。

（8）进行事件评估。组织专家对突发公共卫生事件的处理情况进行综合评估，包括事件概况、现场调查处理概况、病人救治情况、所采取的措施、效果评价等。

4. 医疗机构的应急处置措施。

（1）开展病人接诊、收治和转运工作，实行重症和普通病人分开管理，对疑似病人及时排除或确诊。

（2）协助疾控机构人员开展标本的采集、流行病学调查工作。

（3）做好医院内现场控制、消毒隔离、个人防护、医疗垃圾和污水处理工作，防止院内交叉感染和污染。

（4）做好传染病和中毒病人的报告。对因突发公共卫生事件而引起身体伤害的病人，任何医疗机构不得拒绝接诊。

（5）对群体性不明原因疾病和新发传染病做好病例分析与总结，积累诊断治疗的经验。重大中毒事件，按照现场救援、病人转运、后续治疗相结合的原则进行处置。

（6）开展与突发事件相关的诊断试剂、药品、防护用品等方面的研究。开展国际合作，加快病源查寻和病因诊断。

5. 疾病预防控制机构的应急处置措施。

（1）突发公共卫生事件信息报告。国家、省、市（地）、县级疾控机构做好突发公共卫生事件的信息收集、报告与分析工作。

（2）开展流行病学调查。疾控机构人员到达现场后，尽快制订流行病学调查计划和方案，地方专业技术人员按照计划和方案，对突发事件累及人群的发病情况、分布特点进行调查分析，提出并实施有针对性的预防控制措施；对传染病病人、疑似病人、病原携带者及其密切接触者进行追踪调查，查明传播链，并向相关地方疾病预防控制机构通报情况。

（3）实验室检测。中国疾病预防控制中心和省级疾病预防控制机构指定的专业技术机构在地方专业机构的配合下，按有关技术规范采集足量、足够的标本，分送省级和国家应急处理功能网络实验室检测，查找致病原因。

（4）开展科研与国际交流。开展与突发事件相关的诊断试剂、疫苗、消毒方法、医疗卫生防护用品等方面的研究。开展国际合作，加快病源查寻和病因诊断。

（5）制定技术标准和规范。中国疾病预防控制中心协助卫生行政部门制定全国新发现的突发传染病、不明原因的群体性疾病、重大中毒事件的技术标准和规范。

（6）开展技术培训。中国疾病预防控制中心具体负责全国省级疾病预防控制中心突发公共卫生事件应急处理专业技术人员的应急培训。各省级疾病预防控制中心负责县级以上疾病预防控制机构专业技术人员的培训工作。

6. 卫生监督机构的应急处置措施。

（1）在卫生行政部门的领导下，开展对医疗机构、疾病预防控制机构突发公共卫生事件应急处理各项措施落实情况的督导、检查。

（2）围绕突发公共卫生事件应急处理工作，开展食品卫生、环境卫生、职业卫生等的卫生监督和执法稽查。

（3）协助卫生行政部门依据《突发公共卫生事件应急条例》和有关法律法规，调查处理突发公共卫生事件应急工作中的违法行为。

7. 出入境检验检疫机构的应急处置措施。

（1）突发公共卫生事件发生时，调动出入境检验检疫机构技术力量，配合当地卫生行政部门做好口岸的应急处理工作。

（2）及时上报口岸突发公共卫生事件的信息和情况变化。

8. 非事件发生地区的应急反应措施。未发生突发公共卫生事件的地区应根据其他地区发生事件的性质、特点、发生区域和发展趋势，分析本地区受波及的可能性和程度，重点做好以下工作：

（1）密切保持与事件发生地区的联系，及时获取相关信息。

（2）组织做好本行政区域应急处理所需的人员与物资准备。

（3）加强相关疾病与健康监测和报告工作，必要时，建立专门报告制度。

（4）开展重点人群、重点场所和重点环节的监测和预防控制工作，防患于未然。

（5）开展防治知识宣传和健康教育，提高公众自我保护意识和能力。

（6）根据上级人民政府及其有关部门的决定，开展交通卫生检疫等。

（四）应急反应的终止

突发公共卫生事件应急反应的终止需符合以下条件：突发公共卫生事件隐患或相关危险因素消除，或末例传染病病例发生后经过最长潜伏期无新的病例出现。

特别重大突发公共卫生事件由国务院卫生行政部门组织有关专家进行分析论证，提出终止应急反应的建议，报国务院或全国突发公共卫生事件应急指挥部批准后实施。特别重大以下突发公共卫生事件由地方各级人民政府卫生行政部门组织专家进行分析论证，提出终止应急反应的建议，报本级人民政府批准后实施，并向上一级人民政府卫生行政部门报告。上级人民政府卫生行政部门要根据下级人民政府卫生行政部门的请求，及时组织专家对突发公共卫生事件应急反应的终止的分析论证提供技术指导和支持。

任务三 突发传染病事件的处置

案例5-2

2005 年 7 月，在四川资阳、内江等地相继发现一种中度以发病急、高热、伴有头疼等为症状，严重者出现中毒性休克、脑膜炎等主要临床表现的全省性病例，几乎所有病例均与病死猪有关。在1个月内，共报告人感染204例，其中死亡38例，分布在资阳、内江等12个市37个县。最后经确诊，该病由猪链球菌2型感染所致。疫情发生后，卫生部、农业部及时部署，分别派出督查组和专家组指导和配合当地开展疫情防控工作，迅速调查，确诊此次疫情是由猪链球菌2型引起的；并分别制定下发了《人感染猪链球菌病的临床表现、诊疗要点和防控措施》《人感染猪链球菌病的诊断和核实程序》和《猪链球菌病应急防治技术规范》，确保各项防控措施取得实效。经过卫生部、农业部和四川省及疫区党委政府等有关方面的共同努力，病原及其传播途径很快查明，各项防控措施落实到位，并取得明显成效。

1. 什么是传染病？传染病流行的三个环节是什么？
2. 什么是突发传染病事件？根据案例5－2，你如何理解传染病突发事件的特色？
3. 突发传染病事件的应对原则是什么？
4. 突发传染病事件的处置措施有哪些？

理论知识

一、传染病与突发传染病事件

传染病是特定传染性病原体或其毒性产物直接从感染的人、动物、贮存宿主，或间接通过植物、动物、媒介生物、非生命环境传播给易感宿主所导致的疾病。传染病的病原体包括病毒、细菌、寄生虫、真菌和朊粒，目前也将螺旋体、支原体、衣原体、立克次体归类为细菌。传染病最基本的特点是自身具有突发性、传播性。

突发传染病事件指各类具有传染性的疾病在人群中暴发、流行或大流行的事件。传染病突发事件的基本特征包括不确定性、公共性、严重性、紧迫性、复杂性。每一次重大传染病暴发或流行，都会严重侵害人类生命健康，传染病可以在短时间内突然造成大批人群发病或死亡，从而引发群体性恐慌，干扰正常的社会秩序，造成巨大的经济损失，严重者，可影响到国家安全和政府形象，甚至政治稳定。尤其是新发传染病，往往在疫情初发时，人们不知如何应对，临床医生也不知采取何种有效治疗方案，发病率或病死率居高不下；预防控制人员也不能及时确定病因，因而无法采取特异性预防和控制措施；政府机构得不到专业人员的明确意见，也很难及时做出决策；大众得不到有效的宣传和教育，恐慌心理严重，容易造成社会的不稳定。

目前全球每年因传染病死亡人数大约1400万，主要发生在发展中国家。发展中国家大约46%的死亡归因于传染病。有些传染病虽病死率不高，造成死亡人数不多，却可能会引起成千上万的人感染发病，加重社会的疾病负担。近年来我国仅法定传染病每年即有数百万例报告（例如2011年报告病例632万例，死亡1.58万人），这还不包括其他未纳入法定报告范围的传染病以及尚未被认识的传染病。每年我国都要报告和处置大量的不同规模的传染病暴发事件，同时还时常面临诸如传染性非典型肺炎（SARS）、甲型 H1N1 流感等全球性传染病大流行以及输入性疾病引起的暴发（如输入性脊灰野病毒引起的暴发）。积极有效地做好传染病预防控制和突发事件应对是我国公共卫生的重要任务。

（一）传染病的分类

根据传染病不同属性、特征和防控需要，传染病可有不同分类。

1. 按照病原体可分为病毒性传染病、细菌性传染病、寄生虫病等；

2. 按照贮存宿主可分为人类传染病、动物源性传染病、土源性传染病、水源性传染病；

3. 按照病原体侵入门户可分为呼吸道传染病、肠道传染病、性传播疾病等；

4. 按照传播方式可分为直接传播传染病和间接传播传染病。

（二）传染病的特点

传染病最基本的特点是自身具有突发性、传播性。与非传染性疾病相比，传染病有几个重要特点：

1. 有病原体。每一种传染病都有它特异的病原体，比如水痘的病原体是水痘病毒，猩红热的病原体是溶血性链球菌。病原体主要分为细菌、病毒（比细菌小、无细胞结构）、真菌（癣的病原体）、原虫（疟原虫）、蠕虫（蠕虫病的病原体）。

2. 有传染性。传染病的病原体可以从一个人经过一定的途径传染给另一个人。因此，如不能有效控制，可以在人群中造成其他个体的感染或发病。传染病的隐性感染虽不发病，但可能也具有传染性，如不能被及时发现并采取必要措施可成为传染来源。这种现象在传染病的预防控制实践中往往具有重要的流行病学意义。

3. 有免疫性。大多数患者在疾病痊愈后，都可产生不同程度的免疫力。认识和利用传染病的免疫性特点，可以更好地指导传染病的临床实践（免疫学诊断、治疗）和预防控制工作（预防接种）。

4. 可以预防。通过控制传染源，切断传染途径，增强人的抵抗力等措施，可以有效地预防传染病的发生和流行。

（三）传染病流行的三个基本环节

传染病突发事件的原因是由传染病的特点决定的，而传染病的特点则取决于其特异的病原体。后者的特性决定了传染病的传染源、传播方式和传播途径。传染病的流行与否取决于特异病原体和生态学因素的相互作用。传染病在人群中蔓延，必须具备三个相互连接的基本条件：传染源、传播途径以及易感人群。这三个条件又称为传染病流行的三个环节，是构成传染病在人群中蔓延的生物学基础，缺少其中任何一项，传染病就不可能在人群中发生和蔓延，更谈不上引起突发事件了。

1. 传染源。病原体感染人体后，通过与机体的相互作用，在机体内生长繁殖引起疾病，并可排出体外感染另一个机体，从而导致疾病在人群中的传播。某些特殊情况下，病原体感染不一定导致机体的疾病，但却能排出病原体。这种能排出病原体的人或其他动物均称为传染源。特定传染源在传染病传播中的作用与其携带的病原体种类、排出病原体的时间及数量等有关。

2. 传播途径。病原体只有从一个机体排出后感染另一个机体才能导致疾病的蔓延，这种病原体更换宿主的过程称为传播。病原体只有通过特定的途径进入机体的特定部位生长繁殖才能导致疾病，这就是传染病的传播机制。如果病原体排出机体后，不能进入新的宿主，或者进入宿主的方式或途径不恰当，病原体就不能在新宿主体内生长繁殖，当然也就不能导致传染病的传播。

传染病病原体传播的机制受到外环境中的多种因素影响，这些因素称为传播因素，如水、空气、食物、土壤、媒介昆虫等。某些传染病的传播因素相对简单，而有些则较为复杂，甚至同一疾病在不同的条件下，其影响因素也不完全相同。

3. 易感人群。易感人群是指容易感染某病原体并引发疾病的人。人群作为一个整体，对某传染病病原体的易感性都称为人群易感性。在某一个特定的地区或单位，易感人群在总人口中所占比重的高低对传染病的流行具有重要意义。一般而言，在免疫水平低下或健康水平低下的人群中，就容易发生传染病的暴发或流行。

（四）突发传染病事件的表现形式

1. 散发。散发是指传染病呈散在发生的现象，即保持历年来的流行强度。散发通常见于以下情况：在一次流行后，易感人群减少；该传染病的大多数人呈隐性感染，病人之间的关系难以确定，表现为散发，如脊髓灰质炎等；某些传播机制不易实现的传染病，如蜱传回归热；感染后潜伏期很长的传染病，如麻风、狂犬病等。

2. 暴发和重大传染病疫情。暴发是疾病流行的一种表现，是指一个局限地区在较短时间内有大量同种疾病病例发生。倘若暴发、流行的范围较大，发病强度比平时高出 10 余倍乃至几十倍，严重影响人民健康、社会安定和经济建设，并且有进一步波及其他省市的可能，则称为重大传染病疫情。例如，1988 年上海市 30 余万甲型肝炎暴发，2003 年 SARS 在我国的暴发就是重大传染病疫情。

有下列任何一种情况存在时，也应作为重大传染病疫情对待：某地区发生以前从未有过的新传染病，而且对该地区造成了严重影响，如 1988 年新疆发生高达 12 万病例的肠道型戊型病毒性肝炎；某种已经被控制或基本消灭的传染病又突然出现大面积暴发流行，如 1987 年四川发生十余万例钩端螺旋体病人；某种新传染病从国外传入而且有可能扩散传播，如艾滋病的传入。

3. 流行与大流行。当某传染病的发病率比历年的发病率有明显上升时，可认为发生该传染病的流行。大流行是指超出国境或洲界范围的流行，其流行的强度大大超过了以往水平，如1957年的流感大流行、1961年开始的第七次霍乱大流行等。

传染病的表现形式受社会因素、自然因素等综合影响，这些因素通过传染病的三个环节产生影响。由于三环节的复杂性与社会因素、自然因素的综合影响，在具体情况下，判断是否发生传染病的流行需要通过流行病学调查等才能得出真实的结论。

二、突发传染病事件的应对原则

（一）健全机制、科学准备

加强“一案三制”建设，即建立健全应急预案、应急管理体制、应急管理机制和应急管理法制。在深入总结实践经验的基础上，根据有关法律、法规、规章及有关部门的应急预案以及本地区的实际情况，制定相应的突发事件应急预案；并根据实际需要和情势变化，适时修订应急预案；建立突发事件应急管理工作的组织指挥体系，明确职责及预防与预警机制、处置程序、应急保障措施以及事后恢复与重建措施等。

具体应急准备工作还应包括建立健全突发事件应急管理培训制度，对相关人员定期进行培训。加强专业应急救援队伍与非专业应急救援队伍的合作，联合培训、联合演练，提高合成应急、协同应急的能力。开展应急知识的宣传普及活动和必要的应急演练。系统推进监测、预警、风险评估及实验室检测能力建设，通过演练、培训等方式提高现场处置能力等。

（二）统一领导、分级响应

发生突发传染病事件时，事发地的县级、市（地）级、省级人民政府及其有关部门按照分级响应的原则，开展风险评估，并根据风险评估的结果，决定是否启动以及如何启动相应工作方案，作出相应级别的应急反应，并按事件发展的进程，随时进行调整。

特别重大突发传染病事件的应急处置工作由国务院或国务院卫生行政部门和有关部门组织实施，开展相应的医疗卫生应急、信息发布、宣传教育、科研攻关、国际交流与合作、应急物资与设备的调集、后勤保障以及督导检查等工作。事发地省级人民政府应按照国务院或国务院有关部门的统一部署，结合本地区实际情况，组织协调市（地）、县（市）人民政府开展传染病突发事件的应急处置工作。

特别重大级别以下的突发传染病事件的应急处置工作由地方各级人民政府负责组织实施。超出本级应急处置能力时，地方各级人民政府要及时报请上级人民政府和有关部门提供指导和支持。

（三）加强监测、及时报告

建立健全突发事件监测网络和机制，加强突发公共卫生事件监测。特别重大或者重大传染病突发事件发生后，各地区、各部门要立即报告，同时通报有关地区和部门，具备网络直报条件的机构应立即进行网络直报。应急处理过程中要及时续报有关情况。

（四）科学调查、重点防控

突发传染病事件的现场处置，应坚持调查和控制并举的原则。在事件的不同阶段，根据事件的变化调整调查和控制的侧重点。若流行病学病因（主要指传染源或污染来源、传播途径或暴露方式、易感人群或高危人群）明确，应以控制为重点。若流行病学病因不明确，例如对有些不明原因疾病，特别是新发传染病暴发时，很难在短时间内查明病原的，应以调查为重点，应尽快查明传播途径及主要危险因素（流行病学病因），立即采取具有针对性的控制措施，以控制疫情蔓延。

（五）分工合作、联防联控

各级业务机构对于传染病突发事件的调查、处置实行区域联手、分工合作。疾病预防控制机构负责进行事件的流行病学调查，提出疾病预防控制措施，开展实验室检测；卫生监督机构负责收集有关证据，追究违法者的法律责任；医疗机构负责积极救治患者；有关部门（如农业部门、食品药品监督管理部门、公安部门、安全生产监督管理部门等）应在各级人民政府的领导和各级卫生行政部门的指导下，各司其职，积极配合有关业务机构开展现场的应急处置工作；同时对于涉及跨区域的传染病突发事件，要加强区域合作。

（六）信息互通、及时发布

各级业务机构对于传染病事件的报告、调查、处置的相关信息，应建立信息交换渠道。在调查处置过程中，发现属非本机构职能范围的，应及时将调查信息移交相应的责任机构，按规定权限，及时公布事件有关信息，并通过专家利用媒体向公众宣传防病知识，传达政府对群众的关心，正确引导群众积极参与疾病预防和控制工作。在调查处置结束后，应将调查结果相互通报。

（七）规范评估、持续改进

事件处置过程中，应规范、动态开展评估工作，发现问题，及时改进；事件结束后，应全面总结事件应对的经验和教训，为今后的同类事件的应对工作提供借鉴。评估内容应涉及事件的发现、报告及响应的全过程，包括组织、调查、采样、防控措施的落实及效果评价方面。

特别提醒

按照《中华人民共和国传染病防治法》的分类管理要求（截至2012年），目前法定报告传染病共计39种，其中甲类传染病2种（鼠疫、霍乱）；乙类传染病26种（传染性非典型肺炎、甲型H1N1流感、艾滋病、病毒性肝炎、脊髓灰质炎、人感染高致病性禽流感、麻疹、流行性出血热、狂犬病、流行性乙型脑炎、登革热、炭疽、细菌性和阿米巴性痢疾、肺结核、伤寒和副伤寒、流行性脑脊髓膜炎、百日咳、白喉、新生儿破伤风、猩红热、布鲁氏菌病、淋病、梅毒、钩端螺旋体病、血吸虫病、疟疾、甲型 H1N1 流感），其中，传染性非典型肺炎、炭疽中的肺炭疽、人感染高致病性禽流感和甲型 H1N1 流感这四种传染病虽被纳入乙类，但可直接采取甲类传染病的预防、控制措施；丙类传染病 11 种（流行性感冒、流行性腮腺炎、风疹、急性出血性结膜炎、麻风病、流行性和地方性斑疹伤寒、黑热病、包虫病、丝虫病，以及除霍乱、细菌性和阿米巴性痢疾、伤寒和副伤寒以外的感染性腹泻病、手足口病）。甲类传染病和乙类传染病中的肺炭疽、人感染高致病性禽流感和甲型 H1N1 流感的患者或疑似患者，责任报告单位或责任报告人应在发现后 2 小时内报告。其他乙丙类传染病患者、疑似患者和规定报告的传染病病原体携带者在诊断后，责任报告单位或责任报告人应在 24 小时内报告。

三、突发传染病事件的应急处置措施

当发生传染病暴发或重大传染病疫情时，应立即向有关行政部门和疾病预防控制机构报告，迅速组织有关人员对疫区进行调查、抢救病人、采取紧急措施、控制疫情的蔓延发展。无论报告的是传染病的暴发或病因未明疾病的暴发，疾病预防控制机构在接到报告后，都应立即做出反应，并且应该对其信息的来源及其可靠性进行核实和判断，特别应当及时掌握疾病的“三间（时间、地区、人群）分布”的情况，这些对分析疫情形势及判断疾病性质都很有帮助。在正式调查前，最好能依据已掌握的临床及流行病学资料，对可能的暴发原因和传播途径进行初步估计和假设。

在流行病学调查的同时，应采取紧急应对措施救治病人、控制传染病疫情的传播。这些紧急措施主要包括针对传染源的措施、针对传播途径的措施以及针对易感人群的措施。

（一）针对传染源的措施

传染源的无害化措施，是综合防治措施中的重要一环，包括对患者、病原携带者及动物传染源的措施。

1. 对患者的措施。主要是“五早”措施，即早发现、早诊断、早报告、早隔离、早治疗。

（1）早发现。患者是许多传染病的主要传染源，早期发现不仅有利于患者本身的及时诊治和康复，而且可以防止其病原体继续传播。早期发现患者的主要措施包括：广泛开展健康教育，把传染病知识教给群众，提高群众识别传染病的能力，以利于及早就诊；提高诊断水平，尽可能减少误诊和漏诊；主动发现病人，尤其是症状较轻的病人；有计划、有针对性地进行健康检查和普查，尤其在疫源地内对接触者询问、检查，及早发现传染病患者，如幼儿园、学校的晨检；加强国境卫生检疫、疫区检疫和交通检疫也能早期发现病人。

（2）早诊断。及早诊断患者有利于治疗与隔离。应采取早期特异诊断方法，提高鉴别诊断水平。传染病的最后诊断应以流行病学、临床和实验室检查综合判定，提高确诊率。

（3）早报告。一旦诊断确定，应立即进行传染病报告。有关传染病的报告时限、报告程序，应遵从《中华人民共和国传染病防治法》之规定。传染病的报告工作涉及各级卫生部门，涉及疫点疫区的广大群众，是一项经常性工作，必须加强领导、坚持制度、统一部署、统一检查。目前，我国已在绝大多数县级医疗单位实施传染病网络直报制度，大大提高了传染病报告的速度和水平。

（4）早隔离。隔离是将患者在传染期内置于不再传染健康人群的医疗监护环境，防止病原体向外扩散，便于管理和消毒，同时有利于患者的治疗、休息和康复，起到控制传染源的作用。根据当时、当地的条件和传染病的传染力不同，隔离的方式可采取住院、家庭和临时病房隔离。目前，需住院隔离治疗的有鼠疫、霍乱、SARS 等；可在家庭隔离治疗的有麻疹、百日咳、猩红热等；采取临时病房隔离治疗的有流行时的伤寒、甲型肝炎、流行性感冒等。应不断创造条件，扩大住院隔离治疗的病种和比例。如果需要转送病人，应根据病情选择适当的路线和交通工具，转送路线应该最短，而且安全、平稳、对病人的危害最小。转送后车辆应及时消毒。

2. 对病原携带者的措施。主要通过病后随访、病史追踪，通过进行病原学检查来发现病原携带者，且必须多次检查才能发现和确定。主要检查的人群有患者的密切接触者、曾患传染病的人、来自疫区的人群、饮副食行业人员、宾馆服务人员、粪管人员、性乱人员等重点人群；也可以通过新生入学、新兵入伍、团体体检、婚前检查等发现病原携带者。

病原携带者的管理要因病而异，以有关法律、条例、规定、方案为依据。如限期离境，指国外输入的艾滋病病毒感染者；采取中西药物治疗，消除病原携带状态，常见的有伤寒、痢疾、乙型肝炎病原携带者和某些寄生虫感染者等；调离危害性职业，包括托幼机构、饮副食行业及其他容易使病原体扩散的职业；2～3 次病原检查阴性时才可解除管理。

3. 对动物传染源的措施。许多人畜或人禽共患病，携带病原的动物在该类传染病的流行环节具有重要意义。可以针对动物采取措施，防止传染病从动物向人类传播，对于该类传染病的控制非常重要。

（1）消灭。对传疾病危害性大、经济价值低的鼠类，某些野生动物及狂犬病犬、炭疽病牲畜等可杀灭，然后焚烧或深埋。

（2）隔离治疗。对有经济价值且所传疾病属非烈性传染病的动物，如血吸虫病的耕牛、布鲁氏菌病的牛和羊等，可进行隔离治疗，防止在畜群间传播。

（3）免疫预防。通过检查及早发现感染动物，做好家畜动物的预防接种及检疫。尤其对养犬施行狂犬病疫苗免疫，是预防人类狂犬病的关键措施。

（4）卫生管理措施。多种家禽、家畜带有感染性腹泻病原体，但因携带率高，动物数量大，目前只能在饲养、屠宰、加工、销售等过程中加强管理，减少危害。

（二）针对传播途径的措施

切断传播途径主要是指对疫源地和污染环境采取的措施。传染病的传播途径不同，所采取的措施也不相同。如：肠道传染病主要由粪便、垃圾、污水等污染环境所致，措施重点在污染物品、粪便、垃圾、污水的卫生处理以及饮水消毒和个人卫生防护上。呼吸道传染病主要由空气传播，措施重点在空气通风、消毒以及个人防护上。虫媒传染病可根据媒介昆虫的生态习性特点采取不同的杀虫方法。

1. 消毒。消毒可分为预防性消毒和疫源地消毒。预防性消毒指对怀疑有传染源存在的地区和可能被病原体污染的物品等进行消毒处理，如饮水消毒、餐具消毒、空气消毒和乳品消毒等。疫源地消毒指对现有或曾有传染源场所进行的消毒处理，如对传染病病房或传染病患者家庭进行的消毒。根据其实施的时间不同，疫源地消毒又可分为随时消毒和终末消毒。随时消毒指在现有传染源的疫源地（或医院内），对其排泄物、分泌物及所污染的物品及时进行的消毒，以迅速杀灭病原体，此种消毒应随时或每天进行，可训练参与的工作人员进行。终末消毒指传染病患者离开后（痊愈、死亡或转移等），对疫源地进行的最后一次彻底的消毒。我国传染病防治法规定需要进行终末消毒的传染病有霍乱、伤寒、副伤寒、细菌性痢疾、病毒性肝炎、炭疽、脊髓灰质炎、肺结核等，不需要作终末消毒的传染病有麻疹、水痘、百日咳、流行性感冒等。

进行终末消毒前，需要专业人员在流行病学调查的基础上明确消毒的范围、物品及消毒方法。甲类传染病疫源地必须在卫生防疫人员的指导监督下进行严格的处理。被霍乱病原体污染的水源要进行有效的加氯消毒处理，污水经消毒后排放，污染的食物就地封存并在消毒处理后废弃；污染的物品，如经济价值不大者一律焚烧，有价值或须保留使用的经严密消毒后再用；病人的粪便、呕吐物经有效氯消毒后废弃。鼠疫疫区内的空气、地面、墙壁、物品都要彻底消毒；彻底消灭疫区中的鼠类、蚤类，死鼠及解剖鼠尸一律焚烧；不能保证彻底消毒的啮齿动物的皮件必须在卫生防疫人员监督下焚烧。

对一些肠道传染病、炭疽病等疫区进行消毒处理时，污水可加氯消毒后排放；污物一律焚烧（如需保留，应严密消毒后洗净再用）；粪便经漂白粉等含氯消毒剂处理，达到无害化要求；饮水如被污染，应封闭或作水源消毒，经病原学检查确证已达到饮用水卫生标准后方可恢复使用；死于炭疽的动物尸体就地焚烧，污染的场地严密消毒，可铲除10cm厚的表层土，远离水源深埋。

2. 杀虫。杀虫是指采用各种手段，消灭蚊子、苍蝇、虱子、跳蚤等媒介昆虫，这对于虫媒病毒所致传染病的防治有重要作用。杀虫是切断虫媒传播传染病的传播途径中不可缺少的一项工作，实际工作中可根据条件采用物理、化学以及生物学的方法。

3. 其他卫生措施。在肠道传染病的控制中，卫生措施有着特别巨大的意义。供给净化过的水能使城市中的伤寒、霍乱或其他肠道传染病的发病率迅速下降。另外，对食品的卫生监督、对居民区内垃圾袋的清除、对排泄物的处理、消灭蚊蝇滋地、改变居民卫生习惯等均对预防和控制肠道传染病起着巨大的作用。通风换气的好坏对呼吸道传染病也有重要意义，因此卫生措施的作用是不可低估的。艾滋病、淋病、梅毒等性病患者在治愈前应严格约束个人性行为，用具、毛巾要分开，不准去公共浴池、游泳池等公共场所。

（三）针对接触者和易感人群的措施

保护接触者（或被伤害者）和易感人群，主要是提高人群的免疫力和抵抗力，降低感染病原体的概率。

1. 对接触者的措施。对接触者可采取以下措施：①医学观察：观察中注意该病早期症状的出现和必要的医学检查，观察期限一般为该病的最长潜伏期。②留验：也称隔离检疫，即限制其与他人接触，并进行检诊、查验与治疗，留验期为该病的规定检疫期限。③卫生处理：即进行必要的消毒、杀虫等卫生措施。④预防接种：即对潜伏期长于1周的传染病接触者进行自动或被动预防接种。⑤药物预防：对某些有特效药物防治的传染病，必要时可用药物预防，药物预防主要用于密切接触者。

2. 对易感人群的措施。对某些潜伏期较长且有相应疫苗的传染病，当发生流行或暴发时，应对易感人群进行紧急预防接种。例如，在麻疹、脊髓灰质炎等传染病发生流行时，对当地和邻近地区的易感人群进行疫苗应急接种，以控制流行；被犬等动物伤害后接种狂犬病疫苗等。应急接种应该在短时间内快速突击完成，以尽快形成新的免疫屏障，阻止新病例发生或流行发展。有些疾病也可进行人工被动免疫。人工被动免疫发挥作用快，但持续时间较短，应在接触后尽早采用。如对甲型肝炎的密切接触者，应注射丙种球蛋白；对被狂犬咬伤者应注射抗狂犬病血清等。在某些传染病流行时，为了防止受到威胁的易感人群发病，可以给予药物预防，如使用青霉素或磺胺药物预防猩红热、氯奎预防疟疾等。但是药物预防作用时间短，效果不巩固，而且易产生耐药性，因此药物预防只能是有限度地对可能受到感染的密切接触者所采取的应急措施。

3. 个人防护。对易感人群和密切接触者，戴口罩、手套、腿套，使用蚊帐或驱避蚊虫药物，使用避孕套等都可以起到一定的个人防护作用。个人防护对于现场处置的工作人员特别是医疗卫生工作人员更具有重要意义。工作人员要增强自我防护意识，在传染病门诊、隔离病房、疫区现场、实验室等场所要严格执行隔离消毒操作规程，穿戴必要的防护用品，禁止用手直接接触可能染疫的动物、昆虫、标本，工作后对双手、全身及用物均需彻底消毒再洗净。对可能感染传染病的医疗卫生工作人员

(尤其是实验室工作人员）应做好预防接种或药物预防，必要时需进行医学观察或留验。

拓展阅读

能引起人类传染病的微生物很多，它们所导致的传染病表现形式也各种各样，但是能引发突发公共卫生事件的传染病却并不多。尽管如此，人们还是必须时刻警惕，因为一旦发生传染病突发公共卫生事件，就可能会对社会造成巨大影响。目前，引发突发公共卫生事件的主要传染病可以分为两大类：一类是过去已经得到控制的古老传染病死灰复燃，如鼠疫、霍乱、结核、流行性脑膜炎、疟疾、病毒性肝炎等。另一类是不断出现的新传染病，如艾滋病、军团病、莱姆病、传染性非典型肺炎（SARS）、禽流感、新克雅病等。以下介绍几种曾在人类历史上引发过重大突发公共卫生事件或者能够引发重大突发传染病事件的传染病。

1. 霍乱。霍乱是由霍乱弧菌引起的急性肠道传染病，是我国法定的两种甲类传染病之一。在过去的两个世纪中，世界上发生过 7 次霍乱大流行。最后一次霍乱的世界大流行始于 1961 年，截至 1991 年，传遍全球五大洲 140 多个国家和地区，导致数以百万的人口感染，死亡 12 万以上。我国自 1993 年出现 0139 霍乱后，发病例数日益增加。该病传播速度快、波及面广，易越国界甚至洲界引起大流行，因而被列为必须实行国境卫生检疫的三种国际建议传染病之一。

2. 传染性非典型肺炎。传染性非典型肺炎又称为重症急性呼吸综合征（SARS）。为一种由 SARS 冠状病毒（SARS - CoV）引起的急性呼吸道传染病，SARS 是 21 世纪初人类新发现的一种急性呼吸道传染病。2002 年 11 月首先发生在我国广东省。世界卫生组织（WHO）将其命名为重症急性呼吸综合征。截至 2003 年 8 月，全球共有 29 个国家和地区报告临床确证病例 8400 多例，死亡 916 例。我国是本次 SARS 暴发最严重的地区之一，我国内地、香港、澳门、台湾共报告病例 7748 例，死亡 829 例，分别占全球发病人数、死亡人数的 91.3% 和 89.5%。

3. 流行性感冒。流行性感冒（简称流感）是流感病毒引起的急性呼吸道感染，是一种传染性强、传播速度快的疾病，是危害人类健康的最厉害的传染病之一。从 16 世纪以来，有记载的全球性的“大流感”至少有 30 次，在全球范围内暴发了 6 次重要的大流感。“西班牙流感”曾在 1918 ~ 1919 年以 3 个传染高峰几乎同时传遍了欧洲、亚洲和北美洲，在不超过 11 个月的时间里造成全球约 5000 万人死亡，超过第一次世界大战死亡人数的 3 倍以上，成为人类历史上最大的传染病灾难。

任务四　突发中毒事件的处置

案例5-3

2002年9月14日早上7点多，当许多人还沉浸在周末的睡梦中时，南京各主干道上已经是一片救护车和警车的呼叫声。汤山镇几百名群众因为食物中毒被送进医院，其中包括至少三所学校的住校生，很多人在送到医院时就已经死亡。据调查，中毒者都吃了一家名为“和盛豆业连锁店”的餐饮店的早点，这家餐饮店临近汤山中学、作厂中学以及南京炮兵学院。所以这些中毒者大多是学生，镇上的群众以及民工也有多人中毒。随后，卫生监督部门和公安部门从中毒者所吃食物中查出了“毒鼠强”成分。经警方78小时连续奋战，此案告破，证实是人为投毒案，犯罪嫌疑人陈正平被抓获归案并交代了因生意竞争，心怀恨意而投毒作案的过程。此案造成共有395人中毒，死亡42人。

问题思考

1. 突发中毒事件处置的应急响应原则是什么？
2. 突发中毒现场处置的措施包括哪些？
3. 结合案例5-3，你认为突发中毒现场处置的重点和难点是什么？

一、毒物与中毒

（一）毒物概念及分类

毒物是指在一定条件下（接触方式、接触途径、进入体内数量）进入人体，影响人体代谢过程，引起机体暂时或永久的器质性或功能性异常的外来物质。从公共卫生事件和卫生应急处置的视角来看，任何物质都有毒性，也就是物质在特定条件下都能对人体带来负面影响，故从绝对意义上讲，任何物质都是毒物。毒物在概念上区别于一般物质的是，其毒性作用能够造成人体伤害。要成为毒物，生物体必须要暴露于此种物质，而且进入体内的量足够对机体造成伤害。

毒物按成分可分为化学性毒物、植物类毒物、动物类毒物、真菌类毒物等；按用途及来源可分为工业毒物、农业毒物、日用毒物、军用毒剂等；按生物作用机制可分为刺激性气体、窒息性气体、麻醉性气体、溶血性毒物、致敏性毒物等；按靶器官可分为神经系统毒物、呼吸系统毒物、血液系统毒物、循环系统毒物、肝脏毒物、肾脏毒物等。

（二）中毒与暴露的概念

中毒为机体受毒物作用出现的疾病状态。毒物作用于人体能够引起局部刺激反应、变态反应、急性中毒，也可通过参与人体某些代谢过程，引起某些慢性病发病增加、新生儿缺陷、肿瘤出现，在判断毒物对人体的影响时要分析毒物是通过何种毒性机制对人体造成的伤害，不能一概将这些疾病归为急性中毒。

暴露指机体接触环境中的特定物质。暴露者一般是指接触到特定毒物的个体。但在突发中毒事件应急处理中，暴露者特指在发生突发中毒事件时，在毒物存在的特定时间段内，处于毒物扩散（影响）区域范围内，接触或可能接触毒物者。既包括事件中受到毒物影响而被诊断为中毒者，也包括在事件发生初期难以判定是否有明确的毒物接触史、是否有不适症状和异常体征的人员。

是否引起中毒以及中毒的严重程度由毒物在机体内剂量的水平决定。对于引起中毒的毒物，部分有明确的阈值，低于暴露阈值的不会引起中毒。只有人体暴露量达到一定程度才能成为毒物，有些“毒物”少量接触还有益于健康。所以，决定毒物危害及严重程度的是“量”，如人体接触硫化氢浓度达到1000ppm 就能够短时间死亡，而当浓度为200ppm 及以下时，人体仅表现为敏感的黏膜轻微刺激。但有些毒物对健康影响可无阈值。认识物质毒性及对人体可能造成的危害，要同时评估人体接触方式，如金属汞蒸气能够快速通过呼吸道进入人体，产生汞中毒表现。但消化道对汞吸收率却很低，故误服金属汞一般不会引起中毒。毒物暴露持续时间也影响中毒的严重程度。

（三）毒性及其分级

毒性通常是指某种毒物能够造成机体损害的能力，是物质本身固有的特性。一种毒物对机体的损害能力越大，其毒性越高。毒物按急性毒性的大小分为剧毒、高毒、中等毒、低毒、微毒。在实验条件下，毒性是指实验物引起的实验动物某种毒效应所需的剂量（浓度）。毒性的大小，往往用绝对致死量或浓度（LD100 或 LC100）、半数致死量或浓度（LD50 或 LC50）、最小致死量或浓度（MLD 或 MLC）等来表示。

（四）毒物在体内的过程

1. 毒物接触。当人体以任何一种方式与毒物发生接触时，称为毒物接触。毒物对人体危害的大小，一方面取决于接触时间的长短和毒物进入人体的数量；另一方面取决于人体排出毒物的多少。短时间、高浓度的毒物接触可能会立刻导致中毒死亡；小剂量的毒物接触，在最初时间内可能不会引起人体有异常感觉和表现，但长期接触，当体内毒物浓度达到中毒阈剂量时，也会发生中毒。

2. 毒物吸收途径。毒物吸收途径是指毒物进入人体的途径，毒物在一定时间内进入血液的量与吸收途径密切相关。食物中毒就是经口摄入中毒食品所引起的，投毒也可导致毒物经口进入人体；以气体、蒸气、粉尘、烟雾、烟尘或细小微滴形式存在的毒物，可经过口和鼻，沿气管进入肺，吸收入血液；以液体、飞沫和雾状形式存在的毒物，可经皮肤吸收进入人体；毒物还可通过注射、枪击、文身、穿刺或昆虫叮咬等方式进入人体。

3. 毒物代谢。毒物一旦进入血液，即随血液循环进入全身各部位，但不同的毒物可能会相对集中在身体不同组织或器官中。毒物在体内被转变成其他物质的过程称为代谢，毒物被代谢后毒性可能变弱，亦可能变强，但一般更易被排出体外。绝大多数毒物经肝脏代谢，大多数毒物及其代谢物随尿液、粪便和汗液排出体外，有的毒物还可随呼吸排出，少数毒物不易排出，进入组织和器官后可能长久蓄积。

（五）毒物对机体的影响

毒物对机体的影响与年龄、性别、遗传基因、营养状况、生活习惯等因素有关，接触相同的毒物会有不完全一致的表现。受到毒物特别影响的器官称为靶器官，主要靶器官有：

1. 皮肤。刺激性和腐蚀性化学毒物可引起皮肤发红、皮疹、瘙痒、疼痛、肿胀、水疱，甚至严重变性和坏死。

2. 眼。刺激性或腐蚀性化学品进入眼内可引起剧烈疼痛，还可能在极短时间内灼伤眼角膜和结膜，甚至致盲。

3. 消化道。刺激性和腐蚀性化学品可损害口腔、咽部和胃肠道，患者出现腹痛、呕吐和腹泻，或呕血、便血；咽喉部灼伤可致喉头水肿而引起窒息。

4. 呼吸道。有的气体或蒸气会刺激鼻腔、咽喉和上呼吸道，引起咳嗽和呼吸困难，有的则会导致肺水肿。需要注意的是，后者可能在吸入毒物后立即发生，也可能在吸入毒物 48 小时后发生。

5. 毒物注射的局部。刺激性毒物会引起注射部位的疼痛和肿胀。当进入人体的毒物量大于人体能够排出的毒物量，且积蓄毒物量达到阈剂量时，就会发生全身性影响。

二、突发中毒事件

突发中毒事件是指在短时间内，毒物通过一定方式作用于特定人群造成的健康影响的事件。这里所指的突发中毒事件是指毒物造成的急性群体性健康影响，不包括慢性中毒事件、放射性同位素和射线装置失控导致人员受到异常照射引起的辐射事故以及病原微生物引起的感染和传染性疾病。

（一）突发中毒事件成因

突发中毒事件多数是并发、继发或其他类别公共事件的衍生事件，事件主体往往是其他事件，形成的原因由以下四类突发公共事件造成：

1. 自然灾害。各类自然灾害都能够伴生或次生出毒物造成人体伤害事件的出现，如 2008 年汶川地震，氮肥厂泄漏的氨气造成了近千人中毒。在火山爆发时均能够释放出有毒气体。2011 年 8 月台风“梅花”冲垮大连化工企业堤坝，造成化学物泄漏引起周边群众暴露。因此自然灾害的应对都要充分考虑区域内的有毒物质。

2. 事故灾难。我国发生的事故灾难主要是安全生产事故和环境事故，在这两类事故中，人群中毒防范、应对处置是最主要的目标。1999 年洛阳东都商厦大火，造成的 309 人死亡均为有毒烟雾窒息所致。此类事件还包括突发职业危害事件而引起职业人群急性中毒发生。

3. 公共卫生事件。这类事件主要包括食品安全原因引起的突发中毒事件、药品本身及污染引起的群发事件等类型。此类事件涉及面广，除对公众健康产生影响外，多数伴有社会安全问题产生。如 2003 年发生在辽宁、吉林、贵州等地的“豆奶中毒”事件。

4. 社会安全事件。此类事件能够引起中毒事件的主要有化学恐怖事件、投毒犯罪、服毒自杀等。这类事件发生突兀，往往无明确先兆，社会危害大，影响社会安定和国家安全。如 1995 年东京地铁沙林事件就是恐怖分子在地铁中投放神经毒剂沙林致使 12 名乘客死亡，5000 余人中毒。我国近年发生多起投毒案件也造成了严重的公众健康危害。本任务所示的案例——2002 年南京“914 特大中毒事件”就是食品被投毒所致。

特别提醒

突发中毒事件的法律责任是指一切违反公共安全和公共卫生法律、法规的行为主体，对其违法行为所应承担的带有强制性的法律后果。违反法律法规造成作业场所的化学物中毒或通过大气、水源、土壤污染导致化学物中毒、食物中毒、药品中毒或化妆品中毒等的法律责任，由卫生、环保、安全生产、食品监督、药品监督、农业、运输（交通）等相关部门在法定的职权范围内追究行政责任；构成刑事犯罪的由司法机关依法追究刑事责任。

（二）突发中毒事件特点

1. 突然性。突发中毒事件与其他类别公共卫生事件相比出现得更为突然，往往是在一次泄漏事故、爆炸事件后，或无任何明显征兆就出现人群毒物危害。毒物在常温常压下可以呈固态、液态或气态，不同状态的毒物通过环境介质、食品、饮用水等途径进入人体，引发群发性中毒。气态有毒物质能够以很快的速度扩散，毒物污染的食品在现代物流分配体系下能够短时间内被运送到大范围的区域，人体的呼吸道、消化道对毒物吸收快，这些环节决定了中毒事件发生的突然性。

2. 暴露与发病关系密切。毒物对人群健康影响的规律性较强，特定毒物暴露、人体代谢、内剂量水平、剂量效应、健康结局明确，从暴露到发病的潜伏期相对较短，个体间差异小，这些特点决定了中毒事件易被发现，暴露危险因素容易识别，这也为快速、有效处置突发事件提供了可能。但在有些事件中会出现混杂因素多、事件原因隐匿、病因迟迟不能确定的情况。如20世纪70年代开始出现的云南猝死持续存在了近40年，造成了400余人死亡，至今仍不能明确原因。

3. 毒物暴露个体的健康影响相同或相近。毒物进入机体造成健康影响往往具有器官（组织）特征，一般把主要受到影响的器官（组织）称为靶器官。一种毒物在特定进入机体途径和量的条件下，健康影响是一定的。也就是在临床上表现出特定的症状、体征，或出现典型的综合征。这些特点是作出中毒诊断、确定严重程度和病情转归的重要观察点。但也有些毒物影响的靶器官不明显。

4. 快速响应性。早期采取恰当处置措施是成功应对各类中毒事件的关键。中毒事件发生突然，事件危害进展迅速，受到伤害的个体病情进展快，多数具有自限性，故要有效地应对此类事件，必须尽早介入事件防控，切断引起健康危害的毒物与人群的接触，减少暴露人数、降低暴露剂量和暴露时间，从而将事件危害控制到最低水平。明确高效的组织体系、响应快速的专业应急团队、强有力的保障机制是实现快速响应的基础。

5. 防范和减少公众毒物暴露是应急工作重点。从剂量－反应关系来看，毒物暴露剂量决定人群健康损害程度。所以中毒事件应急成功的关键是控制公众毒物暴露，通过开展风险评估，按人群暴露情况进行分类处理。对事故核心区的中毒患者要采取有效措施转移到洁净区域，去除污染衣物，开展皮肤清洗等洗消工作；根据毒物扩散规律对周边人群疏散，并开展健康监护，早期发现问题并采取相应的措施。

（三）突发中毒事件的分级

按照《卫生部突发中毒事件卫生应急预案》，根据突发中毒事件危害程度和涉及范围等因素，将突发中毒事件分为特别重大（Ⅰ级）、重大（Ⅱ级）、较大（Ⅲ级）和一般（Ⅳ级）突发中毒事件四级。食物中毒及急性职业中毒事件按照其分级标准执行。

1. 特别重大突发中毒事件（Ⅰ级）。有下列情形之一的为特别重大突发中毒事件：

（1）一起突发中毒事件，中毒人数在100人及以上且死亡10人及以上；或死亡30人及以上。

（2）在一个县（市）级行政区域24小时内出现2起及以上可能存在联系的同类中毒事件时，累计中毒人数100人及以上且死亡10人及以上；或累计死亡30人及以上。

（3）全国2个及以上省（自治区、直辖市）发生同类重大突发中毒事件（Ⅱ级），并有证据表明这些事件原因存在明确联系。

（4）国务院及其卫生行政部门认定的其他情形。

2. 重大突发中毒事件（Ⅱ级）。有下列情形之一的为重大突发中毒事件：

（1）一起突发中毒事件暴露人数2000人及以上。

（2）一起突发中毒事件中，中毒人数在100人及以上且死亡2~9人；或死亡10~29人。

（3）在一个县（市）级行政区域24小时内出现2起及以上可能存在联系的同类中毒事件时，累计中毒人数100人及以上且死亡2～9人；或累计死亡10～29人。

（4）全省2个及以上市（地）级区域内发生同类较大突发中毒事件（III级），并有证据表明这些事件原因存在明确联系。

（5）省级及以上人民政府及其卫生行政部门认定的其他情形。

3. 较大突发中毒事件（III级）。有下列情形之一的为较大突发中毒事件：

（1）一起突发中毒事件暴露人数1000～1999人。

（2）一起突发中毒事件，中毒人数在100人及以上且死亡1人；或死亡3～9人。

（3）在一个县（市）级行政区域24小时内出现2起及以上可能存在联系的同类中毒事件时，累计中毒人数100人及以上且死亡1人；或累计死亡3～9人。

（4）全市（地）2个及以上县（市）、区发生同类一般突发中毒事件（IV级），并有证据表明这些事件原因存在明确联系。

（5）市（地）级及以上人民政府及其卫生行政部门认定的其他情形。

4. 一般突发中毒事件（IV级）。有下列情形之一的为一般突发中毒事件：

（1）一起突发中毒事件暴露人数为50～999人。

（2）一起突发中毒事件，中毒人数在10人及以上且无人员死亡；或死亡1～2人。

（3）在一个县（市）级行政区域24小时内出现2起及以上可能存在联系的同类中毒事件时，累计中毒人数10人及以上且无人员死亡；或死亡1～2人。

（4）县（市）级及以上人民政府及其卫生行政部门认定的其他情形。

此分级适用于突发中毒事件的卫生应急，对于事件原因是食品安全、职业安全、环境灾难等情况，整体应急工作按照相应预案分级。

（四）突发中毒事件的报告

突发中毒事件的责任报告单位、责任报告人、报告时限和程序、网络直报均按照《国家突发公共卫生事件应急预案》执行。

突发中毒事件报告分为首次报告、进程报告和结案报告，应当根据事件的严重程度、事态发展和控制情况及时报告事件进程。首次报告内容包括突发中毒事件的初步信息，应当说明信息来源、危害源、危害范围及程度、事件性质和人群健康影响的初步判定等，也要报告已经采取和准备采取的控制措施等内容。进程报告内容包括事件危害进展、新的证据、采取的措施、控制效果、对事件危害的预测、计划采取的措施和需要帮助的建议等。进程报告在事件发生的初期每天报告，对事件的重大进展、采取的重要措施等重要内容应当随时口头及书面报告。重大及特别重大的突发中毒事件至少每日进行进程报告。结案报告内容包括事件发生原因、毒物种类和数量、波及范围、接触人群、接触方式、中毒人员情况、现场处理措施及效果、医院内处理情况等，还要对事件原因和应急响应进行总结，提出建议。结案报告应当在应急响应终止后7

日内呈交。

三、突发中毒事件的应急处置

（一）应急响应的原则

发生突发中毒事件时，各级卫生行政部门在本级人民政府领导下和上一级卫生行政部门技术指导下，按照属地管理、分级响应的原则，迅速成立中毒卫生应急救援现场指挥机构，组织专家制定相关医学处置方案，积极开展卫生应急工作。应急处置工作的工作原则为：以人为本，有效处置；统一领导，分工协作；信息共享，快速响应；加强管理，强化保障。

（二）分级响应

1. Ⅰ级响应。发生特别重大突发中毒事件后，国务院卫生行政部门应立即启动Ⅰ级应急响应，迅速开展卫生应急工作，并将应急工作情况及时报国务院。省级卫生行政部门在本级政府领导下和国务院卫生行政部门指导下，立即组织协调市（地）、县（市）级卫生行政部门开展卫生应急处理工作。

2. Ⅱ级响应。发生重大突发中毒事件后，省级人民政府卫生行政部门应立即启动Ⅱ级应急响应，迅速开展卫生应急工作，并将应急工作情况及时报本级人民政府和国务院卫生行政部门。国务院卫生行政部门应当加强技术支持和协调工作，根据需要组织国家卫生应急救治队伍和有关专家迅速赶赴现场，协助开展卫生应急处理工作。

3. Ⅲ级响应。发生较大突发中毒事件后，市（地）级人民政府卫生行政部门应立即启动Ⅲ级应急响应，迅速开展卫生应急工作，并将应急工作情况及时报本级人民政府和上一级卫生行政部门。省级卫生行政部门应当及时组织专家对卫生应急处理工作提供技术指导和支持。国务院卫生行政部门根据工作需要及时提供技术支持和指导。

4. Ⅳ级响应。发生一般突发中毒事件后，县（市）级人民政府卫生行政部门应立即启动Ⅳ级应急响应，迅速开展卫生应急工作，并将应急工作情况及时报本级人民政府和上一级卫生行政部门。市（地）级卫生行政部门应当及时组织专家对卫生应急处理工作进行技术指导，省级卫生行政部门应当根据工作需要提供技术支持。

（三）应急处置措施

1. 各级人民政府卫生行政部门及时组织救援。各级人民政府卫生行政部门在本级人民政府或本级突发中毒事件应急指挥部的统一领导，以及上一级人民政府卫生行政部门的业务指导下，调集卫生应急专业队伍和相关资源，开展突发中毒事件卫生应急救援工作。国务院卫生行政部门及地方各级政府卫生行政部门应当确定本级化学中毒救治基地或指定救治机构，作为承担突发中毒事件卫生应急工作的主要医疗机构。

2. 各级医疗卫生机构按职责分工实施应急响应工作。

3. 非事件发生地区应做好防范措施。可能受突发中毒事件影响的毗邻地区，应根据突发中毒事件的性质、特点、发展趋势等情况，分析本地区受波及的可能性和程度，重点做好以下工作：

（1）密切关注事件进展，及时获取相关信息。

（2）加强重点环节的监测，必要时可发布本地区预警信息，并采取必要的控制措施，如暂停可疑水源、可疑食品或其他物品的供应。

（3）组织做好本行政区域的应急处理所需的人员与物资准备。

（4）开展中毒预防控制知识宣传和健康教育，指导公众识别和停止接触可疑有毒物质，提高公众自我保护意识和能力。

4. 现场处置。具备有效防护能力、正确处置知识和技能的医疗卫生应急人员承担突发中毒事件卫生应急现场处置工作，并详细记录现场处置相关内容，按流程后送以及做好交接工作。

（1）脱离接触。卫生部门积极配合公安消防、安全生产监督管理、环境保护等部门控制中毒现场的危害源，搜救中毒人员，封锁危险区域以及封存相关物品，防止其他人员继续接触有毒物质。针对经过呼吸道吸收导致中毒的病例，应当尽快将其移出中毒现场，使患者停留于空气流通处，接受进一步诊治。对于经过消化道吸收中毒的病例，应立即进行催吐，在可能的条件下予以洗胃，并给活性炭口服。同时还可以采取导泻措施。对于化学物污染身体并可以通过皮肤吸收引起中毒者，如有机磷农药中毒者，要尽早进行洗消。

（2）现场分区和警示标识。存在毒物扩散趋势的中毒事件现场，应根据危害源的性质和扩散趋势、气象条件等情况进行现场分区，危害源周围核心区域为热区，是紧邻危险源的区域，用红色警示线隔离，所有出入该区的人员必须穿戴特定隔离装备并进行严格的消毒；红色警示线外设立温区，用黄色警示线隔离，温区或黄区是围绕热区的地域，为有害区或过渡区。在温区救治的工作人员也应该穿戴适宜的个体防护装备，离开此区时应根据需要进行洗消或消毒以防污染扩散，故隔离温区的黄色警示线又被称为“洗消线”；黄色警示线外设立冷区，用绿色警示线隔离，是相对洁净安全的外围控制区。除警示线外，可在相应区域同时设置警示标识。医疗救援区设立在冷区，可结合现场救援工作需要，在医疗救援区内设立洗消区、检伤区、观察区、抢救区、转运区、指挥区、尸体停放区等功能分区。

现场指挥部、警戒、通信、交通转运及物资调配等应急支持机构以及急救治疗处置区、工作人员休息区通常设置在绿区中上风上水区域。上述各区间需设置特定通道，进出热区和温区的人员须穿戴相应等级防护装备，物品经特殊洗消或消毒后方允许经特定通道通过，故通道中应分别设置工作人员更衣洗消区（洗消帐篷）和伤亡人员及物品消毒区，特别是从热区转出的被污染伤亡人员或物品，须在各区间认真交接并给予特殊处置，以防止危害或污染扩散。

（3）现场快速检测及现场采样。医疗卫生应急队伍应当具备常见毒物的现场检测设备和相应技术能力，同时开展现场采样工作。要尽快查明引起中毒的毒物种类，初步判明毒物致人中毒的方式或途径（呼吸道途径、消化道途径及接触中毒等）。已经有一些快速毒物检测药盒和生物检测方法用于现场急救，可以对部分毒物种类和浓度等因素进行测定，对指导急救治疗也有重要意义。

（4）现场洗消。在温区与冷区交界处设立现场洗消点，医疗卫生救援人员协助消防部门对重伤员进行洗消，同时注意染毒衣物和染毒贵重物品的特殊处理。洗消是针对人员、场地、物品和设施去除毒物污染的过程，依据不同的洗消对象而采取不同的洗消方法。但洗消的原则是既要及时、彻底、有效，又不能加重人体损伤。人体洗消，主要依靠物理洗消方法，如先用纱布等将集中存在的毒物清除掉，再用大量肥皂水和温热清水进行清洗。有些毒物需要用到化学洗消和一些特殊的洗消方法。现场洗消需要一定的设施，通常利用防化洗消车辆或洗消帐篷给患者洗消。

（5）现场检伤。现场检伤区设立在现场洗消区附近的冷区内，医疗卫生救援队伍负责对中毒受累人员进行现场检伤，以最大限度地减少毒物对人体健康的损害。参照国际统一标准以及毒物对人体健康危害特点，中毒受累人员分为优先处置、次优先处置、延后处置和暂不处置四类，分别用红、黄、绿、黑四种颜色表示。标红色必须紧急处理的危重症病人，优先处置；标黄色可延迟处理的重症病人，次优先处置；标绿色轻症病人或可能受到伤害的人群，可不在现场处置；标黑色的无法救治人员，暂不处置。

（6）现场医学处置救援。医疗救治区可以设置在用绿色警示线隔离的相对安全区域内，通常位于上风上水位置，以防止污染物随风或水流扩散带来不利影响。还要根据不同类别伤员人数、灾害现场环境、场地大小、光源水电供应、现场医疗救治人力物力资源等情况酌情设立数个特定功能分区。在特定功能区内对不同级别的中毒者进行分级处理，有利于提高抢救效率，避免混乱情况出现。有条件时各区设立帐篷或使用标识带围绕，打出明显标识牌，并标以相应色旗。

突发急性中毒事件现场医学处置原则包括：①认真仔细查明中毒者的数量及中毒的损害程度；②快速准确确定中毒毒物的成分与相关因素；③评估中毒事件的危害程度；④立即组织现场的生命救护与成批中毒者的分类救护和后送；⑤严密观察中毒者的病情变化及进行有效生命支持。

中毒严重者的临床表现主要包括意识障碍、呼吸功能障碍、循环功能不稳定，以及周期性意识丧失或抽搐等。初始的急救治疗应当将重点放在保持中毒者呼吸道畅通、维持通气和循环功能稳定。与此同时，还要检查患者是否有灼伤、创伤及其他损伤。当怀疑中毒是由化学工业品或是化学武器引起时，应当遵循常规应急救护指导原则实施救援，包括可以考虑给已经出现意识障碍和呼吸抑制的患者应用纳洛酮。建议医疗救援人员尽早向当地的中毒控制中心及主管部门进行咨询，从而获取更多的医疗信息。另外，预先的药物储备也很重要，包括纳洛酮、糖皮质激素、甘露醇、地西泮、阿托品、氯磷定以及氰化物解毒剂等。

突发急性中毒事件现场医学处置措施包括：

第一，迅速脱离现场。迅速将患者从中毒现场移至上风向的空气新鲜场所，安静休息，避免活动，注意保暖，必要时给予吸氧，密切观察 24 ~ 72 小时。

第二，防止毒物继续吸收。脱去被毒物污染的衣物，用流动的清水及时反复清洗皮肤、毛发 15 分钟以上，对可能经皮肤吸收中毒或引起化学性烧伤的毒物更要充分冲洗，并考虑选择适当中和剂中和处理；眼睛内溅入毒物的要优先彻底冲洗。

第三，根据中毒的类型，在现场适时早期给予相应的特效解毒剂。阿托品可用于有机磷类、氨基甲酸酯类杀虫剂中毒；碘解磷定、氯解磷定和双复磷可用于有机磷类杀虫剂中毒；亚甲蓝用于亚硝酸盐、苯的氨基及硝基化合物、氰化物中毒，氰化物中毒还可用亚硝酸钠、4 - 二甲氨基苯酚、硫代硫酸钠等治疗；二巯丙醇、二巯丙磺钠、青霉胺等主要用于重金属中毒；乙酰胺用于有机氟中毒。医护人员赶赴化学品中毒现场时，应尽可能携带救治常用的特效解毒剂，尤其是氰化物中毒的特效解毒剂。

第四，保持呼吸道通畅，密切观察患者意识状态、生命体征变化，发现异常立即处理。特别是呼吸、心搏骤停者需立即进行 CPR 和除颤等，监测并处理危险性心律失常、抗惊厥等；维持内环境与水、电解质和酸碱平衡；尽快查清毒物种类，明确诊断，以采取针对性治疗措施；病因不明时，应以救命为先，同时查清毒物。

（7）病人转运。转运突发中毒现场病人应遵循以下原则：对有严重污染、大量摄入毒物或转运途中有生命危险的危重症病人，应在洗消、催吐和初步救治等现场医疗处理，病情相对稳定后再行转运。中毒突发群体事件，需要考虑区域中毒救治医疗体系建设情况，当中毒患者人数众多时，首先将病情严重者转往当地中毒救治中心，将病情较轻者转往其他医疗救治机构。另外，需考虑接诊医疗机构与患者进一步救治需求的一致性，例如对于急性窒息性气体中毒患者，如果对氧疗有显著需求，原则上应送有高压氧舱的医疗机构。转运过程中，加强患者在运输设备内的安全，主要包括防止患者出现进一步损害，遇到有敌意的患者要保护救援者自身及防止患者出现次生伤害。医护人员在转运过程中必须密切观察病人病情变化，确保治疗持续进行，并随时采取相应急救措施；统一指挥调度，合理分流病人；做好病人交接，及时汇总上报。

（8）救援人员的防护。参与医疗卫生救援的人员进入现场前应根据危害水平选择适宜的个体防护装备，任何个人和组织不能在没有适当个体防护的情况下进入现场工作。使用个体防护装备时必须了解各类防护装备的性能和局限性，以确保救援人员的安全。

（9）公众的安全保护。防范和减少公众毒物暴露是应急工作的重点。毒物暴露剂量决定人群健康损害程度。根据突发中毒事件特点，各级卫生部门配合有关部门积极采取措施，安全转移暴露区域的公众。发生有毒气体泄漏事件后，根据当地气象条件和地理位置特点，将暴露区域群众转移到上风方向或侧上风方向的安全区域，必要时，应提供合适的呼吸防护用品。发生毒物污染水源、土壤和食物等中毒事件后，要立即标记和封锁污染区域，及时控制污染源，切断并避免公众接触有毒物质。参与中毒事件现场应急救援的人员必须采取符合要求的个体防护措施，严格按照程序开展应急救援工作，以确保人员安全。在应急处置过程中，工作人员不应实施超出自己训练水平的工作与任务。救治现场环境安全也是应关注的问题。

（10）医院内救治。根据毒物特点及病人情况，各级医疗卫生机构组织开展对转运至院内的病人给予进一步清除体表毒物的二次洗消，以及采取清除体内毒物的措施，如急性中毒的血液净化治疗法等。特别注意潜伏期较长和复合伤病人的院内观察和综合救治工作。

（11）心理援助。发生中毒事件后，各级卫生行政部门在同级人民政府领导下，配合相关部门和团体，开展心理援助工作。根据需要组织有关专业人员开展心理疏导和心理危机干预工作。

5. 应急响应的终止。突发中毒事件卫生应急响应的终止必须同时符合以下条件：突发中毒事件危害源和相关危险因素得到有效控制，无同源性新发中毒病例出现，多数中毒病人病情得到基本控制。各级卫生行政部门根据应急响应的终止条件，组织专家进行论证，提出终止卫生应急响应的建议，报本级人民政府或其设定的突发事件应急指挥部批准后实施，并向上一级人民政府卫生行政部门报告。

拓展阅读

1. 有毒气体。如刺激性气体，常见的有氮的氧化物如一氧化氮、氯及化合物氯化氢等；窒息性气体如单纯窒息性气体——氮、氩、氖等惰性气体，二氧化碳，一氧化碳，硫化氢等。

2. 腐蚀性物质。主要是具有氧化性的酸性物质如氢氟酸、硝酸、硫酸、氯磺酸、甲酸、氯乙酸、烟酸；具有碱性的腐蚀物质如氢氧化钠、二乙醇胺、漂白粉、三氯化碘、甲醛、苯酚等。

3. 有机溶剂。大多数对人体有一定毒性，包括神经毒性、血液毒性、肝肾毒性以及皮肤黏膜刺激。脂肪烃、芳香烃等脂溶性较强的溶剂可能造成中毒性周围神经病和中毒性脑病；芳香烃，特别是苯，一定剂量即可抑制骨髓造血功能，致使人的全血细胞减少；氯代烃类有机溶剂，如四氯化碳、三氯乙烯，可引起肝肾损害；以酮类和酯类为主的有机溶剂可以造成皮肤黏膜刺激。

4. 金属及类金属。能使人中毒的金属有很多，如钾、铅、汞、金、银、锂、铷，以及放射性金属如镭、钫等，过量摄入，都可引起中毒。

5. 农药与杀虫药。常见的有有机磷农药，包括敌敌畏、敌百虫等，可因食入、吸入或经皮肤吸收而引起中毒。另外，还包括一些氨基甲酸酯类杀虫剂、拟除虫菊酯类杀虫剂、杀鼠剂等。

6. 军事毒剂。如神经性毒剂沙林、梭曼等；糜烂性毒剂芥子气、路易氏剂等；窒息性毒剂光气、双光气等；失能性毒剂毕兹（BZ）、四氢大麻醇、麦角酰二乙胺（LSD）等；破坏人体组织细胞携氧功能，引起组织急性缺氧的毒剂，如氢氰酸、氯化氢、蓖麻毒素、砷化合物等。

7. 有毒生物。有毒植物如乌头、夹竹桃、蓖麻等；有毒动物如蜈蚣、蝎子、毒蛇、一些水母、河豚等；有毒真菌如鹅膏科菌等；细菌及其毒素如沙门菌、变形杆菌、志贺菌属、肉毒梭状芽孢杆菌等；有毒藻类如赤潮和水华等。

8. 其他药物。药物中毒也是常见中毒之一，镇静药、解痉药、麻醉药等使用不当均可引起中毒，如士的宁、烟酸、苯丙胺等。

任务五　技能训练：高校学生突发集体中毒事件的临场处置训练

一、训练内容

1. 处置高校学生突发集体中毒事件的应急方案制作。
2. 高校学生突发集体中毒事件的预防与应急准备。
3. 高校学生突发集体中毒事件的疫情报告。
4. 高校学生突发集体中毒事件的现场情况控制。

二、训练目的和要求

通过模拟对高校学生突发集体中毒事件处置的实战演练，了解高校学生突发集体中毒事件的产生和发展的情景，使参训学生掌握突发食物中毒事件的处置原则和方法，提高对突发食物中毒事件的有效预防、临场处置救援、协调作战能力。值得注意的是，作为学校人员，在处置食物中毒事件当中的主要工作是协助配合疾病预防控制机构对本单位发生的传染病疫情等突发公共卫生事件进行调查和处理，协助急救医师和消防等单位进行医学救援、病人转运和现场洗消等，配合公安部门对案情进行调查取证。因此，训练重点应放在事件处置的协调配合技能上。

三、训练前准备

实训相关知识文书、担架、医用听诊器、血压计、手电筒、氧气袋、一次性医用手套、压舌板、防咬板、呕吐物收集袋、清洁饮用水、生理盐水、警戒线、交通工具（带后开门的护送车）、帐篷、一米线、对讲机、手机、座机电话、扩音器等。

四、训练的安排

（一）人员与地点安排

以班为单位在校内空旷处组织模拟演练，1/4 的学生扮演食物中毒患者，3/4 的学生扮演处置事件的学校领导、老师、食堂工作人员、学生、学校医务人员、疾控中心人员、120 急救医生、警察等角色。

（二）方案设计

由扮演学校领导的学生，根据《突发公共卫生事件应急条例》《国家突发公共卫生事件应急预案》等有关法律法规规定，结合学校实际，先行设计事件处置方案，并选出一名学生作为处置事件的总指挥。预案的制作应当包括指导思想和目的、基本情况分析、基本原则和任务、组织指挥、责任分工、人员部署等。主要实训环节与内容包括预案设计、发现与报告、现场控制、院前现场救援与配合、后勤和物品调集、协调联系、维持秩序、家属安抚与心理支持等。

（三）训练要点

模拟突发集体中毒事件在不同阶段的事发状态，由学生根据不同阶段的事态变化情况、事件危害程度、角色职责、场所特点等有针对性地采取相应的应急处置措施与方法，并实际操作演练疫情报告、危害评估、院前医学现场救援、现场控制与突发情况应对、多部门配合与协调、心理疏导等技能。

（四）指导教师的指导

指导老师首先要拟定一种食物中毒的疾病种类，并事先针对该类疾病对学生进行知识宣讲；演练前，教师对学生制作的预案进行审阅和检查，合格的才给予通过并安排实施；演练过程中，老师实时进行指导，合理控制演练进程；演练结束后，老师对突发集体中毒事件的处置过程中存在的问题进行总结、点评。

五、注意事项

1. 参加实训的学生要按照各自的角色进行演练，并互换角色进行训练。
2. 突发集体中毒事件中要慎用医学救治技能，以免因专业技术误操作问题造成人员损害，只施行确定无害、无创伤的操作技能。
3. 在演练过程中，避免冲撞受伤。

六、考核方式及标准

（一）考核方式

1. 通过模拟小组之间的观摩，学生相互交流，指出优点与不足，总结训练心得体会。

2. 教师对这个模拟过程进行总结。

（二）考核标准

1. 优秀：处置预案准备充分，技能操作非常熟练，角色发挥作用突出，处置方式积极有效。

2. 良好：处置预案准备较充分，技能操作较为熟练，角色发挥作用良好，技能操作较为熟练，处置方式较为有效。

3. 及格：处置预案准备基本充分，技能操作基本达标，角色发挥作用正常，处置方式适当。

4. 不及格：处置预案准备不充分，技能操作错误，处置方式不合理，处置方式不恰当，容易导致事态的进一步升级。

七、思考题

1. 处置高校学生突发集体中毒事件需要遵循哪些原则？

2. 高校学生突发集体中毒事件的处置应该注意哪些问题？

项目六

群体性事件预防与处置

了解群体性事件的含义、特点、种类以及群体性事件现场处置的基本概念；
明确群体性事件的表现形式以及群体性事件处置的目的；
掌握群体性事件现场处置原则以及群体性事件现场处置的程序、方法。

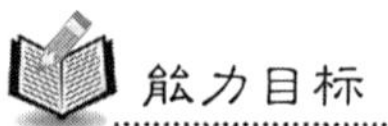

熟悉群体性事件处置机制的内容；
掌握群体性事件处置的程序和方法；
运用群体性事件处置原则、程序和方法处理群体性事件。

任务一　群体性事件预防与处置基本知识认识

案例6-1

2015 年 12 月 28 日中午，甘肃永昌县某中学初一女生赵某，在当地华东超市偷拿巧克力被发现。超市营业员随即打电话通知其家长过来处理。其母张某某到现场后，与超市工作人员交涉。期间，死者母亲张某某对赵某进行了责打。赵某于 14 时 33 分自行离开超市，14 时 55 分被发现从城关镇御山城市广场 E 座高层坠楼身亡。

2015 年 12 月 29 日，坠亡女孩赵某家属到华东超市东街店讨要说法，引起群众聚集围观，部分不明真相人员起哄并冲击超市。2015 年 12 月 30 日下午 14 点左右，数千名群众再次聚集在华东超市东街店和西街店门口，在少数不法人员的煽动下，出现了冲击超市大门、损坏周边道路隔离栏及公共设施、围攻现场维持秩序的公安干警、损坏执勤车辆等违法行为。聚集事件发生后，市、县领导立即赶赴现场指挥处置，做群众劝导工作。公安机关调集警力维护秩序，疏导交通，围观群众于 17 时 20 分左右陆续散去。

问题思考

1. 什么是群体性事件?

2. 群体性事件的危害和特征有哪些?

一、群体性事件的含义及表现形式

(一) 群体性事件的含义

群体性事件，又称为“紧急突发事件”，是指由人民内部矛盾引发的，多数人为表达共同的意愿或寻求共同的利益，采取没有合法依据的群体性聚集方式，共同实施的违反国家法律、法规、规章，扰乱社会秩序，危害公共安全，侵犯公民人身安全和公私财产安全，需要决策者做出关键性决策，相关部门必须立即进行紧急处置的事件。

常见群体性事件的表现形式有：①人数较多的非法集会、游行、示威；②集会、游行、示威和集体上访活动中出现的严重扰乱社会秩序或者危害公共安全的行为；③严重影响社会稳定的罢工、罢课、罢市；④非法组织和邪教等组织的较大规模聚集活动；⑤聚众围堵、冲击党政机关、司法机关、军事机关、重要警卫目标、广播电台、电视台、通信枢纽、外国驻华使馆、领馆以及其他要害部位或者单位；⑥聚众堵塞交通枢纽、交通干线、破坏交通秩序或者非法占据公共场所；⑦在大型体育比赛、文娱、商贸、庆典等活动中出现的聚众滋事或者骚乱；⑧聚众哄抢国家仓库、重点工程物资以及其他公私财产；⑨较大规模的聚众械斗；⑩严重危害公共安全、社会秩序的其他群体性行为。

(二) 群体性事件的特点

现阶段我国发生的群体性事件，具有群体性、突发性、特定性、复杂性、互动性、反复性、失范性等特征。

1. 群体性。群体性事件是大多数人为了争取共同的利益或实现共同的愿望而聚集在一起形成的。事件的参与者，都企图通过庞大的人数或规模，给予被要求人或单位一定的压力，从而达到自己的目的。因此，群体性事件的群体性，首先表现为参与人员人数较多；其次，参与事件的大部分人都有相同或相近的诉求，他们凝聚在一起，形成一个有共同诉求的群体。

2. 突发性。群体性事件是典型的突发事件，它的发生往往伴随着各种利益需求，任何一件与之相关的小事，都可以成为引发群体性事件的导火索，让人无法预料。并且，群体性事件是大多数人非法聚集在一起而形成的，它本身没有经过有关部门的审核和批准，因此，相关部门对于群体性事件参与的人数、发生的时间、涉及的地点等内容都无法事前预料。

3. 特定性。群体性事件极易因特定时期、特定因素或特定场所而发生。

（1）特定时期。在某一个具有重大特殊含义的日期或某一段具有重要意义的时期里，因其对社会大多数成员的意义是共同的，因此，很容易引发社会大众的共鸣，从而加大群体性事件发生的概率。比如社会成员流动的高峰期、重大国事活动日、具有政治色彩的活动日等。

（2）特定因素。随着时代进步，人们了解社会时事新闻、热点问题的途径增多，人民群众共同关心、讨论热点、敏感度较高的社会问题的机会也增加了许多，这些能引发民众讨论关注的社会问题，也极易成为群体性事件发生的原因。

（3）特定场所。组织和参加群体性事件的民众，希望自己的诉求能得到更多人的支持，甚至希望能引起社会的广泛关注，因此，他们往往选择在人流量大的公共场所或者具有政治意义的场所进行活动。

4. 复杂性。群体性事件的参与者是为了共同或相似的利益而集结在一起的，这种利益需求一般会涉及经济、行政等方面；同时，群体性事件的参与者本身也比较复杂，如年龄跨度大、身体条件不一等；另外，群体性事件类型多有不同，需要处置者根据具体情况，采取不同方式处理。

5. 互动性。所谓互动，是指人们相互间在社会交往中产生的社会心理现象，即心理上的互动。表现为人与人之间的意思交换、行为模仿。互动包括积极互动和消极互动两种形式。积极互动是正面能量、积极向上情绪的相互影响，是促进共同进步的一种互动形式。消极互动，则是一种负面、消极情绪的相互影响，是阻碍社会发展的一种互动形式。而群体性事件的引发，是各种社会消极因素以社会互动的运动方式作用于群体的结果。群体性事件一旦发生，若不能得到及时控制，常常会因为人群之间的互动性而让参与人数增加，事态升级。

6. 反复性。群体性事件涉及范围广，内容复杂，而相关处置部门往往只讲究短期效率，忽视长远工作，导致有些群体性事件发生时间较长，过程反复。同时部分群众抱着“法不责众”的心态，反复提出不合理要求，导致问题无法得到及时解决。

7. 失范性。群体性事件是非法的群体聚集行为，本身是违反社会法律法规的。且群体性事件发生后，若不能得到及时有效的处置，将会产生扰乱社会秩序，造成人身伤害、财产损失等后果，甚至造成较大的政治影响。

（三）群体性事件的分类

1. 按照事件的性质，可将群体性事件分为政治性群体性事件、经济性群体性事件、社会性群体性事件和涉外性群体性事件。政治性群体性事件，是指事件的主体以满足某种政治要求为目的而引发的事件，如具有政治目的的罢工、罢课、罢市、非法集会、游行、示威等事件。经济性群体性事件，是指事件的主体以满足自己的经济要求为目的而引发的事件，如2008年重庆、海口等地出现的的士司机为抗议的士起步价下调而做出罢市行为。社会性群体性事件，是指因为社会热点话题或敏感问题而引发的群体性事件，如2012年9月18日在全国各地掀起的“反日”游行。涉外性群体性事件，是指由于外国国家当局、在华外国人（自然人、法人）实施了威胁或可能危害我国利益的行为而引发的突发性的、影响较大的群体性涉外案件或事件。

2. 按照事态的严重程度，可将群体性事件划分为三个等级，由轻至重分别为：集体静坐、上访和罢工、罢课、罢市；非法集会、游行，集体围攻、冲击党政机关、重点建设工程和其他要害部位，并造成严重治安后果的群体性事件；集体打、砸、抢、烧、杀，造成局部地区社会动荡的骚乱。

3. 按照事件的外在表现形式，可将群体性事件分为暴力性群体性事件和非暴力性群体性事件。暴力性群体性事件是指在群体性事件的发生过程中，出现了暴力冲突，如较大规模的聚众械斗等。非暴力性群体性事件则是指，在群体性事件发生的过程中，并无暴力内容出现，如集体静坐等。

4. 按照群体性事件的参与人数及危害程度，可将群体性事件分为一般群体性事件和重大群体性事件。一般群体性事件是指主体参与人数少、规模小、涉及范围小、影响小、危害后果不严重的群体性事件，如单位内部的群体性事件。凡有下列情况之一的，属于重大群体性事件：

（1）20人以上结伙打架，流氓团伙侮辱妇女，扰乱公共场所秩序，哄抢或集体冲击党政机关，围攻殴打国家机关工作人员，静坐、示威、游行等闹事行为；

（2）50人以上的群众性纠纷、械斗、封建迷信活动；

（3）涉及外国人的群体性事件；

（4）死亡3人或者死伤5人或伤10人以上的群体性事件；

（5）其他影响很大、损失严重的群体性事件。

二、群体性事件的预防

群体性事件是转型时期中国社会管理的重点与难点，《中共中央关于构建社会主义和谐社会若干重大问题的决定》中强调指出：“坚持依法办事、按政策办事，发挥思想政治工作优势，积极预防和妥善处置人民内部矛盾引发的群体性事件，维护群众利益和社会稳定。”预防阶段的工作是处理群体性事件不可缺少的一项内容，具体包括：

（一）加强基层组织建设

群体性事件是群众为表达自己诉求而采取的方式。参与者大多为普通民众，而我国各基层组织是与民众有直接联系，并且是联系最为紧密的队伍。因此，要积极有效地预防群体性事件的发生，基层组织的作用不可小觑。

1. 加强基层工作人员的思想政治素养。思想是行动的先导，只有基层工作人员具备了正确的政治思想和法治理念，才能更好地帮群众解决问题，从而从源头上降低群体性事件发生的概率。

2. 及时了解辖区社情民意。各基层组织可通过摸底排查、走访调查等方式，及时了解辖区内群众的意见，对群众提出的合理化建议和正当要求及时处理，不让矛盾继续扩大或升级，以避免群体性事件的出现。

3. 做好基层调解工作。群体性事件是由人民内部矛盾引起的，要预防群体性事件的发生，就得解决好人民的内部矛盾。基层组织在进行调解工作时，要坚持公平正义、依法调解的原则，对待当事人要一视同仁，绝不可因有利可图就积极主动，因无利可图则推三阻四，甚至放任矛盾激化。对突发性、容易激化的事件，基层组织的调解工作要及时、果断，坚决避免因态度冷漠和作风粗暴而引发不安定事件。

（二）加强法制宣传教育力度

现在民众的民主、人权意识增强，但对于法律却缺乏正确的认识，这也是群体性事件频发的原因之一，“法不责众”的思想让他们无所顾忌地参与群体性事件。因此，各级相关部门都应加强对民众的法制宣传教育力度，引导人民正确地对待和处理矛盾，使其真正地知法、懂法、守法，减少群体性事件的发生。

（三）保障群众的充分表达权

搭建与民对话平台，便于下情及时上达，政府要诚心诚意地听取民众的意见、批评、建议和要求，再根据所掌握的社情民意做出部署，并协调有关部门做好群众工作，落实措施，力争把群体性事件消除在萌芽状态。

三、群体性事件现场处置的含义及原则

（一）群体性事件现场处置的含义

群体性事件现场处置是针对已经形成事态的群体性事件采取紧急措施控制局势、恢复秩序、平息事态的现场应急行动。群体性事件往往涉及社会公共安全，因此，负责群体性事件现场处置工作的主体一般为公安机关，但在面对范围较广、规模较大、事态较重的群体性事件时，中国人民武装警察部队可以协助参与群体性事件的现场处置工作。

（二）群体性事件现场处置的原则

现阶段，我国群体性事件的发生有其深刻的社会根源，既有体制、机制上的原因，也有工作方法等方面的原因。群体性事件多发的基础性根源是社会转型引发的利益失衡；体制性根源是基层组织社会控制弱化，社会权威结构失衡；政治因素是部分干部的官僚主义和腐败行为；文化因素是群众的民主意识在不断增强，但政治参与能力相对较低，法制观念淡薄；导火索则是各种具体的利益冲突。因而在处置群体性事件时

要严格依法进行，分清性质，区别对待，慎用警力，保障公民的合法权益。我国《公安机关处置群体性事件规定》要求，公安机关在处置群体性事件时，必须遵循以下原则：

1. 预防为主原则。公安机关应当加强情报信息工作，建立和完善维护社会稳定的预警工作机制，对可能影响稳定的问题和群体性事件苗头，做到早发现、早报告、早控制、早解决，最大限度地把不稳定因素解决在初始阶段。

2. 统一领导原则。群体性事件现场处置的主体是公安机关，但公安机关必须自觉把群体性事件的现场处置工作置于党委、政府的直接领导之下。公安机关、单位保卫组织必须向党政机关及时准确地报告事件的起因、性质、发展态势等信息，并提供处置意见。党委、政府则必须抓住引发群体性事件的原因，再有针对性地对事件处置进行统一领导，并及时组织相关单位、职能部门开展处置工作。即群体性事件发生后，公安机关必须在党委、政府统一领导下，既要依法维护社会秩序，平息事态，又要协助有关部门做好群众工作，努力化解矛盾。

3. 教育疏导原则。公安机关处置群体性事件，应当讲究政策、讲究策略、讲究方法，对现场群众以法制宣传、教育疏导为主，引导群众理性、合法地表达诉求，防止矛盾激化，防止事态扩大，防止发生流血冲突。

4. 慎用警力，慎用强制措施，慎用武器警械原则。公安机关在进行群体性事件现场处置时，要注意群众情绪，以安抚为主，既要做到防止使用警力和强制措施不当而激化矛盾，又要做到防止贻误战机，使事态扩大。

（1）慎用警力。公安机关在处置群体性事件时，必须根据事件具体情况，选派警力参与处置。一般情况下，若要出动100人以下的警力，须经县级公安机关主要负责人批准；若要派出100人以上300人以下的警力，则须经地市级公安机关主要负责人批准；若要调动300人以上的警力，须省级公安机关主要负责人批准并报公安部备案；跨地域调动警力，则须共同的上级公安机关批准。

对于集会、游行、示威活动发生在校园内，尚未发生行凶杀人、非法拘禁或者打砸抢烧行为的群体性事件；聚众上访尚未发生堵门、堵路、拦截车辆、围攻殴打国家机关工作人员或者其他严重违法行为的群体性事件；因征地、企业改制、拖欠工资或者养老金、环境污染、非法集资等与群众切身利益密切相关，聚众现场尚未严重危害交通和治安秩序的群体性事件；以及其他人民内部矛盾尚未激化，可以由有关主管部门化解的群体性事件，公安机关不得动用警力直接处置。

（2）慎用强制措施。公安机关处置群体性事件常用的强制措施包括：发布命令或通告；使用警械强行驱散；强行带离现场或予以拘留等。但在具体处置过程中，公安机关必须要慎重选用强制措施，不可将强制措施作为唯一方法来运用。

（3）慎用武器警械。参与群体性事件现场处置的公安民警，根据现场情况，可以携带警棍、盾牌、催泪弹、高压水枪、防暴枪、防暴服、高音喇叭、警戒带、隔离网等必要的警械和防护装备，但一线民警禁止携带、使用致命性武器。

5. 依法果断处置原则。在劝说无效、事态扩大，特别是在出现冲击党政机关、聚集阻断交通或集体械斗，集体打、砸、抢、烧、杀等暴力性情形时，不论其起因有无合理性，公安机关都要立即组织足够的警力，及时果断地进行处理。同时，准备好机动力量，在现场附近待命，以防事态进一步扩大。

另外，群体性事件涉及群众的利益诉求，但并非所有诉求都是合理合法的。面对群众提出的过高或无理要求，领导机关、处置部门不能因为要快速解决事件而做出妥协，放弃自己的“底线”。处置这类不合理诉求的群体性事件，公安机关必须果断处理，做到政策不让步，策略多样化，针对群体性事件产生的起因，具体问题具体分析，采取以正面疏导、情绪引导、心理调节为主的方式；对群众提出的合理要求，要尽快予以解决；对于暂时解决不了的要求或群众的不合理要求，要给予必要的政策讲解和法律教育，安抚群众情绪，缓解事态发展。

任务二　群体性事件现场处置机制

群体性事件现场处置机制，是指公安机关处置群体性事件所必须具备的相关联系的整体工作系统。一般包括处置机构、信息情报搜集、工作预案、教育训练、法律准备、警械装备等。

理论知识

一、处置机构

群体性事件的现场处置工作，必须遵循统一领导、分层负责的原则，由县级以上地方党委、政府和上级公安机关，对本地区发生的群体性事件的处置工作，实行统一领导，当地公安机关负责具体的现场处置工作。

（一）分层建立指挥系统

群体性事件现场处置的指挥系统分为三层指挥系统，分别为：总指挥部，由当地党委、政府组织建立，负责群体性事件现场处置政策的制定和发布；现场指挥部，主要由事件发生地公安机关负责建立指挥，其主要职责是维护现场秩序，并根据事件具体情况，提出处置战术和策略意见；现场处置小组，公安机关根据现场具体情况，建立现场秩序维护、人员疏散、后勤保障、信息搜集等小组，根据上级命令，履行具体职责。

（二）现场指挥部地点的选择

建立现场指挥部，必须遵守以下原则：

1. 靠前指挥原则。群体性事件现场处置的现场指挥部，一般应选择能观察全局、靠近现场却又能隐蔽的场所。这样的指挥位置，既能及时掌握现场情况，又不会引起事件主体注意，便于提高处置效率。

2. 安全指挥原则。在群体性事件现场处置中，指挥部担负着宏观指挥的责任，是核心处置机构。现场指挥部的地点选取要特别注意安全防范，防止民众骚乱时，对指挥部造成冲击。

（三）现场指挥部的人员组成

群体性事件现场处置中的现场指挥部人员，一般包括指挥人员、参谋人员、机动人员、后勤保障人员。其中指挥人员是现场指挥部的核心，其他组成人员均根据指挥人员的要求履行职责。

1. 指挥人员。因为现场指挥部主要是由公安机关负责，因此，现场指挥部的指挥人员，一般由公安机关首长担任，负责整个群体性事件现场的处置工作。指挥人员根据上级机关政策及命令，履行以下职责：①采取管制措施，及时控制现场，防止事态扩大；②组织、调用现场人力、物力、财力；③采取其他有效维护秩序的措施。

2. 参谋人员。现有的处置群体性事件经验表明，群体性事件发生后首先都是由事件发生地的公安机关第一时间掌握信息情报。参谋人员的任务主要是根据信息情报分析事件的基本特征，评估事件风险，预测发展趋势，制定应急处置预案，为当地党和政府决策，采取相关措施，有效地处置群体性事件，提供科学依据。

3. 机动人员。群体性事件现场处置中的机动人员，是一支随时待命的处置力量。他们根据现场处置的具体情况，接受上级指派，执行处置任务。机动人员待命的位置，一般以隐蔽在现场附近能迅速进入现场为宜。必要时可设若干机动点，一旦需要便可从不同方向进入现场，做到相随相伴，招之即来。

4. 后勤保障人员。后勤工作是顺利处置群体性事件不可缺少的部分。后勤保障人员主要负责信息传递、警械装备以及基本物资提供等工作。

二、信息情报搜集

搜集信息情报是高效处置群体性事件的基础，是群体性事件现场处置机制当中的一个重要内容。

（一）信息情报搜集范围

1. 社情民意、社会动态。即当某项政策方针、法律规章颁布或者某件重大事件发生后，民众的态度、意见等。

2. 引起民众关注、讨论的社会热点问题。现代社会科技高度发达，民众接收资讯的途径愈来愈多，其中某些资讯内容与民众生活相关或有联系，容易引起群众的关注和讨论，也成为发生群体性事件的潜在威胁。如股市动荡、农民工讨薪问题、贪污腐败问题等。

3. 特别人员的活动动态。群体性事件当中，很多是因为有心人士的组织和煽动，才发生甚至扩大的。在群体性事件未发生时，要关注并搜集辖区内此类特别人员的活动动态，以便及时遏制其非法行为。

4. 其他容易引发群体性事件的信息情报，如重大事故、严重自然灾害等。

（二）信息情报搜集的方法

常用的群体性事件信息情报搜集的方法有：通过公安机关内部网络进行搜集；走访调查搜集；通过秘密力量搜集，如治安耳目；组织联系群众，进行信息情报搜集；运用社会治安信息搜集处理系统进行信息搜集，如天网系统等。

（三）信息情报的处理

群体性事件的信息情报，一般要经过搜集、研判、反馈三个阶段。

1. 搜集信息情报。即在信息情报范围内，运用各种方法，搜集关于辖区内可能发生的群体性事件的相关信息情报。

2. 研判信息情报。在信息情报搜集完毕之后，必须对有关信息进行选择分类、分析判断，将所有信息情报进行一次筛选，留下有用的信息情报，对其进行加工管理，使之成为可以供领导使用的信息情报成品。

3. 反馈信息情报。将信息情报进行研究、判断、分析之后，根据信息情报的不同性质以及程度，将其反馈给对应的部门。若是重要信息情报，及时上报；若是一般信息情报，则通报相关部门处理。

三、工作预案

群体性事件属于突发事件，因此必须预先准备好相关的工作预案。群体性事件工作预案，一般由公安机关制定。

（一）指导思想

群体性事件工作预案，要体现党中央“居安思危”的战略思想，贯彻“积极、稳妥、慎重”的处置方针，以严密部署、充分准备、协同配合、维护社会秩序为指导思想。

（二）主要内容

1. 处置原则。处置原则是处置群体性事件时，各部门及现场处置人员都必须遵守的行为准则，它贯穿于整个处置行动中，是群体性事件工作预案不可或缺的部分。

2. 组织指挥。群体性事件应急预案，必须按照统一领导、分层指挥的原则，确定指挥部的建立以及指挥人员的选派，并在预案当中明确其职责与权限。

3. 人员分工。群体性事件涉及人数较多、范围较广等特点，决定了它的处置工作极为复杂，需要各部门协调配合来进行。因此，在制定群体性事件工作预案的时候，要根据事件的性质、程度、规模等，确定各处置单位、部门的职责，并合理分配人力，以期能让处置效果达到最佳。

4. 后勤保障。要让群体性事件的现场处置工作顺利进行，后勤保障工作必须要做好，以免造成现场处置人员工作不便，影响处置效果。后勤保障工作一般包括通信联络、信息传达、警械装备以及必要生活物资的提供等。

5. 处置方法和措施。群体性事件虽然都属于突发事件，但是因为事件引发原因、参与人员情况等因素，不能采取统一模式或方法进行处置。因此，在制定群体性事件处置的工作预案时，要对不同性质、不同类型的群体性事件，有针对性地制定具体的处置方法和措施。

6. 工作要求。在群体性事件的工作预案中，必须对处置主体的工作做出要求：①统一认识，积极参与；②一切行动听指挥；③文明执勤，严格执法；④明确责任，坚守岗位。

7. 应急措施。群体性事件处置过程中，常常会有突发状况或紧急情况需要立即处理。因此，为了不影响处置效率，在制定群体性事件工作预案的时候，还需充分考虑可能出现的不稳定因素，制定出能应对突发情况的应急措施和对策。

（三）预案的修订与完善

在应急预案制定之后，公安机关要根据社会变化、所担负任务的实际要求，及时修订完善应急预案，并适时进行演练。

四、教育训练

教育训练是公安机关熟悉工作预案，熟练掌握群体性事件现场处置方法和对策的重要途径。在教育训练中，一般包含以下内容：

1. 对处置突发事件的方针、原则、方法的系统学习。加强形势、社情教育，牢固树立“维稳处突”的思想，增强责任感和荣誉感。

2. 充分利用战训合一。要加强处置各类群体性事件的理论和战术动作的研究与训练，建立正规的战备秩序，真正做到随时能出得、随时用得上、随时处置好。

3. 加强应急训练。特别要加强排障碍、捕首犯、驱聚众、抗反弹、控局面等战术训练。组织不同级别、多种形式的演练，切实提高处置人员的快速反应、机动作战能力和各级指挥员的组织指挥能力。

4. 加强防暴、侦查人员的训练，发挥其作用，及时掌握社会动态，认真分析，准确判断，做到敌变我知，克敌制胜。

五、法律准备

公安机关处置群体性事件工作是一种执法行为，要求处置人员必须依法执行，文明执法。具体来说，要处置好群体性事件，离不开必要的法律支持。

（一）现行相关法律、法规

与处理群体性事件相关的法律法规有《突发事件应对法》《人民警察法》《人民警察使用警械和武器条例》《公安机关处置群体性事件规定》等。

（二）处置群体性事件的命令、通告

县级以上公安机关在处置群体性事件时，可以根据警察行政权，结合事件具体情况，及时发布命令、通告。

（三）地方性法规

我国各地区可以依据自己辖区的政治、经济、文化、传统等特点，结合实际情况，制定出符合地方发展、维护地方稳定的相关法规，并报请地方人大常委会通过。地方性法规的制定不仅是为了保证公安机关在处置群体性事件时有法律支持，还能给予其有针对性的措施保障，提高处置效率。

六、警械装备

警械，是指人民警察按照规定装备的警棍（橡胶警棍、伸缩警棍、T 型警棍、藤棍等）、警用防暴喷射器（气体烟雾弹、催泪弹、麻醉弹、高压水枪、警用捕捉网等）、特种防暴枪、手铐、脚镣、警绳等警用器械。警械是警察履行职责时依法所使用的专门器械，是保障警察履行职责的一种基本装备。警械主要分四大类：

（一）驱逐性、制服性警械

包括警棍、警用制式刀具、警用防暴喷射器等。驱逐性、制服性警械具有较强的攻击性，易对人身造成伤害甚至生命危险，应当以制止违法犯罪行为为限度。

（二）约束性警械

包括手铐、脚镣、电子脚扣、警绳、约束带、阻截器材等。约束性警械是对违法犯罪分子实行人身束缚的强制警械。警察依法执行任务，遇有违法犯罪分子可能脱逃、行凶、自杀、自伤或者有其他危险行为的，可以使用约束性警械。

（三）震慑性警械

包括警笛、警报器、红色回转警灯等。

（四）自卫性警械

警察在处理群体性事件时，会面对许多危及人身的突发状况，因此，处置人员的自我保护措施必不可少。一般而言，自卫性警械包括防弹衣、头盔、盾牌等，也包括执勤时常用器具如警用腰带组件、警用水壶、急救包等。

警械在群体性事件现场处置过程中有震慑现场、维持秩序、控制事态的作用，在整个工作环节中都是不可缺少的工具。因此，要处置群体性事件，必须要配备好警械装备，同时，还必须为机动人员，如防暴队、特警队等配备好车辆、宣传器材、联络通信工具等。对于所需装备及器材，要统一进行规划、储备，以保证需要时能随时提供使用，不会出现装备器材的缺失。

拓展阅读

英国政府早在1948年就制定了《民防法》，对突发事件的处理作出了一些基本的规定。为了确保突发事件的合理处置，减少突发事件对相关利益主体的负影响，也为了控制突发事件对英国社会造成的不安定和恐慌，英国议会通过了2004年11月18日生效的《英国突发事件应对法》。这部法律在英国政府的突发事件处理中发挥了规范和指导的重要作用，也被国际社会认为是较为成功的突发事件应对法，为处理群体性事件提供了依据。

德国《集会游行法》规定，户外集会游行应于举办前48小时向主管机关报备。其主管机关一般是警察机关；但若要到联邦议会或联邦宪法法院集会游行时，其主管机关为内政部。联邦宪法法院1985年规定的“互相合作义务”要求警方和集会游行负责人双方必须在会前及早接触，在交换资料、建立信任和合作的基础上，共同研讨确保集会游行和平进行的措施。

任务三　群体性事件现场处置的程序与方法

案例6-2

2015年11月17日早上8点40分，A市B县C镇当地近一百群众受利益驱使，在有心人的煽动下，组织六十余辆渣土车强行要求参与当地创业园工地施工，严重扰乱了工地的正常施工秩序，影响了工程进度。当地县政府领导要求县公安局迅速组织警力，赶赴现场处置。

县公安局接到命令，立即指挥特警大队，在大队长的带领下，携带防暴装备，迅速赶往开发区。此时当地政府相关人员仍然在施工现场给闹事群众做思想工作，但劝阻没有取得多大成效。特警大队赶到现场，看到劝阻工作久不奏效，极少数人还在怂恿煽动人群，人群躁动不安，出现过激行为。特警队大队长即刻组织警力迅速进入现场，用警车开道，车队编组，造成大兵压境态势，使人群产生动摇、畏惧心理。然后继续通过集体喊话、鸣放警报、架设防暴设施等方式，营造“势不可挡”的高压态势，对人群造成强有力的震慑。这个时候，交警部门顺着这股气势陆续对阻拦施工的车辆进行依法强制拖离现场。

但煽动者仍然不放弃，甚至鼓动人群与处置民警发生冲突，使处置工作陷入困境，出现警车被围堵、民警被困的被动局面。此时，特警大队指挥员要求收缩警力形成相互呼应、自我保护的态势，避免被人群分隔包围或个别挟持。然后叮嘱处置人员收敛锋芒，改变方法，以期缓和矛盾，避免事态恶化。同时，要求处置人员尽快从闹事人群中找出有影响力的人，争取他的帮助，缓解被动局面。另一方面，重新调整、部署警力，并“抽丝剥茧”寻找这起事件的策划者和煽动人，迅速组织警力将其强行带离现场。在策划者、煽动者被强行带离现场后，闹事人群听取当地一位德高望重的老者的劝说，逐渐离开工地，13 点 25 分恢复施工。

问题思考

1. 公安机关在这起群体性事件的现场处置中，采取了什么方法？
2. 这起群体性事件现场处置过程中，是否存在处置不当之处？为什么？

理论知识

群体性事件是突发事件，因其参与者众多、涉及范围较广、事件情况较为复杂等特点，使得有关部门对它的现场处置工作难度较大。要能快速有效地处理好群体性事件，就必须掌握好群体性事件现场处置的程序和方法。

一、群体性事件现场处置的程序

具体而言，对于群体性事件的处置工作，一般分为初期处置、中期处置、后期处置三个阶段。

（一）初期处置

群体性事件的初期处置工作，是整个群体性事件处置工作的基础，也是关键。它关乎事态发展，是所有处置工作的前提。公安机关作为群体性事件现场处置的主力，在对事件进行前期处置时，主要有以下几项工作内容：

1. 快速准备，使处置队伍处于最佳临战状态。公安机关在接到处置任务时，必须立即做好组织警力、落实后勤保障、准备机动力量等先期准备工作。

2. 迅速赶赴现场，抢占有利地形。在先期准备工作完成后，公安机关必须立刻赶赴现场，快速建立现场指挥部，并选择利于观察、便于出动的有利地形布置警力。同时，作为机动力量的警力，要选择现场周围最佳地理位置进行隐蔽，以便在事态出现扩大的时候，能快速反应，进行处理。

3. 搜集信息，判断真伪，及时反馈。公安机关在到达现场后，要立刻采取询问报警人、知情人，调取监控资料，现场实地观察等手段进行信息搜集工作。在搜集到有关信息后，要对目前事态性质、事态发展、事件参与主体状况、危害后果等内容进行判断。在结合现场具体情况的基础上，向上级机关及有关部门反馈信息，并提出初步处置意见，请求上级决策。

4. 采取必要管制措施。为防止事态扩大，在上级机关的指示下，现场处置指挥部可以采取必要的措施对群体性事件现场予以管制：①设置警戒线，划分警戒区域，未经批准，任何人员不得进入；②对事件涉及区域实行暂时的交通管制；③未经批准，不得进行新闻采访、录音、录像等行为。

（二）中期处置

群体性事件现场处置的中期工作，是在初期处置工作基本完成的基础上进行的。中期处置工作主要包括：

1. 开展宣传教育工作。群体性事件处置工作，宜缓不宜激。大多群体性事件的要求合理而行为过激，因此，现场处置工作须慎之又慎。在具体处置工作中，处置人员要站在维护法律、维护人民群众根本利益、维护社会稳定的立场上，采取较温和的处置办法，主要是在缓解和疏导矛盾上下功夫。在经过前期处置之后，事态缓和或者尚未激化之时，现场处置人员应立即开展宣传教育工作，通过广播喊话、代表对话等方式，宣传政府政策、法律法规，用政策和法律去说服、教育群众，向众多受迷惑群众公布真相，为存有困惑的群众解释疑问，让他们明白解决问题的方式有很多，但采取群体性非法聚集的方式是不对的。同时还必须时刻关注群众情绪，在群众情绪发生波动之时，及时进行安抚，以便能最终说服他们自觉解散，平息事态。

2. 疏散现场围观群众。群体性事件容易扩大、恶化，是因为很多本身没参与群体性事件的围观者，在事件发展过程中，受人蛊惑或者基于自身玩闹的心理，发展成为事件的参与者，致使事件规模扩大。因此，在处置群体性事件的时候，不能忽视围观群众的疏散工作，通过喊话、警戒等方式，疏散现场围观群众，防止其加入到事件当中。

3. 获取证据。现场取证工作贯穿于整个群体性事件的处置工作，为及时解决问题以及事后依法处理相关人员提供证据支持。取证工作一般采取公开与秘密两种方式，可以运用录音、录像、摄像、询问、记录等方法进行。

4. 采取有力措施，果断平息事态。如若采取温和劝说、宣传教育等方式后，仍未让事态得以平息，现场处置部门就必须采取高压威慑、强制措施等手段，来解决问题。强行驱散、强制带离现场、现场收缴等方式，都是能快速、有效地解决事态的手段。另外，群体性事件虽然是突发性事件，但是不代表它没有组织性或者没有策划性。而且，在群体性事件发生后，很多不明真相的群众会在敌对分子或者有心人的煽动下，做出过激举动。公安机关在现场处置群体性事件时，要善于发现、寻找策动者，并果断将其与其他群众分割开来，让人群失去“龙头”。对于策动者，处置部门要对其进行思想政治、法律教育等手段，必要时采取强制手段，让其无法煽动人群，使矛盾升级，事态扩大。若发现有敌对分子、敌对势力参与其中，公安机关要及时果断地进行严厉打击、揭露，使群众不再受其蒙蔽、蛊惑。

5. 防止反弹。在群体性事件得到初步控制后，现场处置部门不能放松和将警力完全撤回。必须留部分核心处置警力在现场，以防事件主体再次返回，形成新一轮的群体性事件。同时，必须扩大警务范围，加强巡逻盘查，防止群体性事件再次发生。

6. 清理现场，恢复秩序。在事件平息后，现场处置部门要及时通知有关部门，并协助相关单位开展现场清理工作，如救治伤员、清点损失、收缴非法品等。同时必须及时解除现场管制，恢复正常秩序，并配合有关部门认真解决涉事群体的合理要求，防止事件反复。

（三）后期处置

群体性事件在经过中期处置，基本平息后，并不算处理完结。公安机关必须开展后期调查以及处置工作。

1. 事件调查工作。在群体性事件基本平息后，相关部门必须对事件的起因、事件类型、事件参与主体、事件的危害等内容进行深入调查。特别是关于事件起因的调查，若调查出事件原因确实是群众合法利益未得到保护，必须反馈给相关部门，让其采取措施解决。

2. 正确引导舆论导向。在处理群体性事件的过程中，新闻媒体是不容忽视的群体，他们对于事件的报道，往往能成为群众的风向标。因此，在事件处理中，有关部门必须及时准确、公开透明地发布相关处置信息，并对各新闻媒体单位及个人进行正确的引导和有效管理。

3. 依法处理事件主体。对于群体性事件的主体，必须要依法合理处理：对于经过劝告或宣传而退出事件且未造成损失的主体，对其进行批评教育即可；对于造成轻微损害的主体，可以建议其所在单位给予一定的行政处分；对于不理劝告，执意闹事，并扰乱社会治安的主体，要依法给予其治安处罚；在群体性事件中，若主体涉及刑事犯罪，则要移交司法部门，对其进行刑事制裁。

4. 协助有关部门做好善后工作。在事件解决后，为防止类似事件再次发生，公安机关要及时登记、保存取得的相关证据，并协同有关部门，积极开展宣传教育工作；对有伤亡或财务损失的人员进行安抚、赔偿工作。

二、群体性事件现场处置的方法

处理群体性事件，要根据事件的性质、规模、后果等内容，根据“由轻到重、文武兼用”的原则，采取合法、高效、合适的方法。

（一）政治攻势

在处理群体性事件的过程中，必须谨记“攻心为上”。这要求处置机关和人员要掌握主动权，利用各种工具和手段，通过宣传、劝诫、披露等方式，控制好闹事者的情绪，为平息事态打好基础。

1. 政策宣传。即向闹事者宣传政府的方针、政策以及有关法律法规，让闹事者明白政府在关注他们的权益，也要让其相信政府及相关单位会尽快解决他们的问题。更要让闹事者认识到即使他们是为了维护自己的权益，采取的这种集体闹事的方式也是不合理，更是不合法的，促使其尽快认识到自己的错误，从而放弃闹事行为。

2. 亲友劝诫。即让闹事者的亲属、朋友、同事等人，对其进行劝诫，从情感的角度促使群体性事件参与者及时认识自己的错误，及时脱离闹事群体。

3. 披露真相。即将闹事群体的组织者或者煽动者的用心，向广大不知情的闹事参与者公布，让其认识到这些别有用心者的目的，真正做到“团结大多数，孤立打击极少数”。

4. 树立形象，赢得支持。在处置群体性事件过程中，不仅要口头上进行“攻心”，还必须要从行动上感化群众，赢得他们的支持。

（1）树立良好形象。公安机关要通过各种方式和途径，拉近和群众的距离，增加和群众的交流机会，让群众对于公安机关的工作给予信任和支持，并在公安机关处置群体性事件时，给予配合。

（2）深入群众，说服劝导。公安工作要到群众中去，认真走访调查，了解群众的困难，并通过帮群众解决困难，让群众看到一线工作人员的工作态度及效率。同时要及时对群众进行政策、法规宣传工作，说服劝导他们走合法途径维权，以增强政治攻势的效果。

（二）行动攻势

行动攻势是在政治攻势的基础上采取的战术方法，它包括：

1. 武力威慑。这种方法主要是通过集中警力，运用警械，展示警威，以威武的气势、精神对闹事者的心理造成冲击，让其感觉畏惧，促使其主动放弃闹事行为。武力威慑并非以行动打击闹事者，而是从心理上遏制闹事者，以期达到“动兵不动武，不战而屈人之兵”的目的。

2. 依法现场管制。为了防止事件规模扩大，造成处理的困难，必须及时实行现场管制。方法包括：封闭现场和相关区域；设置警戒带、隔离设施等，划定警戒区和新闻采访区，隔离围观人员；实施区域性交通管制；守护重点目标；查验现场人员身份证件和随身携带物品等。

3. 强行驱散。在政策攻势无效时，群体性事件指挥机关需及时下达强行驱散的指令，以期能尽快解散闹事者，恢复社会秩序。强行驱散包括轻装战术队形和重装战术队形两种。

（1）轻装战术队形。此队形一般为两列横队，包括手拉手拦阻队形、双手握腰带拦阻队形、单手握腰带拦阻队形、单手加强队形、双手加强拦阻队形、推拉抬拽队形6种。其中，手拉手拦阻队形和双手握腰带队形主要用于阻挡人群，防止人群向前冲撞等情况；单手握腰带拦阻队形、单手加强队形、双手加强队形则用于阻挡和疏散人群；推拉抬拽队形主要针对现场不肯离去的滞留人员，表现为2人拉或拽，4人将其抬起、带离。

（2）重装战术队形。此队形一般为三列横队，要求队员携带警棍、盾牌等必要警械，它包括震慑队形、防护队形、高空防护队形、穿插分隔队形、包围队形5种。其中，震慑队形主要用于威慑警示聚集人群，让其产生畏惧；防护队形和高空防护队形，主要用来防御聚集人群投掷物品；穿插分隔队形的目的在于分散聚集人员，在闹事者聚集中心打开一道“缺口”；包围队形则主要用于抓捕组织者、煽动者、敌对分子等闹事重点人员。

（三）遏制反弹

遏制反弹是在聚集者散去，事态平息之后，为防止闹事者去而复返、事件死灰复燃而采取的“维稳”行动。

1. 留守观察。在事件平息之后，处置人员不可全部撤离，必须留部分人员在现场，保持警戒，防止闹事人员重新聚集。

2. 加强巡逻，重点监管。巡逻是维护社会秩序，保障社会稳定的重要手段之一。在群体性事件发生后，要加强对闹事地区及其附近地域的巡逻，及时发现不法苗头并进行处理。同时，对于情绪较为激动或者有闹事倾向的重点人员，要对其进行重点监管，时刻关注其动态，防止其再组织、发动群体性事件。

3. 普法教育。在处理完事件之后，要对群众展开普法教育活动，让群众懂法并能自觉守法，不再受人蒙蔽，参与非法聚集活动。

（四）撤离现场

撤离现场是在群体性事件处置当中，当某一项任务或某一阶段任务完成后，现场指挥者命令执行者离开现场的行为。

1. 及时撤离。处置群体性事件，在某项任务完成后，必须及时撤离到安全区域。特别是在解救被困人员时，及时撤离尤为重要。因为，被困人员可能与闹事者存在某种利益联系，将其困住，是闹事者为达目的的手段之一。处置人员将被困人员营救出来，无疑会使闹事者情绪激动，甚至偏激者会对被困者、处置人员采取暴力手段，威胁其人身安全。因此，为防止营救后遭到闹事者的袭击，可采用封控道路、拦阻冲击、强行隔离等方法，及时撤离现场。

2. 分层撤离。在事件基本得到控制的时候，处置人员不可一次撤离完毕，而是需要逐层撤离。指挥者根据撤离顺序，可将人员分为警戒队、撤离队、后卫队、宣传队、外围警戒队等小分队。一般而言，警戒队留在现场，负责应对突发情况，并掩护撤离队快速离开现场；宣传队主要负责现场宣传教育，在撤离队离开现场后，配合后卫队，边防守边撤离；外围警戒队主要负责警戒巡逻工作，在整个处置队伍撤离后，对警戒区域内开展巡逻检查工作。

任务四　技能训练：群体性事件处置的战术队形

一、模拟情景

2015 年 10 月 23 日，江西省上饶德兴市花桥镇某商场内，顾客刘某与营业员李某发生争执，李某喊来男友，将刘某打伤，现场多人围观。商场保安报警后，当地派出所将 3 人带回派出所进行处理。此时，关于“李某男友是官二代，打人不用承担责任”的流言在小镇传播开来。在某些别有用心者的组织下，镇上一些不明真相的群众聚集在派出所门口，要求相关部门严惩李某及其男友。随着聚集的人越来越多，在极个别不法分子的怂恿下，群众情绪越来越激烈，逐渐发展成为打砸抢烧，造成多名民警受伤，3 辆车被砸，办公室被抢。

问：1. 此事件的性质是什么？有什么特点？

2. 应对此事件，要采取哪些战术队形？

二、训练内容

1. 轻装战术队形实训。

2. 重装战术队形实训。

三、训练目的

通过对群体性事件处置战术队形的演练，使参训学生了解群体性事件现场处置战术队形的内容，掌握不同群体性事件中不同战术队形的运用，提高群体件事件的处置能力。

四、训练器材

防暴背心、警棍、盾牌、防暴头盔、警绳、约束带、手铐、扩音器、辣椒水、照相机、摄影机、高压水枪等。

五、训练方法步骤

1. 以班为单位在校内空旷处组织模拟演练，3/4 的学生扮演群体性事件的当事人，1/4 的学生扮演处置事件的警察和政府人员。

2. 在扮演警察的学生中选出一名学生作为处置事件的总指挥。在扮演闹事者的学生中，选定策划人员 1 名，闹事骨干 3 名，其余为参与人员及围观人员。

3. 模拟群体性事件在前期、中期、后期不同阶段的冲突状态，由学生根据不同阶段的不同特点、危害程度、发生场所等有针对性地采取相应的措施和有效的处置方法，并实际操作轻装战术队形和重装战术队形。

4. 指导教师。演练后，教师对演练过程中存在的问题进行点评和纠正。

六、注意事项

1. 参加实训的学生要按照各自的角色进行演练，并互换角色进行训练。
2. 在演练过程中，避免冲撞受伤。
3. 参训学生要严格遵守纪律；认真听讲，领会动作要领；爱护实训器材，防止损坏、丢失。

七、考核方式及标准

（一）考核方式

1. 通过模拟小组之间的观摩，学生相互交流，指出优点与不足，总结训练心得体会。
2. 教师对模拟过程进行总结。

（二）考核标准

1. 优秀：处置预案准备充分，队形操作熟练，处置方式合理合法。
2. 良好：处置预案准备较充分，队形操作较为熟练，处置方式较为合理合法。
3. 及格：处置预案准备基本充分，队形操作基本熟练，处置方式基本合法。
4. 不及格：处置预案准备不充分，队形操作混乱，处置方式不合理，容易导致事态的进一步升级。

项目七

恐怖活动预防与处置

知识目标

明确恐怖活动的含义及具体表现类型；
掌握恐怖活动的特征及相应预防措施；
掌握各类恐怖活动处置过程中的原则和程序。

能力目标

掌握恐怖活动预防和处置中的操作要领，并能正确组织实施；
熟练掌握恐怖活动中所涉人员、场所、危险物品的识别和管控；
能够在具体反恐冲突事件中，把握并应用恐怖活动处置的原则和程序。

任务一 认识恐怖活动的含义及分类

案例7-1

2009年7月5日17时许，200余人在乌鲁木齐市人民广场聚集，新疆警方按照工作部署和处理突发事件预案开展相应处置工作，依法强行带离现场70余名挑头闹事人员，迅速控制了局面。之后，又有大量人员向解放南路、二道桥、山西巷片区等少数民族聚居的地区聚集，并高喊口号，现场秩序混乱，19时30分许，部分人员在山西巷一家医院门前聚集，人数达上千人。19时40分许，在人民路、南门一带有300余人堵路，警方及时将这些人员控制、疏散。20时18分许，开始出现打砸行为，暴力犯罪分子推翻道路护栏，砸碎3辆公交汽车玻璃。20时30分许，暴力行为升级，暴力犯罪分子开始在解放南路、龙泉街一带焚烧警车，殴打过路行人。约有七八百人冲向人民广场，沿广场向大小西门一带有组织游窜，沿途不断制造打砸抢烧杀事件，21时许，约有200余名维吾尔族青年在人民广场自治区常委附近高呼口号，企图进入常委机关大院未遂后离去。事件发生后，处理事件的指挥部迅速调集近万名警力分赴广场、南门、团结路、赛马场、新华南路、新疆大学、红雁池电厂等事态严重的地点进行处置。至22时许，大规模打砸抢烧杀得到了基本控制。暴力犯罪分子开始改变策略，分多路、多股行动，制造打砸抢烧杀事件。指挥部迅速调整策略，组织部署前线处置力量，组成小分队沿市区搜捕打砸抢烧分子，营救被困民众，凌晨事态基本得到控制。事件造成1700多人受伤、197人死亡。其中，无辜死亡156人。无辜死难者中，汉族群众134人、回族11人、维吾尔族10人、满族1人。事件造成了重大的经济损失，有331间店铺被烧，暴力恐怖分子砸烧公交车、小卧车、越野车、货车、警车等共计627辆，其中184辆车被严重烧毁，直接经济财产损失达6895万元。

问题思考

1. 根据引例思考，何为恐怖活动？
2. 恐怖活动具有哪些特征？
3. 恐怖活动的性质如何认定？

一、恐怖活动的含义

恐怖是指由于生命受到威胁而引起的恐惧。恐怖活动是恐怖分子对人身或财产使用暴力或以暴力相威胁，以引起人们的心理恐惧或者胁迫第三方为或者不为某种行为，以实现其预期目的的行为。

进入21世纪以来，恐怖活动对国际社会的冲击明显加剧，已经成为影响地区和世界安全局势的一个新的不稳定因素。特别是近几年，恐怖活动在一些国家此起彼伏，劫机、爆炸、绑票与劫持人质、劫船、劫车、暗杀、袭击等形式的恐怖行为急剧增多。2001年发生在美国的“9·11”恐怖袭击则把恐怖活动推向了高潮。

近年来，在国际敌对势力的怂恿和支持下，在我国新疆、西藏等少数民族地区，境内外民族分裂主义势力的活动日益猖獗，跨民族、跨地区的联合趋势明显加强。非法宗教掩护下的反动宣传甚嚣尘上，民族分裂主义“政党”、组织和团伙大量出现，各类以民族分裂为目的的暴力恐怖活动的频率和强度不断加大。境内外的“东突”势力在极端主义、分裂主义和国际恐怖主义的影响下，为实现建立所谓的“东突厥斯坦国”的目的，策划、组织了发生在我国新疆和有关国家的一系列爆炸、暗杀、纵火、投毒、袭击等恐怖暴力事件，引例中乌鲁木齐“7·5”事件，就是以民族分裂分子热比娅为首的“世界维吾尔代表大会”通过互联网等多种渠道煽动和操纵的一起恶性暴力恐怖活动。

与此同时，随着改革开放的深入，我国正进入社会结构的转型期，社会不稳定因素明显增加，以极端暴力手段报复社会的恐怖活动逐渐呈上升趋势。

恐怖活动严重危害了我国各族人民群众的生命财产和社会稳定，并对有关国家地区的安全和稳定构成了威胁。当前恐怖活动已成为全人类的公害，对世界和平与安全构成了严重威胁。

2011 年 10 月 29 日第十一届全国人大常委会第二十三次会议正式通过《关于加强反恐怖工作有关问题的决定》，在法律上界定了恐怖活动、恐怖活动组织、恐怖活动人员的定义。按照决定第 2 条的规定，恐怖活动是指以制造社会恐慌、危害公共安全或者胁迫国家机关、国际组织为目的，采取暴力、破坏、恐吓等手段，造成或者意图造成人员伤亡、重大财产损失、公共设施损坏、社会秩序混乱等严重社会危害的行为，以及煽动、资助或者以其他方式协助实施上述活动的行为。恐怖活动组织是指为实施恐怖活动而组成的犯罪集团。恐怖活动人员是指组织、策划、实施恐怖活动的人和恐怖活动组织的成员。

恐怖活动作为一种犯罪行为，其行为特征包括以下五个方面：

（一）暴力性是恐怖活动的首要和最根本特征

“暴恐活动”是当前反恐怖斗争的专业术语，它是刑事犯罪的一种，特指刑法规定的，以极端恐怖的方式，使用暴力手段实施的具有严重社会危害性的，应受刑罚处罚的具有特定意义的犯罪行为。暴力通常表现为暗杀、劫持、绑架、爆炸、强占设施等足以危及人的生命财产安全的行为。当前暴恐活动在手段上所具有的暴力形式包括刀斧砍杀、爆炸袭击、纵火焚烧、驾车冲撞等。

（二）目的性是恐怖活动的主要特征

恐怖活动的目的具有多样性，既可以是政治目的，也可以是宗教、社会或其他目的。综观近年来发生在北京、昆明、新疆等地的暴恐案件，其政治目的日益明显。在国际反恐斗争的压力下，“东突”组织的温和派成为主要的力量，他们着力推动“东突”问题的政治化，成立统一的组织，走“达赖式”道路，“世界维吾尔代表大会”就是其政治目的的外在表现，该组织章程中用“维吾尔”这一民族的称谓替代“东突”；宣称为争取世界维吾尔族的民主、人权、自决权而努力。另外，伊斯兰极端主义影响增加，其宗教认同强烈，民族、国家、地域认同较差的特征，使受其影响的恐怖分子在思想和行为上产生了强烈的排他性。天安门金水桥事件、巴楚色力布亚镇事件、鄯善鲁克沁镇事件等突出显示了这一特征。经济全球化、交通的发展，特别是通信技术的迅猛发展，使得民族分裂型、宗教极端型的恐怖组织的国际化越来越突出，他们越来越多地利用海内外网络筹措资金、获取武器，进行人员与信息联络，跨国策划或实施恐怖活动。此外，国外称之为“独狼”事件，国内称为个人极端恐怖活动犯罪事件，其目的性则表现为报复社会、发泄不满等反社会性特征。

（三）恐怖性是恐怖活动巨大社会危害性的典型特征

恐怖活动对社会造成极大破坏性和严重后果，在社会上造成浓厚的恐怖气氛，使整个社会丧失了必要的基本安全感。恐怖活动之所以恐怖，是因为它没有规则和下限。恐怖分子用极端凶残的暴力手段实施恐怖活动，对民众的心理影响和伤害是巨大的。对于普通民众，恐怖分子通过屠杀来扩散恐惧，造成社会混乱，干扰人们正常的工作秩序和社会稳定。恐怖活动在全社会范围内传播暴戾之气，让一些性格本身就有些偏执的普通人，在表达利益诉求时，自然地把极端的恐怖活动当作一个选项。对于潜在的不安定人群，恐怖分子通过恐怖活动为他们树立榜样。2010 年，中国忽然涌现多起针对幼儿园小朋友的恶性伤害事件，这些施暴者的行为惊人相似，显然是相互影响的。2013 年 7 月，山东市民冀中星携带自制爆炸装置，到北京首都机场引爆，虽然他并无伤人意图，行动本身却是受恐怖活动启发的。

（四）侵害对象的随意、不确定性

恐怖活动特有的“制造社会恐怖”的目的，决定了其侵犯的客体是不特定多数人的生命、健康和重大公私财产的安全以及社会生活的安宁和秩序。为扩大影响，达到最大的破坏效果，恐怖分子常常选择有象征意义或人员密集的公共场所，用极端凶残的暴力手段实施恐怖活动，显示了其对生命的残忍和漠视。其侵害对象看似具有随意性，却并不完全是随意的，具有一定的选择性。暴力恐怖分子对袭击目标都有一个选择过程，袭击目标之所以被选中，或是因为被害人的身份特殊，如公安、派出所民警、社区工作人员、宗教界爱国人士等；或是因为建筑物的特殊性，如交通岗亭、公安派出所、政府机关等；或是因为特定的人群，如广场上的群众、火车站乘客、学校的学生；或是因为特定的空间，如某类交通工具。这些目标对于恐怖分子来说具有某种象征意义与价值。如 2014 年 6 月 21 日，一伙暴力恐怖犯罪分子冲撞新疆叶城公安局办公大楼，并引爆爆炸装置，民警果断处置，击毙 13 名暴恐分子。恐怖活动的受害者是随机的，在昆明火车站遭袭后不久，就出现各地发生暴力事件的谣言，这正是恐怖活动破坏社会秩序感和控制感的特征。

（五）恐怖活动实施前后高度的组织性

恐怖活动是一项严密的、有高度组织性的活动，直接的实施者并不是孤立的个人，其背后是一个组织相当严密的利益集团。当前影响我国的恐怖组织“东突”组织，在“阿富汗战争”后，其境外组织调整策略，提出在党政机关干部中发展各种力量及全面渗透、立足长远的策略。同时，将成员转移至中亚、南亚或中东地区，在当地招募维吾尔族青年，特别是参加阿富汗战争和车臣战争的“东突”恐怖分子，建立起恐怖主义犯罪的基地，将中吉、中哈作为实施恐怖活动的重点。伊斯兰复兴运动兴起后，各种极端主义思潮广为流行，原教旨主义和伊斯兰复兴主义成为席卷全球的运动，各种极端的派别、组织相继成立，开始从事有预谋、有计划的恐怖活动，“世界维吾尔青年代表大会”“东突厥斯坦流亡政府”的成立表明恐怖主义加紧犯罪力量的整合，推动深入联合的趋势。

特别提醒

恐怖活动，既不同于“国际恐怖主义”，也不同于一般的犯罪行为。恐怖主义是一种通过使用暴力（包括劫持人质或交通工具、暗杀、爆炸、纵火、投毒、使用武器等）或威胁使用暴力等破坏手段的方式，制造社会恐慌来达到某种政治目的或社会目的的主张或理论；恐怖活动则是通过有预谋、有组织地使用或威胁使用暴力等破坏手段，制造社会恐慌来达到某种政治或社会目的的犯罪行为。“恐怖活动”外延比“恐怖主义”要宽泛，两者的区别在于“恐怖主义”有政治信仰并受制于严密的组织结构，而“恐怖活动”除包括基于政治目的的“恐怖主义”外，还包括那些非政治性的具有暴力特征的刑事犯罪活动。

鉴于恐怖活动与一般的刑事犯罪的不同，其社会危害性特别巨大，采用传统的司法手段不足以及时应对，因而在紧急状态下可以有限度地运用特种手段予以打击和防范。

二、恐怖活动的分类

（一）按照恐怖活动主体及动机来划分

从恐怖活动主体和动机上可将恐怖活动划分为：①政治性恐怖活动，表现为有组织的恐怖活动；②报复性恐怖活动，表现为个人极端恐怖活动。

1. 有组织恐怖活动，也是政治性恐怖活动。“有组织恐怖活动”中的“组织”，常见的有宗教极端组织（包括邪教组织，如“法轮功”）、民族分裂组织、恐怖组织、黑社会组织四大类型。当前活跃在我国的暴力恐怖组织主要包括：①“东突厥斯坦伊斯兰运动”，简称“东伊运”，这是“东突”恐怖势力中最具危害性的恐怖组织之一。其宗旨是通过恐怖手段分裂中国，在新疆建立一个政教合一的“东突厥斯坦伊斯兰国”。②“东突厥斯坦解放组织”，又称“东突民族党”，其宗旨是通过暴力恐怖手段，在新疆建立“东突厥斯坦”。③“世界维吾尔青年代表大会”，是由一伙从中国新疆出境的维吾尔族人和旅居境外的中国新疆人后裔联手成立，旨在将新疆从中国分裂出去的恐怖组织。④东突厥斯坦新闻信息中心（简称“东突信息中心”），1996 年 6 月由一伙旅居德国的新疆籍民族分裂分子在德国慕尼黑建立。“东突信息中心”长期利用各种媒体特别是互联网进行恐怖主义、极端主义、分裂主义的宣传，煽动、教唆以暴力恐怖手段进行“圣战”，公开号召中国境内穆斯林通过爆炸、投毒等手段，针对汉族幼儿园、学校、政府等目标制造恐怖事件。

特别提醒

有组织恐怖活动大多是政治性恐怖活动犯罪。他们为颠覆政权而进行爆炸、绑架、暗杀等恐怖活动，企图迫使政府和社会基于威胁接受其政治主张。其手段残忍，危害巨大。但是需要注意的是，有组织的恐怖活动是恐怖活动犯罪最为主要的恐怖活动形式，但绝不是唯一的恐怖活动形式。

2. 个人极端恐怖活动，也是报复性恐怖活动。国外学者称之为“独狼”事件，国内有学者称之为个人极端恐怖活动犯罪，即个人基于信仰及报复社会、发泄不满等动机而实施的针对不特定社会公众的严重暴力犯罪活动。我国关于恐怖活动犯罪的研究起始于20世纪90年代，很长一段时间学者不赞成个人恐怖活动之说。进入21世纪以来，实战部门不断侦破个人恐怖活动案件，从司法实践出发，一些学者开始借鉴国外学者关于“独狼”的研究，提出个人极端恐怖活动犯罪的观点。

个人极端暴力活动并非严格意义上的法律概念。有学者将个人极端暴力事件与个人暴力恐怖活动相比较，提出“个人极端暴力活动是指单个行为人为了达到发泄私愤、报复社会、制造影响等目的，以极端的心理状态和行为方式，运用爆炸、砍杀、放火、枪杀、车撞等暴力手段，以社会或他人为侵害对象，危害后果特别严重的犯罪”。更有媒体将此类案件称为“一个人的恐怖主义”。近两年来我国暴发的个人极端暴力行为严重影响公共安全和社会稳定，但由于学界对此未有定论，实践中将发生于新疆、西藏等敏感区域的个人极端暴力行为大多定性为个人极端恐怖活动，这是因为在新疆地区发生的个人极端暴力行为的行为人未加入或者未支持恐怖组织，不是恐怖组织的成员，但是为了准备实施恐怖活动，而与恐怖组织建立或者保持联系，获得相关的指导和训练，其行为已符合相关规定对恐怖活动的认定。而发生于国内其他区域的个人极端暴力行为，虽然缺乏恐怖组织的指导训练，但其巨大的社会危害性，以及给社会民众造成的恐慌，一定程度上符合了《反恐法》的构成要件，因此，这种发生在新疆、西藏区域之外的个人极端暴力行为可定性为个人极端恐怖活动。

(二) 按照恐怖活动实施的目的划分

根据恐怖活动实施的目的，可以将恐怖活动划分为三种：一是以制造社会恐慌为目的的恐怖活动；二是以制造胁迫为目的的恐怖活动；三是直接以危害社会公共安全为目的的恐怖活动。

1. 以制造社会恐慌为目的的恐怖活动。我国的恐怖活动犯罪，既包括典型的“恐怖主义”犯罪，即带有明显的政治性的暴力恐怖活动，又包括一般意义上的那些属于非政治性的具有暴力特征的犯罪行为。以制造社会恐慌为目的的恐怖活动，就是带有明显政治性的有组织的暴力恐怖活动的典型。通过对近年来在我国发生的恐怖活动的分析，我们可以看出，以制造社会恐慌为目的的恐怖活动的表现形式不同于其他暴力活动之处在于其行为的系列性、扩散性，造成人员的重大伤亡和重大经济损失，制造严重的社会恐怖氛围，具有严重的社会消极影响。发生于新疆吐鲁番地区鄯善县鲁克沁镇的严重暴力袭击事件中，恐怖分子选择了在社会发展相对稳定、民族关系相对和谐、民风相对温和、旅游业较发达的东疆地区发动攻击，而非恐怖活动高发的南疆地区，很明显是要给新疆其他地区制造恐慌。同样，天安门金水桥事件、昆明火车站事件都是以制造社会恐慌为目的的恐怖活动。

2. 以制造胁迫为目的的恐怖活动。以制造胁迫为目的的恐怖活动，是指恐怖活动的实施者以扩大恐怖袭击的范围和袭击对象的方式，通过对特定不特定的群体，尤其是普通民众的杀伤向政府施加压力，或通过大规模恐怖袭击打击政府威信，破坏政府形象，向政府施压并引起国际社会的关注，以此达到其不可告人的政治目的。

当前影响我国的主要有两种：一种是极端宗教思想影响下的恐怖组织实施的恐怖活动，另一种是民族分裂思想影响下的恐怖组织实施的恐怖活动。随着政府反恐意识的增强和手段的强化，对于以往恐怖分子袭击的具有政治象征意义的重点袭击目标，政府都加强了保护，使得恐怖分子难以下手，因此转向了那些防范措施薄弱的民用目标。如果说传统的恐怖活动是“要更多的人看，而不是让更多的人死”的话，现在的恐怖活动则是“既要更多的人死，也要更多的人看”，无辜人群成为恐怖分子大规模袭击的目标。通过制造打砸抢烧杀的暴力事件，破坏正常的社会秩序和社会的和谐稳定，挑起民族仇恨，增加政府社会管理成本，以民族宗教为借口，向政府施压，妄图通过国际恐怖组织的力量胁迫政府满足其分裂的政治企图。因此，这种以胁迫为目的的大规模暴力恐怖活动，对国家和地区的发展、安全造成了极大的威胁，必须引起政府足够的关注和重视。

3. 直接以危害社会公共安全为目的的恐怖活动。直接以危害社会公共安全为目的的恐怖活动，是指非政治性的具有暴力特征的犯罪行为。当前我们对恐怖活动的认定虽然是以危害公共安全作为其犯罪构成的结果要件，但分析各类恐怖活动实施的目的，并非所有危害公共安全的行为都具有明显的政治目的。任何社会中，直接针对社会本身的犯罪都会不可避免地发生，无论这个社会处于多么良好的运行状态，也总会有个别人产生心理上的扭曲，对社会充满仇恨。最终以对社会公众实施暴力犯罪、危害公共安全为目的，伤害无辜公众的犯罪行为，也是恐怖活动的一种。

新疆地区尤其是南疆地区，在经济发展长期落后于其他地区的情况下，贫困地区的人们极易产生失衡心理和不满情绪，对国家的认同感降低。与此同时，“东突组织”以及其他极端势力乘机利用人们心中的不满情绪，打出维护民族利益的幌子，鼓吹分裂和圣战，促使部分民族成员虽未加入极端组织，但是通过恐怖袭击的方式，直接以危害公共安全为目的制造暴力事件，发泄对政府的不满和对社会的报复。我国其他地区因社会排斥现象所引发的广泛的社会不公，使处于“社会排斥状况”下的人群，在社会中处于劣势，导致了这一群体对政府及整个社会产生了不信任甚至敌意，进而通过实施暴力犯罪活动危害公共安全，严重扰乱正常的社会秩序。由于其行为的发生没有任何的预见性，因此相对于有组织的政治性的恐怖活动，此类直接以危害公共安全为目的的恐怖活动，更需要引起政府的关注和重视。

任务二　恐怖活动的预防

理论知识

一、当前恐怖活动新动向

（一）活动范围逐步扩大且具有不确定性

以往民族分裂分子进行的暴恐活动主要集中在新疆、西藏等地，新疆地区“东突”势力主要活动于南疆地区，其范围有限，有利于集中力量打击。但2012年后其活动范围呈逐步扩大的趋势。新疆恐怖活动除了依然在南疆地区频发之外，恐怖活动亦蔓延至北疆和东疆，全疆进入反恐一级防备状态。2013年暴恐分子驾车冲击天安门事件、2014年昆明火车站砍杀乘客事件进一步显示了这种犯罪趋势，从新疆本地转向国内其他区域，且地区不定，既有国家重点防范地区——首都北京，又有防范意识薄弱的边陲城市——昆明，因此，突发事件导致了多次巨大的伤亡后果。

（二）袭击目标也具有不确定性

恐怖活动除了针对特定对象如警察、政府工作人员、爱国宗教人士以及公安局派出所、乡镇政府外，还波及人员密集、防范薄弱的非特定区域，如早市、集贸市场、建筑工地、标志性建筑区域、火车站、清真寺等场所，由于缺乏事先发现的可能性，多起事件均造成了严重的人员伤亡和财产损失，给民众造成了巨大的恐慌，严重扰乱了公共安全和社会秩序。

（三）恐怖分子自身也具有不确定性

通过对历次暴恐事件中抓获成员的分析，除了藏族、维吾尔族等具有明显民族特征的恐怖分子之外，邪教组织实施的恐怖运动以及个人极端暴力活动则不具有明显的民族特征。年龄上以80后、90后为主体，呈现出年轻化、职业化特点，同时在极端宗教思潮的影响下，少年、儿童、妇女、老人也参与其中。恐怖分子既有个性心理扭曲，呈现出仇恨、冷酷、狂热等变态性心理特征的成员，又有无犯罪前科，无明显犯罪特征，不在重点人群管控视线内，有的甚至日常言行表现良好，与基层组织人员打成一片，表象呈世俗化，其行为特征与极端思想传统表象相悖，造成侦查和审讯人员的“视角盲区”的恐怖活动成员。

（四）恐怖活动的常态化、普遍化、暴恐化趋势明显

通过近两年发生在新疆或内地的恐怖案件，可以明显看出恐怖活动已呈现出常态化、普遍化的特点。暴恐团伙组织形成、发展乃至实施犯罪更加随机，突发性和不可预测性明显增强，现实危害极为严重。"独狼式""碎片化"活动方式屡屡得逞，多点、密集、行动迅速、伤亡后果严重、行动时服装统一、面对枪口视死如归或自爆而亡。从恐怖活动实施的手段来看，都是妄图通过投掷爆燃装置、纵火焚烧、开车冲撞碾压、刀斧砍杀等极端疯狂、残暴的手段袭击目标，制造恐怖效果，引发社会恐慌。较为容易获得的刀具、斧头和汽油成为恐怖分子的首选，爆炸作为一种作案时间短、杀伤力大、攻击目标无限制、社会影响力广的恐怖方式，成为恐怖活动最常用最主要的方式。

（五）利用网络平台煽动、宣传、组织实施恐怖活动

当前恐怖分子利用网络平台，一是实施网络恐怖心理战。他们通过网上媒体或自建网站，发布各式各样的恐怖袭击的信息和图片，散布虚假信息，制造恐怖氛围，给人的心理种下恐怖阴影，制造社会恐慌和混乱。具体表现形式有：一种是通过网络平台散布恐怖攻击信息或社会负面信息造成社会恐慌或不满；另一种是配合现实的恐怖活动，营造恐怖活动四起、政府无能为力的假象，从而制造更大的社会恐慌，引起社会秩序混乱。二是利用网络进行恐怖思想宣传。他们往往利用网络和其他可以联网的信息系统来宣传、煽动并支持恐怖主义思想。其网络宣传的形式亦多种多样，他们利用先进科技，通过制作网络游戏、网络视频、网络论坛以及各种网络杂志，开办"网上学校"等形式来宣传网络恐怖思想。另外，还充分利用电脑软件和网络特点，补充甚至取代清真寺、咖啡馆的传统的活动场所，利用聊天室或论坛等网络聊天工具招兵买马、筹措资金，增强其网络恐怖活动的破坏性。

特别提醒

恐怖活动的显著特点表现为严重的暴力和社会危害性，一旦犯罪得以实施，所造成的重大人身伤亡和财产损害将难以弥补，事后的惩罚因无补救功能，常常使得反恐斗争陷入被动。为避免事后的被动局面，就需要强化反恐预防至上的原则。在暴力恐怖活动进入活跃期的时间、空间范围，以高压态势打击暴恐活动是最好的预防。

二、恐怖活动的预防

案例7-2

20世纪初"瓦哈比"派极端宗教势力开始向我国新疆渗透。20世纪80年代传入新疆哈密地区并形成了至今仍很保守的穆斯林群体，他们提倡简朴生活，反对奢靡浪

费，追求内心的安宁清修，平时严守戒律，并不主张暴力，也没有极端的政治诉求。“瓦哈比”派极端思想由于受到中国伊斯兰教传统教派（哈乃菲派）的抵制最初并没有在新疆发展起来。但伴随着“冷战”格局的解体和伊斯兰教复古主义的影响，“瓦哈比”派思想与“双泛思想”（泛伊斯兰主义、泛突厥主义）及中亚地区的暴力恐怖主义结合，在新疆开始迅速渗透和蔓延，滋生出了新疆本土的“瓦哈比”宗教极端势力。他们歪曲和亵渎伊斯兰教正统教义，传播宗教极端思想，危害传统伊斯兰教派的发展，破坏新疆穆斯林的传统文化和相互团结，蛊惑信教群众进行“迁徙”和“圣战”，制造了无数起暴恐事件，企图通过暴力手段推翻现有的社会政治秩序，其反动本质和罪恶目的就是要分裂国家，在新疆建立“政教合一”的伊斯兰教国家。

问题思考

1. 恐怖活动发生的诱因是什么？
2. 如何在新疆地区减少和消除极端宗教思想对信教群众的影响？
3. 如何有效识别极端宗教分子（恐怖分子）与普通信教群众？

理论知识

恐怖活动作为社会安全事件的一种，是由行为人的主观意愿产生的，这一点区别于自然灾害类危机事件。恐怖活动在人类社会已经肆虐两千余年，20 世纪 90 年代以来，世界各国相继遭受不同规模的恐怖袭击，由此造成的损失和影响也日趋扩大。在全球恐怖活动泛滥的今天，随着民族分裂分子、极端宗教思想的渗透，境外恐怖势力也乘机兴风作浪，针对我国新疆地区制造了多起恐怖袭击活动，残害无辜平民，其活动越来越表现出野蛮、凶残和不择手段的特征。但恐怖活动毕竟是人为因素的产物，作为可控的危机事件，我们可以未雨绸缪。古人云：“凡事预则立，不预则废。”英国著名危机管理专家麦克尔·李杰斯特曾在《危机管理》一书中明确指出：“不管对危机的警戒和准备是自发的，还是法律所要求的，危机管理的关键是危机预防。”因此，针对恐怖活动，我们要结合恐怖活动发生的诱因、组织实施的手段特点以及有效预防的实战经验，制定出适合我国反恐需要的具有可操作性的基本措施，以达到预防恐怖活动的目的。

（一）普及安全文化，提高民众反恐防暴安全意识

加强技术防范，固然可以使恐怖分子进行恐怖暴力活动变得更为困难，但这种技术防范不能防止其进行恐怖活动，只是把危险转到了安保措施相对薄弱的地方。恐怖分子是无孔不入的，所以必须加强在民众中的反恐怖宣传，树立全民防范意识，使群众充分意识到恐怖活动的威胁。由于我国以往受恐怖活动威胁较少，人民群众长期生活在安全的环境中，尤其是内地群众普遍缺乏安全危机感，更缺乏防范恐怖活动的意

识，昆明火车站“3·01”暴恐事件的发生，就是民众防范意识薄弱的典型例证。

1. 要让民众能预见到恐怖活动的威胁。尽管武警、特警等专门力量可以尽最大努力维持社会秩序，保障国家安全，但仍不能向民众保证社会的绝对安全，不能盲目地引导他们去期望一个无任何危险的社会。应当让民众了解当今世界及我国恐怖活动发展的状况，使群众对恐怖活动有正确的防范意识。

2. 让民众对恐怖活动不要反应过度。虽然国际国内的恐怖活动近年有频发的态势，但是相较美国、日本等国家遭遇的大规模袭击、用生化武器制造恐怖的危害结果来看，我国的恐怖活动大多还处在初级和冷兵器时代，国家对枪支的严格管理一定程度上将恐怖活动的威胁降到了最低。同时专业反恐队伍的建设，也为防范和打击恐怖活动增加了新的强大支持。

3. 让民众不要受恐怖分子的煽动和恐吓。恐怖分子进行恐怖活动的目的就是要使人们产生恐慌心理，以此来扰乱社会秩序、降低政府公信力，从而破坏祖国统一和国家安全。因此，加强宣传教育，就要从安定民心入手，教育民众在遇到恐怖分子的煽动或威胁时，不要中圈套，不能在思想中形成恐怖主义不可战胜的错误观念，要想方设法同政府及警察部门联系并协助政府工作，在群众中形成恐怖活动可防可控的正向引导。

（二）组织专业维稳队伍入户排查及教育转化

大量血的事实和新疆反分裂斗争的实践经验反复证明，宗教极端思想和非法宗教活动是“三股势力”赖以生存的土壤，是催生民族分裂、暴力恐怖等违法犯罪活动的温床。因此有必要对恐怖分子从源头进行防范和清查，对受宗教极端思想影响的一般信教人员进行教育引导，对持宗教极端思想严重的信教人员进行教育转化，对持宗教极端思想顽固、造成现实危害的危安重点人员进行教育矫治，对持宗教极端思想顽固、犯罪严重的极端分子进行依法打击。

1. 工作组组织村干部进行培训，重点培训什么是“瓦哈比”宗教极端思想，“瓦哈比”宗教极端思想的反动主张、危害，怎样制止“瓦哈比”宗教极端思想渗透等内容，并深入基层乡、村，联合“五支专业维稳队伍”（村支部书记、治保主任、村警、协警和宗教协管员等）的培训，开展入户排查、登记造册、面对面宣讲等工作，切实做到不漏一村、不漏一户、不漏一人。

2. 农村以警务室为龙头，联合协警、治保主任、民兵专干、宗教协管员分区划片，通过入户排查和“一页纸”宣讲工程，了解掌握本村持有“瓦哈比”极端思想的人员底数，按照“一般信教人员”“极端思想人员”“思想顽固违法犯罪人员”进行分类登记，有针对性地制定教育转化措施。

3. 工作组联合警务室民警对在集贸市场、学校、医院、车站等人口密集场所发现留大胡须、蒙面纱、着“吉里巴甫”服饰、穿戴宗教色彩奇装异服的人员，要以核查身份证的形式，进行说服教育，并向其户籍所在地党组织通报有关情况；对其他场合年轻男子留大胡须、染须、禁烟酒、禁穿绸缎华丽服饰和女子蒙面等现象，要协调宗教人士教育引导其回归伊斯兰正教。

对不承认国家颁发的各类证件，不登记户籍，不办身份证，不到政府婚姻登记机关办理有关手续，以念“尼卡”结婚、念“塔拉克”离婚的，由民族宗教管理部门宣布其行为是违法的；情况严重的，由公安机关依法处理。

对不让孩子进“双语”学校或者强迫学生辍学，或唆使妇女及未成年人学经的，由宗教事务管理部门责成宗教人士进行劝诫引导；对执迷不悟者由法制部门进行法制培训；公安机关依法打击传播极端思想的首要分子。

对煽动“伊吉拉特”开展“圣战”，或以商养恐、暗中资助、挑头扛旗，情节轻微或证据不够充分的，采取政治、经济等各种手段，让其在群众中丧失影响；对已经构成犯罪或证据充分的骨干分子，由公安机关依法严厉打击。

（三）强化安保措施，加强对治安重点要素管控工作

强化安保措施对防范恐怖活动有着重要的积极作用，目前世界各国都在重视防范恐怖活动的安保措施。加强对治安重点要素的管理，就是要对危险物品、重点人员、重点场所、敏感时段进行严密管控。

1. 严密管控涉暴危险物品。结合近两年发生的多起暴恐事件袭击手段，严格管控社会上的枪支、弹药、管制刀具及爆炸物品是非常必要的，特别是对爆炸物品的管控尤为重要。2014 年新疆维吾尔自治区六部门、自治州八家单位联合制定并下发了《关于对自治区六部门〈关于加强危爆物品安全管理工作的通知〉的贯彻意见》，进一步明确了危爆物品安全管理的部门责任和管理主体，按照危爆物品实行“政府统一领导、有关部门协同、社会公众参与、突出重点管控”的原则。以“销售实名登记、集中定点销售、信息化管理”为核心进行管理的管控措施值得在全国范围内推广。

（1）烟花爆竹管理。推进烟花爆竹连锁经营，落实实名登记制度、可疑情况报告制度，严格烟花爆竹连锁经营单位安全设置。

（2）管制器具管理。严格管制器具经营单位安全标准，实行管制器具集中定点销售制度，落实生产、销售企业备案制度，落实实名销售制度和异常购买报告制度，逐步推行管制器具编码制度。

（3）油气安全管理。实行零散汽油定点销售制度，建立联络报警机制，认真执行零散加油严格限制制度，完成内部安全防范建设，加强对液化气罐的安全监管。

（4）硫磺、火柴、射钉枪弹等易制危险品管理。落实单位实名制购买制度，落实火柴、射钉枪弹实名制购买和集中销售制度。

（5）民用爆炸物品管理。加强危爆物品运输安全管理，加强储存监管，加强爆破作业现场管理，加强邮寄渠道管理，建立民爆管理“黑名单”制度。

2. 严密管控重点人员。按照恐怖活动的分类，当前严密管控对象应按地区进行重点人员管控，新疆范围内的伊斯兰教极端主义最主要的手段就是煽动“迁徙”“圣战”。其主要影响就是宣扬向境外“迁徙”，然后回国“圣战”。其现实表现主要为境内宗教极端分子通过各种手段出境，投靠境外“三股势力”组织，参加暴力恐怖训练后潜回境内，利用穆斯林群众朴素的宗教情感和宗教认同感进行煽动宣传，拉拢成员，成立组织，进行制枪、制爆、制毒等暴力恐怖培训，进行分裂破坏活动。个人极端恐怖活动的实施者则以报复社会为活动目的，及时掌握和发现有现实危害的重要线索和对象，开展立案侦查和重点控制，运用隐蔽力量、技术监控等有效措施，力争做到“敌动我知，主动出击”。当前各地管控重点人员具体包括：

（1）流动人口、外来人员、吸毒人员、艾滋病患者等特殊群体；

（2）刑释解矫人员、扬言报复社会人员、肇事肇祸精神病人、上访闹访人员；

（3）有宗教极端思想的“80 后、90 后”社会闲散人员；

（4）无固定通信号码、无固定住所、无固定工作的“三无人员”；

（5）危安案件打击处理释放人员；

（6）历史危安案件涉及人员；

（7）老牌危安犯罪嫌疑人；

（8）“两面”宗教人士、“野阿訇”；

（9）亲属中有非法出境的人员；

（10）家族特征明显的“宗教家族极端势力”。

3. 重点场所强化安保。人员密集场所是恐怖活动的主要袭击目标，对于人员密集场所，一定要强化安保力量，完善物防设施的配置，同时要形成专业安保力量与社会力量的协同配合，形成“联防自保”反恐防暴体系。坚持属地管理和“谁主管、谁负责，谁经营、谁负责”的原则，明确责任主体，明确管理责任，落实责任追究。实行“政府领导、综治牵头、公安监管、部门协作、单位（企业）负责、群众参与”的管理体系。重点防控场所包括商贸城、步行街、集贸市场、大中型商场、超市、购物中心、文化广场、餐饮广场、夜市、临街商铺、游戏厅、游艺厅、KTV 等娱乐场所、客运站、火车站、机场、医院、学校、幼儿园、公共停车场、影剧院、网吧、宗教活动场所、其他人员密集场所。

4. 严格管控网络涉恐涉暴音像制品的传播。网络为恐怖组织逃避打击和发动袭击行动提供了隐秘、安全、便捷和快速的新途径。恐怖分子利用这个平台，协调组织恐怖活动的成功实施。尤其是在当前网络语境下，“仇富”“仇官”的心理和言论充斥于社会的各个角落，针对社会的报复型犯罪往往处于一触即发的状态。“9・11”事件的恐怖分子就是通过网络接收了发动袭击的指令，并从网上获取了他们所需的大部分资料，包括世贸中心的设计特点、炸毁大型建筑物所需的爆破技术以及将各种现成材料组装成杀伤性武器的技术要领。同时，网络还是恐怖分子传授恐怖犯罪方法的重要途径。全球有几千个网站被恐怖组织掌控，成为恐怖分子组织恐怖活动、交流传授“技艺”的绝佳场所。我国境内也出现了多起相关案例。经我国公安部认定公布的第二批、第三批恐怖人员名单中，就有不少“东伊运”恐怖分子将制作爆炸物的技术和方法上传互联网，教唆组织成员下载学习的实例。因此，严格管控网络平台，对预防恐怖活动具有重大的意义。

（四）建立社会综合防控体系

要有效预防恐怖活动，单靠专门力量是不够的，必须动员社会力量的共同参与，将社会力量与专业的职能部门的反恐力量相结合，建立社会综合防控体系。以警察为点，以广大群众为面，以互联网等通信手段为纽带。比如北京就构建了“全民反恐”的平安网络。2014 年 5 月，全市累计动员组织 85 万名平安志愿者走上街头，配合公安、武警等专业部门开展治安巡逻、隐患排查，形成全民参与反恐防暴的平安网络。四级社会面维稳信息网正初步形成，以实现涉恐涉暴情况线索及时发现报告、有效防范处置。目前北京市组织社区（村）的书记和治保主任、楼门院长、巡防员、流管员、平安志愿者等，建立起一支近 10 万人、覆盖全市的安全稳定信息员队伍，收集涉恐涉暴情报。在月坛，就有由专业力量和社会力量组成的安全稳定情报信息网络，实时保障辖区安全。修鞋匠、菜摊主、报刊亭主、停车管理员等街面协警力量 603 人形成协防网络，随时通过手机反馈安全信息。同时，月坛 26 个社区的 2400 多个楼门院长每天都会向社区通报可疑人或事。

特别提醒

恐怖活动的预防是一项综合工程，需要协调各方力量，共同参与。反恐为了群众，就不能借口反恐而侵犯群众的合法权益；反恐相信群众，就不能将群众作为管控怀疑的对象；反恐依靠群众，就不能让群众靠边站，而要让群众成为真正的反恐人士。在公安部破获的暴恐案件中，有相当一部分是群众举报的，因此在预防恐怖活动的过程中，要特别注意群众利益的保护，注意工作方式方法，避免造成新的社会矛盾。

任务三　恐怖活动处置的方法和原则

案例7—3

美国东部时间 2001 年 9 月 11 日上午（北京时间 9 月 11 日晚上），恐怖分子劫持 4 架民航客机，撞击美国纽约世界贸易中心和华盛顿五角大楼。包括美国纽约地标性建筑世界贸易中心双塔在内的 6 座建筑被完全摧毁，其他 23 座高层建筑遭到破坏，美国国防部总部所在地五角大楼也遭到袭击。在“9·11”事件中，共有 2998 人遇难，其中2974人被官方证实死亡，另外还有24人下落不明。遇难人员名单中包括：4架飞机上的全部乘客共246人，世贸中心2603人，五角大楼125人。共有411名救援人员在此事件中殉职。“9·11”事件对美国及全球产生了巨大的影响。这次事件是继第二次世界大战期间珍珠港事件后，历史上第二次对美国造成重大伤亡的袭击。这次事件是人类历史上迄今为止最严重的恐怖袭击事件之一。纽约世贸大厦和华盛顿五角大楼遭受攻击后，美国政府采取了及时有效的应急反应措施，总统结束访问投入救援指挥，北美防空防天司令部、联邦航空管理局、纽约市政府及相关部门都参与了应急处置。

问题思考

1. 恐怖活动处置的原则有哪些?
2. 结合上述案例分析恐怖活动处置中需注意的问题。

理论知识

在恐怖活动发生之后，现场处置并没有一个现成的模式，我们一方面要遵循现场处置的一般原则，另一方面也需要根据事件的性质与事件现场的具体情况灵活掌握、灵活处理。

一、恐怖活动现场处置的原则

（一）快速反应原则

恐怖活动具有突发性、连带性和不确定性等特点，整个过程发展变化迅速。能否在事件发生的初始阶段采取及时、准确的应急措施，在最短的时间内控制局势的发展，在很大程度上决定着整个现场处置的成败。现场处置过程中任何时间上的延误都有可能加大现场处置工作的难度，以至于使现场的损失扩大，引发更为严重的后果。因此，在恐怖活动现场处置过程中必须坚持做到快速反应，力争在最短的时间内到达现场、控制事态、减少损失。如果在事件发生时反应迟钝，优柔寡断，势必丧失最佳控制机会，使现场处置陷入被动。因此，快速反应原则是恐怖活动现场处置的首要原则。

快速反应不仅要求反恐处突力量能够在恐怖活动发生后的最短时间内到达现场并投入现场处置和救援工作，而且要求事件的决策机构和领导者也能反应迅速，在信息相对缺乏的情况下进行非程序化决策，及时采取措施避免更大的人员伤亡和财产损失，并向公众表明政府对待恐怖活动的态度和决心，以获得有利的恐怖活动管理的外部环境，为恐怖活动之后的社会秩序恢复创造条件。

（二）协调联动原则

恐怖活动现场处置涉及多个政府部门。在暴恐现场，来自武警、公安、巡警、消防、医疗救护、交通、通信等部门的大量人员共同开展各种现场处置工作。不同部门在现场管理中的职责不同，目标各异，因而在现场采取的应急处置措施也有不同的侧重。现场管理工作千头万绪，需要整合各方面的力量，才能发挥最大的效能。因此，在现场管理的过程中，必须重视增强部门之间的协调，加强中央政府与地方政府、不同职能部门、政府与社会各界之间的联动和配合，明确不同部门的职责，按照确定的总体目标，各司其职、各负其责，并建立良好的信息沟通和共享机制，最大限度地减少恐怖活动造成的损失。恐怖活动现场的协调配合一般由专门机构承担，我国目前通过建立完备的应急预警机制协调反恐工作参与部门之间的协作与分工。

（三）安全第一原则

不论在正常的社会条件下，还是在恐怖活动的现场处置中，以人为本、安全第一都是最重要的原则。在恐怖活动现场处置的过程中，贯彻安全第一的原则要求把保护人的安全放在首要位置，被保护的对象不仅包括事件中的受害人，还包括参与现场处置的所有人员。在暴恐事件的处置现场，把处于危险境地的受害者尽快疏散到安全地带，避免出现更大量伤亡的灾难性后果，是一项极其重要的工作。

从理性的角度考虑，现场指挥人员在指导思想上应充分地权衡各种利弊得失，尽可能保证决策的科学化与最优化，避免付出不必要的牺牲和代价。因为救援人员的伤亡同样也要计入人员伤亡的统计范围，而且可能造成更大的社会影响。

案例7-4

2014 年 5 月 22 日上午 7 点 52 分，4 名犯罪嫌疑人驾驶两辆装满爆炸装置的越野车，在乌鲁木齐市沙依巴克区公园北街由北向南疯狂冲撞、碾压逛早市的无辜群众，随后引爆爆炸装置，两辆汽车被炸毁燃烧，共造成 39 名无辜群众死亡，94 人受伤，4 名嫌疑人当场炸死。这其中 60 岁以上的受害人有 30 人，占 76.9%，他们大多是附近单位退休的职工，年龄大，行动慢，在这种车辆冲撞、碾压的袭击中，很容易受伤死亡。这也是一起针对无辜群众、平民的典型暴恐案件，其特点表现为：①制作大量爆炸装置；②采取车辆冲撞碾压、爆炸等多种作案手段复合实施犯罪；③造成大量人员伤亡；④自杀式、殉教式袭击。

问题思考

1. 根据引例思考爆炸式袭击恐怖活动现场处置的方法。
2. 如何处置恐怖活动现场能为诉讼提供技术支撑？

二、恐怖活动处置的方法

恐怖活动现场的特殊性、复杂性不同于其他突发事件，因此，对现场的处置并没有固定的模式和方法，但从我国近年来，尤其是新疆警方在反恐处突方面的处置效果来看，恐怖活动的现场处置依然有法可循，这就是要立足现场实际，有针对性地部署安排工作，明确重点。

（一）先期处置阶段

1. 接警警务应急力量立即出动。当恐怖活动发生时，接警警务室民警在组织应急力量赶赴现场的同时，应立即触发“一键式”报警器请求增援，各警务维稳力量听到警铃后迅速前往案发现场增援，在此期间安保民警向指挥中心汇报现场情况、人员伤亡情况及请求增援。同时对正在发生的暴力恐怖犯罪活动采取果断措施予以制止。

2. 恐怖活动发生地公安部门应立即启动应急处突预案。按照“坚决打击，强行阻截；追击搜索，疏散封控；武力威慑，强行捕歼；快速清理，恢复秩序”的战法予以处置。便衣打击小分队、巡警、交警、刑侦、国保、特警和武警等警种迅速增援，并将现场情况报告总指挥中心及维稳指挥部。

（二）处置措施阶段

1. 利用战术，果断歼敌。先期到达的应急处置组与现场处置组快速形成战斗小组，抢占有利的射击点位。按照指挥员下达的指令，依法施策，遵循程序，随机应变，把握时机、力保安全；迅速以绝对优势兵力形成合围之势，进行追踪搜索；突击组对负隅顽抗的暴恐分子，抓住有利时机，果断将其击毙。

2. 抓捕犯罪嫌疑人。打击小组对仍在现场进行犯罪的人员，应采取果断措施，坚决制止其犯罪活动，对顽固不化的，果断击毙；对有抓捕条件的犯罪嫌疑人，立即组织现场围捕。

3. 封锁保护现场。外围警戒组根据现场情况、周边环境、人员分布等情况，立即封锁重要部位，划定封控警戒范围，安排足够警力实施警戒。交通管制组实行交通管制，防止群众进入现场，有序疏散现场群众，并及时疏通交通。同时对离开现场人员进行盘查，注意发现企图外逃的犯罪嫌疑人。

4. 抢救伤员。及时清理现场，迅速恢复秩序。医护人员及时开展现场救护，对伤员进行有效救助；消防大队扑灭火线，对爆损车辆进行破解，解救受困伤员；对伤亡人员进行统计，清理现场遗留物品，对其他需要处置工作开展有序处置，迅速恢复正常的社会秩序。

5. 调查取证。刑警大队技术室影像技术人员摄录人员迅速从各方位、各高度对现场证据进行固定，同时，还要对围观群众进行摄录像。做好取证工作，掌握事件中有关人员的基本情况，待事件平息后，依法拘捕惩处。

6. 紧急查控。迅速启动相应卡点和公安检查站，组织力量在辖区内查找嫌疑车辆及人员，调查排查嫌疑人。

7. 注意舆论导向。由恐怖活动所在地政府相关部门负责，准确地向公众报到事件真相，有针对性地进行宣传教育，表明政府的立场和决心，稳定人心，尽快消除恐怖袭击造成的心理恐慌，恢复正常的社会秩序。在恐怖犯罪活动侦破后，应及时报道或辟谣。

特别提醒

当前恐怖活动犯罪手段多样，因此处置时在遵循上述一般步骤的同时，针对特定案件要有特别处置措施。

三、几种方式的恐怖活动处置原则及方法

（一）爆炸式恐怖活动处置原则及方法

1. 爆炸案件发生后第一个到达现场的单位应立即向指挥中心汇报，请求专业处置人员及友邻单位支援。

2. 设置警戒线，警戒范围的大小应以爆炸残骸飞散的最远距离为限，并疏散无关人员，扣留嫌疑人，询问知情人。

3. 作为爆炸案件，现场很可能还有未爆爆炸装置，对现场勘查工作构成重大危险。在勘查工作开始之前，由专业排爆队伍先架设屏蔽干扰仪，并对现场进行搜索，发现爆炸装置由技术人员拍照固定，并转移到排爆罐中。在勘查过程中，要对技术人员强调安全意识，一旦发现未爆爆炸装置，立即撤离并通知排爆人员进行排险，确保勘查工作的安全。

4. 大型群众活动场所发生爆炸后，根据指挥部的命令疏散群众，警戒人员要保持头脑清醒，时刻注意周围可能出现犯罪嫌疑人再次突然对我执勤特警队员进行袭击，并且要防止各类媒体进行负面报道和宣传。

（二）车辆碾压、砍杀式恐怖活动处置原则及方法

1. 对正在实施冲撞群众的犯罪分子，果断进行堵截围控、合围封控处置。

2. 对逃离现场的恐怖分子，迅速以绝对优势兵力形成合围之势，分兵进行追踪搜索。

3. 对逃出封控圈的暴恐分子，迅速启动外围治安卡点，实行合围封控。对负隅顽抗的暴恐分子，突击组应抓住有利时机，果断将其击毙。

4. 对事件中出现的进行碾压、冲撞、砍杀群众等严重犯罪行为的犯罪证据及时取证、搜集，为现场处置和事后依法打击处理固定证据。

（三）劫机式恐怖活动处置原则及方法

1. 劫机是特殊的人质危机事件，处置中要意识到其危机性和危险性，最大程度谋求安全解决。

2. 注意机上乘客情绪与行为的控制，确保乘客不与恐怖分子发生语言、行为上的冲突。不刺激恐怖分子，不对劫机者的主张轻易发表看法。

3. 善于通过谈判及技术侦查措施尽快获取有关飞机内的一切信息，包括恐怖分子持有武器情况和占位分布情况。

4. 通信指挥过程中，选用保密性强、能克服地形障碍、可进行同步双向对话的高频通信波段。

5. 狙击手必须始终以万无一失为目标，保障机上乘客安全。

特别提醒

对于恐怖活动来讲，这一过程是短暂的，苗头不容易被察觉，具有无法预料或不能准确预料、出现突然的特点。发生时，全力保护群众脱离危险，边处置边报告，迅速制服恐怖分子，控制要害位置，维护现场秩序，加强外围警戒，都是现场处置中必须注意的环节。

任务四　技能训练

技能训练一　火车站砍杀乘客事件的现场处置

一、训练目的与要求

通过训练，使参训学生掌握火车站砍杀乘客现场处置的组织和具体实施方法。要求参训学生能够认真组织、周密安排，结合所学技能实战演练砍杀现场的应急处置，根据现场实际情况灵活应对。

1. 训练时间为 2 课时。
2. 将参加训练的学生按照参训实际人数分成若干小组。
3. 规范完成现场处置基本要求，进行总结。
4. 训练过程中要相互配合模拟演练，认真进行角色分配，按照现场处置的方法步骤进行训练，并且进行角色互换练习，学生之间可以针对训练中的问题进行讨论、总结，也可以向指导老师寻求帮助。
5. 训练结束后，请指导老师考核。
6. 教师根据每小组训练中的表现和处置方法是否到位等方面进行考核，并按百分制给出成绩。

二、训练内容

本训练强调针对恐怖分子在火车站砍杀乘客的恐怖活动，进行现场应急处置，重点在于训练参训学生组织协调能力及应对突发事件的心理反应和处置能力。

1. 对训练场景初步了解，对现场处置力量进行分工。

2. 了解现场处置中不同部门的工作重点，对处置过程中的具体情况进行灵活处理。

3. 掌握现场处置中的秩序维护，群众疏散，伤员救助及对恐怖分子外围警戒的处理。

4. 对现场处置结果自行分析评价，总结经验教训。

三、训练前的准备

1. 介绍实训案情基本情况。

2. 告知训练过程中现场处置的基本要求。

3. 准备器材：模拟火车站台、出站口、快餐店等场景牌；模拟刀斧、棍棒、警用器具、围栏绳、路障、担架、医药用品、各类车辆；通信指挥报警器、对讲机；角色对应服装等。

四、训练的方法和步骤

（一）训练方法

现场处置采取实地操作性训练方法，计划在校操场进行。

（二）训练步骤

1. 训练准备。

（1）根据指导老师设计的案情，模拟现场。

（2）安排参加训练的学生分组，学生按照所分角色的不同，分别做好相应演练准备。

（3）明确各自的职责、任务和演练中的具体工作内容。

2. 训练的展开。

（1）模拟火车站台、出站口、快餐店等场景牌按规定位置摆放就绪。参训学生在指定位置集结待训。

（2）指导老师发出演练指令，各小组根据演练安排展开训练。

（3）模拟乘客的学生从火车站站台出发，按顺序向出站口行进。待走出出站口时，模拟恐怖分子的学员自火车站外广场快餐店中冲出，砍杀乘客。

（4）武装巡逻车组、武警徒步巡逻组、铁路公安局武装处突车组等先期处置力量迅速到位，对暴徒进行抓捕，果断处置。

（5）在先期处置的同时，安排人员向应急总指挥部报告情况，总指挥部迅速调动警力增援，并调动医疗救护车现场救护伤员。

（6）现场指挥员根据现场情况，安排警力疏散群众，抓捕暴徒。

（7）赶赴现场的处突特警、武警根据现场情况，采取相应战术手段，有效制止和控制事态，击毙、击伤、抓获部分暴徒。

（8）外围处突力量要加强外围警戒，防止暴徒逃窜，并根据情况对暴徒果断处置。

（9）医疗救护人员对受伤群众进行现场救护，伤情严重的用担架送上救护车辆，前往医院救治。

（10）处突力量将击毙、击伤、抓捕的暴徒带离砍杀现场。

（11）勘查人员进入现场进行拍照、摄像、询问，搜集现场相关证据资料。

（12）疏散现场群众，安抚受到惊吓的乘客，恢复车站正常秩序。

3. 训练总结评析。各小组训练结束后，请指导老师进行考核。根据训练情况给出训练成绩，就训练情况进行总结评析。最后，参训学生以小组为单位写出实训报告。内容包括实训时间、实训内容、实训过程的自我评价、实训中总结出的经验和不足。指导教师结合学生现场实训表现和学生实训报告内容，综合评定给出总的成绩。

（三）考核标准

1. 优秀：

（1）准备充分（17 ~ 20 分）；

（2）操作熟练（26 ~ 30 分）；

（3）注意事项清晰（17 ~ 20 分）；

（4）处置步骤灵活到位（17 ~ 20 分）；

（5）态度认真负责（8 ~ 10 分）。

2. 良好：

（1）准备较充分（14 ~ 17 分）；

（2）操作较熟练（21 ~ 26 分）；

（3）注意事项较清晰（14 ~ 17 分）；

（4）处置步骤到位（14 ~ 17 分）；

（5）态度较认真负责（7 ~ 8 分）。

3. 合格：

（1）准备基本充分（12 ~ 14 分）；

（2）操作基本熟练（18 ~ 21 分）；

（3）注意事项基本清晰（12 ~ 14 分）；

（4）处置步骤基本到位（12 ~ 14 分）；

（5）态度比较认真负责（6 ~ 7 分）。

4. 不合格：

（1）准备基本不充分（12 分以下）；

（2）操作不熟练（18 分以下）；

（3）注意事项不清晰（12 分以下）；

（4）处置步骤较混乱（12 分以下）；

（5）态度不认真负责（6 分以下）。

五、模拟案例

2014 年 6 月 21 日下午 4 时 20 分，一列到达北京的列车刚刚进站，10 多名身穿黄色上衣的“暴徒”持棍和刀斧突然从一餐厅冲出，对出站的无辜旅客进行疯狂砍杀，现场情况一片混乱。

事发当时，火车站附近武装巡逻车组、武警徒步巡逻组和铁路公安局武装处突车组在得到相关信息后，仅用 50 秒便到达中心现场，并对其中 4 名“暴徒”进行果断处置，击伤 2 人、击毙 2 人。此时，另外 6 名“暴徒”正在站前广场追砍乘客，多名乘客被砍伤亡。市公安局勤务指挥部在调动警力处置的同时，调动 8 辆 999 医疗救护车赶赴现场救护伤员。特警、武警等武装车组，根据暴力事件现场情况，采取相应的战术手段，有效制止和控制事态，3 名“暴徒”被击毙，1 名“暴徒”被击伤，2 名“暴徒”被抓获，2 名“暴徒”试图逃窜。

与此同时，外围警戒组进行交通管制，对暴恐案发现场进行了控制，接警的市局刑侦总队迅速进入现场进行现场勘查、搜集证据，并向现场群众了解相关事件细节。随后赶到的医疗救护人员迅速对现场伤亡乘客进行紧急救护和处理。下午 4 时 45 分，火车站秩序恢复正常。

训练要求与提示

1. 恐怖活动的案发现场具有突然性，现场处置要求迅速果断。
2. 先期处置与后续处置的内容和要求各有侧重，注意在处置过程中各部门之间的协调配合。
3. 演练过程中注意参训学生的安全，避免出现意外伤害。

技能训练二　袭击公安派出所事件的现场处置

本实训旨在考核学生对恐怖袭击现场处置的全面把握，故对本次训练内容中所涉及的一些情节要求学生根据情况灵活处理，重点考查学生在袭击现场处置中的应变能力。

一、训练目的和要求

（一）训练目的

通过袭击公安派出所这一典型恐怖活动场景现场处置的训练，使学生意识到恐怖活动巨大的危害性和危险性，在现场处置过程中灵活运用多种手段有效处置，体会恐怖活动现场处置中心应激与果断处置的重要性。

（二）训练要求

1. 训练时间为 2 学时。

2. 将参加训练的学生，根据训练人数分成若干小组。

3. 按要求完成实训科目内容，训练结束之后进行小组口头总结，并在两个教学日内以小组为单位，完成书面实训总结报告。

4. 训练过程中要相互配合模拟演练，认真进行角色分配，按照现场处置的方法步骤进行训练，并且进行角色互换练习，学生之间可以针对训练中的问题进行讨论、总结，也可以向指导老师寻求帮助。

5. 训练结束后，请指导老师评价考核。

6. 教师根据每小组训练中的表现和处置方法是否到位等方面进行考核，并按百分制给出成绩。

二、训练内容

本训练设计根据当前我国新疆地区出现的袭击基层公安派出所恐怖活动的典型案例，组织学生分角色参与现场应急处置，重点在于训练参训学生面对突发的恐怖袭击事件如何应对并有效进行自身安全的防护。

1. 熟悉模拟案件具体内容，分组进行实际操作演练。

2. 了解现场处置中针对恐怖分子多种疯狂的作案手段，如何灵活应对，利用有限的人员和武器、警用设施、通信设备进行先期处置。

3. 熟悉现场处置中值班民警、派出所其他民警、外出及休息民警及相关处突力量在处置中的配合与协调。

4. 学生对现场处置结果自行分析评价，总结经验教训。

三、训练前的准备

1. 介绍实训案情基本情况。

2. 告知训练过程中现场处置的基本要求。

3. 准备器材：公安派出所、乡政府指示牌，模拟派出所大门、手枪、组合式警棍、防护装备、报警器、对讲机、车辆、刀斧、爆炸装置等道具。

四、训练方法和步骤

（一）训练方法

现场处置采取实地操作性训练方法，计划在校操场进行。

（二）训练步骤

1. 训练准备。

（1）根据指导老师设计的案情，模拟现场。

（2）安排参加训练的学生分组，按照所分角色的不同，分别做好相应演练准备。

（3）明确各自的职责、任务和演练中的具体工作内容。

2. 训练的展开。

（1）将模拟派出所、乡政府等场景牌按规定位置摆放就绪，参训学生在指定位置集结待训。

（2）指导老师发出演练指令，各小组根据演练安排展开训练。

（3）模拟公安派出所民警的学生，按照值班民警、派出所协警、外出民警等不同角色安排警力部署位置。

（4）演练开始时，模拟恐怖分子的一方驾驶车辆冲撞派出所大门，在冲撞无果的情况下，4 名恐怖分子开始向派出所院内投掷爆炸装置。随后 10 余名手持刀斧的恐怖分子聚集到派出所门前，企图冲入派出所院内。

（5）值班协警大声呼喊并迅速撤至办公区内，并按响警报装置，打响第一枪，向全所发出警情警报，迅速关闭派出所办公区前后门。

（6）值班组长根据当日值班警力情况，对值班警力进行安排部署，并向指挥中心汇报警情。

（7）所有值班警力将武器、警械装备调整至战斗状态。

（8）值班警力接到警情后，迅速占领制高点，并利用房间窗户、走廊窗户等有利位置使用武器对暴恐分子予以打击。

（9）值班组长迅速有效地向外出工作民警、各警务室民警、休息民警通报警情，要求在外围迅速增援。

（10）派出所民警根据暴徒人数及现场情况灵活处置，确保外围警力到达之前有效牵制。按照“边处置边报告”原则及时向指挥中心报告现场情况。

（11）指挥中心接报后迅速组织警力，在外围进行有效处置。

（12）恐怖分子被击毙、击伤、抓捕。

（13）训练结束。

3. 训练总结评析。各小组训练结束后，请指导老师进行考核。根据训练情况给出训练成绩，就训练情况进行总结评析。最后，参训学生以小组为单位写出实训报告。内容包括实训时间、实训内容、实训过程的自我评价、实训中总结出的经验和不足。指导教师结合学生现场实训表现和学生实训报告内容，综合评定给出总的成绩。

（三）考核标准

1. 优秀：

（1）准备充分（17 ~ 20 分）；

（2）操作熟练（26 ~ 30 分）；

（3）注意事项清晰（17 ~ 20 分）；

（4）处置步骤灵活到位（17 ~ 20 分）；

（5）态度认真负责（8～10分）。

2. 良好：

（1）准备较充分（14～17分）；

（2）操作较熟练（21～26分）；

（3）注意事项较清晰（14～17分）；

（4）处置步骤到位（14～17分）；

（5）态度较认真负责（7～8分）。

3. 合格：

（1）准备基本充分（12～14分）；

（2）操作基本熟练（18～21分）；

（3）注意事项基本清晰（12～14分）；

（4）处置步骤基本到位（12～14分）；

（5）态度比较认真负责（6～7分）。

4. 不合格：

（1）准备基本不充分（12分以下）；

（2）操作不熟练（18分以下）；

（3）注意事项不清晰（12分以下）；

（4）处置步骤较混乱（12分以下）；

（5）态度不认真负责（6分以下）。

五、模拟案例

×年×月×日，×县公安局×派出所遭遇×名恐怖分子袭击：×名暴恐分子驾驶车辆冲撞派出所大门，并引爆车辆，随后×名暴恐分子向派出所院内投掷爆炸装置，企图冲入派出所院内；值班协警大声呼喊，迅速撤至办公区内，并拉响警报，值班组长根据当日值班警力情况，对值班警力进行安排部署（制高点、办公区门前）并开展反击，同时将情况上报所领导、指挥中心请求支援（出勤民警、社区处突力量等），通知辖区内重点单位、人员密集场所做好防范工作。

训练要求与提示

1. 基层公安派出所警力少、设备简陋，在应对突发袭击的时候要注意有利地形和警力部署的合理性。

2. 训练中要体会现场处置中的战术禁忌，避免伤亡的扩大。

3. 外围警力的快速有效增援是现场处置的关键环节。

4. 注意训练过程中学生的人身安全。

项目八

突发事件的恢复

知识目标

了解突发事件恢复的含义和过程；

掌握突发事件恢复的意义及原则。

能力目标

能够运用突发事件恢复要求制订恢复计划；

能够运用突发事件恢复原则指导实践工作。

任务一　突发事件恢复基本知识认识

案例8-1

2008 年 5 月 12 日，四川省阿坝藏族羌族自治州汶川县发生里氏 8.0 级地震，造成 69 227 人遇难，374 643 人受伤，17 923 人失踪，相关地区的交通、通信设施中断，办公、居住房屋倒塌，生产、生活和工作秩序瘫痪。陕西、甘肃、宁夏、天津、青海、北京、山西、山东、河北、河南、安徽、湖北、湖南、重庆、贵州、云南、内蒙古、广西、广东、海南、西藏、江苏、上海、浙江、辽宁、福建等全国多个省（自治区、直辖市）和香港、澳门特别行政区以及台湾地区有明显震感。地震造成的直接经济损失 8452 亿元人民币，四川损失最严重，占到总损失的 91.3%，甘肃占到总损失的 5.8%，陕西占总损失的 2.9%。

问题思考

1. 什么是突发事件的恢复？开展突发事件恢复的步骤是什么？

2. 突发事件恢复的意义和原则是什么？

理论知识

无论何种性质突发事件的发生，都极易导致人员伤亡，生活环境恶化，个体和社会心理失衡，社会、经济、生产和生态环境破坏等突显。突发事件的恢复具有复杂性、形式多样性、时间紧迫性等特点。在突发事件恢复的过程中，需要克服种种困难，把握蕴含的机会，解决实体重建、心理干预、交通通信畅通等诸多问题，才能实现恢复到正常状态的目的。国家有关部门正是出于对突发事件恢复实际的考虑，出台了相关法律，来保障恢复的顺利进行。《中华人民共和国突发事件应对法》规定："突发事件应急处置工作后，履行统一领导职责的人民政府应当立即组织对突发事件造成的损失进行评估，组织受影响地区尽快恢复生产、生活、工作和社会秩序，制订恢复重建计划，并向上一级人民政府报告。受突发事件影响地区的人民政府应当及时组织和协调公安、交通、铁路、民航、邮电、建设等有关部门恢复社会治安秩序，尽快恢复被损坏的交通、通信、供水、排水、供电、供气、供热等公共设施。"

一、突发事件恢复的含义

突发事件恢复是指突发事件发生后，为了恢复生产、生活、工作和社会秩序等所采取的一系列措施。它包含三个方面的内容：一是恢复，即使社会、生产、生活等运行恢复正常；二是重建，即对于因突发事件造成设施损坏而不能恢复的进行重新建设；三是心理干预，即对突发事件中受到影响的人员进行心理疏导，使其恢复正常心态。

突发事件恢复从某种意义上来说并不仅仅意味着补救，也包含着发展，因为恢复要在消除突发事件带来消极影响的过程中除旧布新。一般来说，突发事件恢复主要包括前期活动和后期活动。前期活动是最大限度地限制损害结果的升级和进一步恶化；后期活动包含三个方面：①弥补和恢复社会、情感、经济等带来的创伤与损失；②进行资源调整，尽量满足人们对社会、经济、生活环境的需要；③减少突发事件给未来社会带来的风险。也就是说，突发事件恢复要尽量减轻消极影响，使社会生活恢复正常。我们还要从处理突发事件中发现漏洞，及时找出解决的方案，推动社会的进一步发展，提高社会的公共安全度和人民群众的认可度。

因此，突发事件恢复要以解决突发事件的消极影响为基础，以恢复原状为目标，以谋求发展为导向。从突发事件产生的影响上看，可以分为国际影响、社会影响、环境影响、经济影响以及心理影响五类。

（一）国际影响

重大突发事件的发生，必然会导致国际社会的关注，当权政府能否及时、妥善地解决突发事件产生的负面影响，不仅考验政府的处置能力，还可以看出国家的经济实力和科学技术水平。在处理突发事件的过程中要运用战略性思维，高瞻远瞩、总揽全局，抓住重点、统筹兼顾，立足当前、放眼长远，防止和克服片面性。当今世界是一个开放的世界，任何一个国家的发展都离不开与其他国家的交往与合作。我们在处理突发事件时，要及时与国际社会进行沟通和交流，充分利用国际有利条件，结合我国的实际情况开展工作，争取在最短的时间内恢复生产、生活和社会秩序，进一步提高我国的国际社会地位。

（二）社会影响

为了消除突发事件的社会影响，恢复社会生活秩序，为社会公众提供基本保障，使社会呈现常态运作态势，政府和有关部门要及时修复卫生设施，为灾民提供临时住所和生活的必需品等。在恢复的过程中要注意以下几个方面的问题：一是防止突发事件的再次发生，确保灾区人民群众的安全，如地震发生后，灾民的安置点要远离较高的建筑物，防止余震对灾民的二次伤害；二是突发事件发生后，要将急需的药品、食品供应到位，防止物品短缺造成灾民的恐慌；三是特别关注老人、儿童、残疾人等弱势群体，满足其特殊的需求。

（三）环境影响

突发事件的环境影响主要包括住宿环境、工作环境、生活环境等。要及时修复和重建灾民住房，满足正常的生活需要；修复或重建商业、工业、农业生产设施，确保其生产运行的持续性，保持受灾地区的经济活力和发展的稳定性；恢复重建关键性公共设施，使水、电、气、热、通信、交通等基础设施及服务支撑系统的问题得以优先解决。在突发事件中，特别是自然灾害事故中，废弃物处理和污染物的管理是突发事件的重中之重，必须妥善加以解决，严防自然灾害引起的传染性疾病。比如，汶川地震发生后，医疗卫生部门组织大量工作人员对灾区进行消毒，防止疾病在灾区蔓延。此外，对灾区废物的运输和处理必须要经过环保部门的批准，避免留下新的污染。

（四）经济影响

重大突发事件对经济影响非常大，间接影响更是难以评估。2003 年“非典”、2005 年松花江污染事件、2008 年南方雨雪冰冻灾害及汶川大地震、2009 年甲型流感疫情、2010 年南方大面积持续干旱灾害等造成的经济损失难以估算。价格是经济运行的晴雨表，也最能直接、准确地反映市场供求和预期，是国家发展水平的重要体现。一旦突发事件发生，最明显的影响是民众消费心理和行为方式有所调整，相关商品价格发生短期波动，市场预期随之改变，这种预期变化包括价格上涨或下降增强，也可能减弱，甚至可能出现由看涨变看跌或由看跌变看涨的直接转变。通常这种预期的改变会影响到未来价格的实际变动，进而影响经济平稳运行。从之前的经验看，通常每次事关财产甚至生命安全的突发性事件发生后，社会对事件所涉及的商品以及生活必需品的需求增多，此类商品价格上涨的预期增强。而发生诸如禽流感、瘟疫、“三鹿奶粉”“瘦肉精”等涉及家禽、食品安全事件后，此类商品的消费受到抑制，价格下降的可能性较大，严重地影响了社会经济的平稳发展。特别是在暴恐事件的多发地，使投资国家和企业取消资本注入，在一定程度上恶化了投资环境。因此，我国近年来不断地加大打击恐怖活动，为投资者创建一个和谐、稳定的投资环境，促使经济健康发展。

（五）心理影响

重大突发事件发生，特别像地震、火灾、恐怖活动等事件往往很容易给部分社会公众心理造成负面影响，甚至造成严重的心理创伤，使其在一定时间内或长期无法正常生活和工作。对此，在突发事件恢复过程中，有关部门要为这部分社会公众提供心理咨询服务，开展心理干预，进行心理辅导，恢复其正常心态。

特别提醒

受突发事件影响地区的人民政府开展恢复重建工作需要上一级人民政府支持的，可以向上一级人民政府提出请求。上一级人民政府应当根据受影响地区遭受的损失和实际情况，提供资金、物资支持和技术指导，组织其他地区提供资金、物资和人力支援。

公民参加应急救援或者协助维护社会秩序期间，其在本单位的工作待遇和福利不变；表现突出、成绩显著的，由县级以上人民政府给予表彰或奖励。

县级以上人民政府对在应急救援工作中伤亡的人员依法给予抚恤。

二、突发事件恢复的分类和意义

（一）突发事件恢复的分类

突发事件恢复工作短则数天或数月，长则持续数年。因此，从恢复的时间可以分为短期恢复和长期恢复。

1. 短期恢复。短期恢复是在突发事件处置活动结束后立即实施，并在短时间内达到一定的效果和目的。例如，开展营救、捐款捐物、为受灾群众搭建临时住房、在暴恐事件中进行武装巡逻、宣传防暴知识等。

2. 长期恢复。长期恢复一般着眼于长远，需要较长时间的努力和规划，如城市的基础设施在地震中破坏严重，相关部门不仅要采取紧急措施妥善解决，还要进行受损评估、修缮或重建。在长期恢复中，政府部门要从经济社会总体发展的高度通盘考虑，进行合理的规划，以促进经济发展，增强防灾、减灾能力，积极预防和处置突发事件，提升社会、经济及环境对各种风险的抵御能力。

（二）突发事件恢复的意义

1. 消除消极影响。突发事件发生后，尽管各级政府积极有效地组织各种力量积极应对，但其所造成的社会、环境、经济和心理影响不能马上完全消除。灾区往往会出现人员伤亡，使群众心理受到创伤；或是房屋倒塌，基础设施严重毁坏；或是工业、农业严重破坏，无法进行正常的生产活动，通信、网络中断；或是环境污染严重。在这些情况下，政府和相关部门必须以稳定社会秩序为大局，及时组织群众生产自救、群体互救、政府帮救、重建家园，使灾区的生产生活尽快恢复正常，最大限度消除突发事件的不利影响。

2. 避免突发事件带来二次灾害。首先，突发事件处置结束后，可能衍生的灾害并没有完全排除或消失，灾害可能在现场处置结束或恢复过程中继续出现，引发连续相同的灾害。例如，地震过后出现多次余震；或是引发新的突发事件，例如，在火灾事故中使用大量的灭火化学液体，可能会导致水源的污染。其次，突发事件后，因灾难导致的贫困、疾病、人员伤亡等得不到妥善解决和及时救助，可能会产生上访、反社会倾向、犯罪甚至暴力手段等不稳定因素。最后，突发事件后，要及时对受害者进行心理干预，要用正确、理性的心态看待问题，尽量消除不稳定因素，将新的隐患抑制在萌芽状态。

3. 增强社会抗风险能力。突发事件发生后，灾难给公众留下的阴影是刻骨铭心的，有些重大灾难场所成为公共安全的教育基地。各级政府也从突发事件处置的过程中认识问题，总结经验，为以后应对突发事件打下坚实的基础。因此，突发事件的恢复不仅仅标志着突发事件接近尾声，更要以恢复为契机，进一步增强社会公众风险防范意识，提高社会公众应对突发事件的能力。

4. 增强社会凝聚力。突发事件的恢复阶段，需要政府有效地利用各种资源、整合各种资源，使社会形成“一方有难，八方支援”的和谐局面。在国家、社会及各群体组织的正确宣传下，社会各阶层尽其所能、捐款捐物，灾区群众围绕恢复家园互相支持、自救互救，人与人、人与组织、人与社会之间的关爱和信任程度得到进一步提升，这无疑有助于社会形成万众一心、众志成城、团结奋斗、和衷共济的精神，有利于我们增强社会凝聚力和民族凝聚力。

5. 为经济社会发展创造机遇。突发事件所造成的影响虽说是负面消极的，是我们应当加以预防和应对的，但是我们若用发展的眼光看问题，化危机为机遇，那么恢复就有可能促进经济发展。这主要取决于两个方面：一是在突发事件的恢复过程中可以总结经验，找出存在的问题，制定合理的方案，为未来的工作打基础，以后再遇到同样突发事件，能够及时处理，减轻灾害，其实这也是一种间接的经济效益；二是突发事件的发生可能会为灾区的经济社会创造重新规划、重新发展的机遇，如果我们能够抓住机遇，把握适当，就可以实现经济社会发展模式的更新换代，促进经济发展的平稳健康发展。

《中华人民共和国突发事件应对法》

第五十八条 突发事件的威胁和危害得到控制或者消除后，履行统一领导职责或者组织处置突发事件的人民政府应当停止执行依照本法规定采取的应急处置措施，同时采取或者继续实施必要措施，防止发生自然灾害、事故灾难、公共卫生事件的次生、衍生事件或者重新引发社会安全事件。

第五十九条　第1款突发事件应急处置工作结束后，履行统一领导职责的人民政府应当立即组织对突发事件造成的损失进行评估，组织受影响地区尽快恢复生产、生活、工作和社会秩序，制定恢复重建计划，并向上一级人民政府报告。

第六十二条　履行统一领导职责的人民政府应当及时查明突发事件的发生经过和原因，总结突发事件应急处置工作的经验教训，制定改进措施，并向上一级人民政府提出报告。

三、突发事件恢复的原则

案例8-2

2014年1月11日1时10分，云南省迪庆藏族自治州香格里拉县独克宗古城仓房社区池廊硕8号“如意客栈”发生火灾。火灾造成烧损、拆除房屋面积59 980.66平方米，烧损（含拆除）房屋直接损失8983.93万元（不含室内物品和装饰费用），无人员伤亡。经调查，这是一起因使用取暖器不当引发的责任事故。经营者唐英，在卧室内使用五面卤素取暖器不当，引燃可燃物引发火灾。

1. 组织实施突发事件恢复的是哪个机关？在恢复过程中应遵循什么原则？
2. 对突发事件的恢复，上一级人民政府能否直接组织实施？
3. 对该案例中的突发事件该如何恢复重建？

理论知识

突发事件的恢复关系到社会的稳定、经济的发展及人民群众对政府的信任度，因此恢复过程中要遵循以下几个原则：

（一）政府领导实施，广大公众参与

突发事件的恢复过程应由政府部门主要领导组织设施。政府部门应协调有关部门，调动各种资源，动用各种力量，尽快恢复灾区的生产、生活秩序，消除灾害带来的负面影响。与此同时，在恢复阶段，政府部门要积极开展社会动员，大力宣传和鼓励灾区社会公众开展自救互救，号召有关单位、社会组织及个人向灾区捐款捐物。

（二）采取生产自救，进行多样补偿

在突发事件恢复过程中，地方政府和中央进行灾害补偿是非常必要的。首先，通过经济补偿来保障受灾人民的基本生活条件，避免灾区人民因灾陷入困境，确保社会再生产的顺利进行，避免生产因灾害而中断；其次，通过经济补偿来保障被打乱的生活和工作秩序，避免社会出现不稳定因素，保障社会的团结稳定；最后，通过经济补偿进一步增强抵抗各种灾害的能力。

（三）落实公平公正，关注弱势群体

在突发事件恢复过程中，一定要遵循公平公正的原则，对灾区群众进行救助。因为个体对外界的抵抗性不同，所以不同地区对同样的灾害，其受损程度是不同的。因此，老人、儿童、孕妇及残疾人等弱势群体，以及经济落后、受灾严重的地区，在进行恢复过程中得到的救助应该更多。

（四）加强防灾抗灾，寻求全面发展

突发事件恢复过程，不仅是消除其所带来的消极影响，还应该总结经验，吸取教训，增强全社会的防灾、抗灾能力。同时，还要善于抓住机遇，放眼全局，使灾害成为灾区经济社会发展的新起点。集思广益，进一步提高广大群众在恢复重建中的参与度，吸纳突发事件的利益相关者参与恢复重建的决策。公众参与的关键是在突发事件发生时及时、准确地向相关的信息平台发布灾害的有关信息，让广大群众及时了解灾情，培养公民的忧患意识、大局意识，塑造其良好形象。

突发事件的发生，特别是重大的自然灾害的发生往往会严重破坏基础设施，导致供水、供电、供气中断，学校、医院等公共设施无法正常使用，道路塌方，救灾物资无法运往灾区，灾民无家可归，环境污染严重，疾病传播等，这些都对生产、生活秩序产生了负面影响。由于社会生活环境是诸多因素共同作用的结果，因此在恢复时，必须要综合考虑，以提高社会共同的生活质量。

突发事件的恢复往往要涉及救助物资和发展机遇的重新分配，在此过程中，相关部门要根据实际情况，科学、公正、客观地进行分配，绝对不能因民族、种族、宗教及性别等因素而给予歧视的待遇，进而体现恢复的社会公正性。否则，没有被公平对待的群体将对政府产生极大的不信任，甚至可能引起新的突发事件发生。

实际上，我们对突发事件的恢复，就是将恢复工作纳入可持续发展中进行考量，就是要实现灾区经济、社会的可持续发展。因此，在恢复重建时，要高瞻远瞩、结合实际、科学规划，加强防灾抗灾建设，寻求全面发展，构建和谐、稳定的社会。

特别提醒

严禁在灾害易发地带选址开展重建工程。

（五）依据法律法规，进行责任倒查

依法行使突发事件恢复权，既是现代民主法制的基本要求，也是早日实现灾区恢复生产、生活秩序的前提和保障。在现代法治社会中，政府权力的法定性决定了在紧急状态下政府行使的管理和处置权是宪法和法律赋予的，宪法和法律是政府行使管理权的正当、合法的来源。突发事件恢复是一种非常规状态的管理工作，在此过程中，恢复重建管理部门拥有许多特殊的权力。确立依法行使恢复管理权，有利于发挥法律对紧急状态过程中可能出现或已经出现的问题进行防范和纠正的功能，在维护公共安全和保障公民权益的基础上保证政府在宪法和法律的范围内行使权力。因此，在恢复工作中，必须按照法律的要求，依法行使职权，防止误用或滥用权力，侵犯灾区公民的合法权益。对在进行灾区物资分配或建设中出现的违法违纪问题必须严格依法查处，追究其违纪违法责任。在恢复重建过程中，基础设施建设没有达到标准，出现问题的，要对其进行责任倒查，涉及违法犯罪的应移送司法机关追究刑事责任。

拓展阅读

2003 年 5 月 7 日，国务院第七次常务会议审议通过了《突发公共卫生事件应急条例》；2011 年 1 月 8 日，国务院令第 588 号《国务院关于废止和修改部分行政法规的决定》对其进行了修订。

2005 年 4 月，国务院作出《关于实施〈国家突发公共事件总体应急预案〉的决定》；6 月 7 日，国务院、中央军委公布《军队参加抢险救灾条例》，从 7 月 1 日起实施。

2007 年 8 月 30 日，中华人民共和国第十届全国人民代表大会常务委员会第二十九次会议通过了《中华人民共和国突发事件应对法》，该法自 2007 年 11 月 1 日起实施。

2009 年 2 月 28 日，第十一届全国人民代表大会常务委员会第七次会议通过《中华人民共和国食品安全法》；2015 年 4 月 24 日，第十二届全国人民代表大会常务委员会第十四次会议对其进行了修订。

任务二　突发事件恢复的管理

案例8–3

2014 年 8 月 13 日上午，重庆市千丈岩水库水色出现异常，巫山县停止对相关乡镇供水。巫山县环保局立即向毗邻的湖北省建始县环保局发出协查请求，经联合排查认定，肇事企业为建始县磺厂坪矿业有限责任公司。该企业 60 万吨/年硫铁矿选矿项目擅自试生产，产生的废浆水未经处理直接排放至厂房下方的自然洼地。由于当地属喀斯特地貌，废浆水沿洼地底部裂隙渗漏至地下，经地下水水系进入巫山县千丈岩水库，造成巫山县和奉节县 4 个乡镇约 5 万人饮用水受到影响。

事发后，环境保护部、湖北省环保厅、重庆市环保局分别派出工作组赶赴现场，联合指导处置工作。建始县政府于 8 月 17 日切断污染源。8 月 18 日，千丈岩水库水体各项指标基本达标。巫山县于18日通过备用水源，对前期主要依靠运水车临时供水的乡镇居民实施供水。8月19日，巫山县政府宣布终止应急状态。9月26日，巫山县全面恢复了从千丈岩水库供水。

鉴于事件属于跨省界污染事件，环境保护部启动调查程序，成立调查组，赴现场开展调查。调查组认定此次事件是一起企业违法试生产、违法排污引发的跨省界重大环境水污染责任事件。肇事企业已被湖北省环保厅处以100万元罚款，且因涉嫌污染环境罪，其厂长程金银已被司法机关批捕在押。同时，因日常监管职责落实不到位，恩施州环保局局长被免职，建始县环保局环境监察大队长被免职并处以行政警告处分。

1. 政府部门在突发事件恢复过程中起到什么样的作用？
2. 突发事件恢复中领导机构的建立应该注意哪些问题？
3. 结合上述案例，谈谈对紧急突发事件的恢复应该采取怎样的有效措施？

理论知识

突发事件的恢复工作内容复杂，形式多样，且公众的期望度高。从恢复的对象来看，既有实体性的恢复，如人、企业、建筑物、信息系统等；也有虚拟的恢复，如规章制度、心理干预等。这里既有针对社会、组织及政府的恢复，也有针对个体的恢复。因此，在突发事件恢复过程中要重视管理，理顺恢复的基本步骤，灵活运用危机恢复策略。

一、建立突发事件恢复的领导机构

突发事件处置的各个阶段的性质和内容各有不同，进入恢复阶段后，危机形势相对比较稳定。为了便于对突发事件恢复工作的组织协调和综合管理，可在恢复期间根据实际情况设立专门的恢复管理领导机构。一些国家在突发事件恢复阶段成立恢复小组，小组的人来自不同的行业，这样可以更加全面有效地开展恢复工作。印度古吉拉特地震发生后立即成立了灾害管理局，实行地震恢复计划，该局由政府和私有部门的专业人士组成，鼓励灵活性、创新性和回应性，保持最高最专业的水准，并协调各实施机构，对推动整个恢复工作的有效开展发挥了重要作用。我国政府在2008年汶川地震灾害中，成立了以温家宝总理为总指挥的抗震救灾总指挥部，处置得当，效率极高，赢得了国际社会的高度评价和广泛赞誉，也为我国处置重大突发事件积累了宝贵的经验。

二、组织专家开展恢复的前期评估

突发事件恢复管理领导机构应该组织有关部门进行实地调研，全面收集信息，深入了解突发事件的破坏性和损害程度，对其所带来的损害做出全面、客观的评估，并制作评估报告。相关部门根据评估报告，邀请业内专家进行反复讨论，并采取有效、可行的恢复措施，这是恢复管理的一项重要工作，也是开展恢复重建的一项基础工作。

（一）收集相关信息

突发事件恢复评估工作中，不仅要通过对灾害影响的调查来了解灾害的第一手信息，还要安排专业的人员进入灾害现场进行调查和评估，正确、客观地掌握带来的损失。为了保证评估工作的质量和进度，突发事件恢复评估要注意以下几个方面：

1. 进行风险评估。工作中尽可能运用系统的分析方法，统筹考虑和筛查突发事件恢复的各个环节、各种类型的损害和风险评估，特别是要加强动态性的评估，如在拆迁过程中发生的群体性事件，事态平息后，还要继续安排专门人员掌握其相关人员的动态信息，追踪了解诉求解决的进展情况，对该事件再次恶化的风险进行准确的评估。

2. 拓展信息渠道。要发挥包括恢复小组在内的多部门、多领域、多学科专家的作用以及其他社会力量的作用，积极运用现代科学技术方法和科学技术手段，建立风险信息系统，全天候、全时段对收集的信息进行分析，使突发事件的恢复评估工作最优化。

3. 加强危机分析。在突发事件恢复评估中，要充分考虑各种危机导致的次生、衍生问题对恢复工作的影响，如对地震灾害评估，要及时掌握其数据信息，防止余震对灾区的二次损害，要运用综合手段进行分析。

（二）及时确定恢复对象

突发事件造成的损害对象有些是显露的，有些是潜在的，显露对象便于发现，潜在对象需要有关人员进行摸排分析，如灾害对人员的心理造成的损害。这就需要恢复前，恢复小组根据所收集到的信息对危机进行全面评估，以了解所有显露和潜在对象。确定潜在对象，需要紧密结合灾区恢复的实际情况，围绕着预防和危机处理的客观需要来确定可能的恢复对象。要全面了解相关信息并进行广泛讨论，参与讨论的人员不仅包括公安、武警、民政、医疗卫生、交通、市政、水利等部门的工作人员，还应包括科研院所的有关专家。

（三）明确恢复对象的先后顺序

突发事件发生后，公共设施、生活基础设施等往往损坏比较严重，有关部门在特定的时间和特定的空间内，受到资源、环境、社会等因素的影响和制约，其恢复能力在某些程度上受到一定的限制，这就需要突发事件恢复工作部门认真分析，确定恢复工作的优先内容，特别是恢复对象的先后顺序。比如说，2008 年，我国南方发生了特大冰冻雪灾，温家宝总理在重灾区湖南向其提出保电网安全运行、保京广铁路和京珠高速公路畅通、保煤炭安全生产和供应、保社会秩序稳定的要求，实质上是要求湖南省委、省政府把通电、通路、煤炭供应、社会稳定作为恢复工作的优先内容。

三、制定恢复计划

恢复管理的领导机构通过损害评估确定突发事件恢复目标和对象后，可以制定恢复计划，以加强恢复工作的统一性、规划性、指导性及明确性。如2010年甘肃省甘南藏族自治州舟曲县发生特大山洪泥石流灾害，给当地人民生命财产造成重大损失。灾后，国务院成立了舟曲灾后恢复重建指导协调小组，并制定了《舟曲灾后恢复重建总体规划》，明确了灾后重建的主要任务、总体思路、支持政策和保障措施等，为做好灾后重建工作发挥了重要作用。突发事件恢复计划的制定不仅在我国得到重视，国外也把其纳入恢复重建工作的重中之重。如2008年一次强热带风暴袭击也门，这是也门十余年来遭受的最严重的自然灾害之一。成千上万户家庭流离失所，近7000人死亡或失踪。暴风雨摧毁了重要的基础设施，并导致经济活动中断。灾害损失估计达16亿美元，占其国内生产总值的6%。也门动荡的国内局势令其灾后重建工作更为复杂，出台并执行与灾害规模相对应的恢复重建方案经证明是一大挑战。此时，政府制定的政策和做出的决策，能够决定一国及其人民能否迅速从灾害中恢复。为帮助也门及类似国家增强其制定和实施灾后恢复和重建综合方案的能力，世界银行全球减灾和灾后恢复基金、联合国开发计划署以及相关国家政府，在对9个国家的重建实例进行分析后，共同编写了系列研究报告。这些报告记载了孟加拉国、海地、印尼等国实施灾后恢复计划过程中得出的实用经验和好的做法。也门政府在热带风暴过后，成立了重建和恢复基金，资助和协调受灾地区 Hadramout 和 Al – Mahra 的恢复和重建工作。也门政府结合本国实际情况，制定了切实可行的恢复计划，并明确责任和问责制，不仅避免了在恢复和重建的紧要时刻发生不必要的延误，也使也门在灾后迅速恢复了正常秩序。

突发事件恢复计划最好在危机前制订完成，以便在灾害发生后能迅速实施。在制定计划过程中，相关部门要结合具体的危害类型、受损情况、公众期望等因素，进行调研和科学论证，以促进恢复公共秩序为目标，以增强突发事件抗御能力为标准，制定具有可行性和可操作性的恢复重建计划。

突发事件恢复计划应详细说明恢复所要达到的目标、目标实现的可行性、确定恢复的方法方式、阶段划分、步骤、进度，明确恢复的重点对象、任务和政策措施，制定组织领导、通信保障、资金、人力资源等方面的保障措施，进一步加强实体恢复、心理干预、人员安置、资源管理等方面的工作。

四、灵活调整和加强监督

突发事件恢复计划制定后，要以恢复计划为指导。各相关部门在全面开展恢复工作的同时，也要从危机中吸取教训和总结经验，有关单位和部门特别是主要管理人员要对突发事件的危害进行认真反思，加强恢复工作的监督和落实，确保突发事件恢复工作的顺利进行。灵活调整和加强监督是恢复工作的重要组成部分，主要包括灵活调整、奖惩结合和加强监督。

（一）灵活调整

灵活调整是在总结经验的基础上对原有的突发事件应急管理体系进行适当调整，使其更加科学合理。调整过程中可能涉及体制、机构设置、计划方案等宏观管理措施，也可能涉及人员、物质等具体细节。

1. 机构调整。通过突发事件能够发现政府部门中哪些机构设置合理，哪些机构需要整合，然后做出适当的调整。近年来，随着恐怖活动的日益猖獗，新疆维吾尔自治区公安厅结合本区治安形势成立了新疆维吾尔自治区公安厅特别侦查队，又称中国人民武装警察边防部队新疆特别侦查队。它是一支具有公安执法职能的武警现役部队，隶属于自治区公安厅，主要担负着维护新疆社会政治稳定、打击境内外“三股势力”分裂破坏活动的工作任务。

2. 人员调整。突发事件的发生是检验主要管理者处理危机能力的试金石，也是检查政府工作是否完善的重要体现，对发现不合格的领导要及时进行调整，这样不仅有利于提高政府依法行政的水平，还能提高公众对政府的认可度。如2001年9月11日美国受到恐怖袭击后，国会通盘考虑，经独立调查委员会建议，中央情报局局长的职位由国家情报总长取代，以对情报机构进行监督和管理；独立调查委员会还建议改组美国国内防务部门及联邦调查局，成立一个由探员、分析员、翻译和监控专家组成的专业化综合国家安全队伍。可以说，美国从反恐的角度对机构人员进行调整和重组，从而有效地预防和打击了恐怖活动犯罪日益增长的苗头。

（二）奖惩结合

对于在突发事件处置或恢复工作中，公共管理部门或其他部门中主要的责任单位和个人，违纪的要及时给予纪律处分，违法的要及时追究其法律责任；对于次要的责任单位和个人，如果在紧急处置工作中没有及时处理或处分，也应该在恢复阶段予以处理。同时还要对突发事件恢复重建中尽职尽责、表现突出的单位和个人给予奖励或表扬，以提高其工作的积极性。

（三）加强监督

恢复阶段并不意味着突发事件危机处置工作的结束，在这个特殊阶段很容易出现有关单位或人员松懈的情况。所以还应进一步加强恢复计划的监督和落实，督促恢复工作的深入和积极开展。

特别提醒

《中华人民共和国突发事件应对法》

第六十三条　地方各级人民政府和县级以上各级人民政府有关部门违反本法规定，

不履行法定职责的，由其上级行政机关或者监察机关责令改正；有下列情形之一的，根据情节对直接负责的主管人员和其他直接责任人员依法给予处分：

（一）未按规定采取预防措施，导致发生突发事件，或者未采取必要的防范措施，导致发生次生、衍生事件的；

（二）迟报、谎报、瞒报、漏报有关突发事件的信息，或者通报、报送、公布虚假信息，造成后果的；

（三）未按规定及时发布突发事件警报、采取预警期的措施，导致损害发生的；

（四）未按规定及时采取措施处置突发事件或者处置不当，造成后果的；

（五）不服从上级人民政府对突发事件应急处置工作的统一领导、指挥和协调的；

（六）未及时组织开展生产自救、恢复重建等善后工作的；

（七）截留、挪用、私分或者变相私分应急救援资金、物资的；

（八）不及时归还征用的单位和个人的财产，或者对被征用财产的单位和个人不按规定给予补偿的。

第六十四条 有关单位有下列情形之一的，由所在地履行统一领导职责的人民政府责令停产停业，暂扣或者吊销许可证或者营业执照，并处5万元以上20万元以下的罚款；构成违反治安管理行为的，由公安机关依法给予处罚：

（一）未按规定采取预防措施，导致发生严重突发事件的；

（二）未及时消除已发现的可能引发突发事件的隐患，导致发生严重突发事件的；

（三）未做好应急设备、设施日常维护、检测工作，导致发生严重突发事件或者突发事件危害扩大的；

（四）突发事件发生后，不及时组织开展应急救援工作，造成严重后果的。

前款规定的行为，其他法律、行政法规规定由人民政府有关部门依法决定处罚的，从其规定。

任务三　突发事件恢复的实施

案例8-4

2014年1月9日23时，广东省茂名市茂南区公馆镇一中及茂名市第五中学共97名师生因吸入不明气体，导致身体不适入院检查。同时，学校附近的白沙河公馆镇河段出现大量油污。

事发后，环境保护部、广东省环保厅立即派出工作组指导茂名市环保局组织开展环境应急处置工作。经排查，肇事企业为位于茂名市茂南区公馆镇车仔田村的信诺汽车维修厂，该厂散发的气味与导致师生不适的不明气体气味相似，厂内停放有四辆罐车，设有暗管直通白沙河，排污点石油类浓度超标3900倍，挥发酚超标15 000倍。茂名市政府立即查封企业，对肇事企业负责人立案侦查，彻底切断污染源，在排污点至下游5公里范围内设置5道围油栏，投放稻草吸附油污，并组织清理河面油污。至1月14日，入院检查的师生全部出院，油污清理完毕，事发地周边大气、水质环境全部达标。

问题思考

1. 突发事件恢复实施过程中应该注意哪些问题？
2. 突发事件恢复实施有哪些具体工作？

理论知识

突发事件一般都具有很强的破坏性，往往会对正常的社会秩序造成极大的干扰和破坏。从某种角度来说，突发事件恢复可能需要相当长的一段时间。从全过程危机管理理论的角度来看，恢复工作甚至应该在灾害发生之前就应做好相应的准备工作，并在事件发生后，充分发挥所有恢复参与者的作用，因地制宜地开展现场紧急恢复工作。同时，要围绕恢复的目标，尽量降低事件造成的损失，尽快恢复发生地的生产、生活和社会秩序。

一、危机前开展恢复准备工作

做好危机恢复准备工作是开展危机恢复的基础工作，也是重要的前提条件。在公共危机恢复工作中，要注意通过多种渠道广泛地收集、掌握各种危机信息，及时发现和了解可能存在或发生的不安定因素，通过各种手段密切追踪其动态变化；要在事前对爆发危机的可能性进行综合分析，全面掌控危机的性质、规模、范围和时间等具体情况，以及危机爆发后哪些人群或设施会受到影响及影响程度如何；相关部门要根据实际情况建立和完善相应的危机管理机制，并制定、修订、启动紧急恢复计划或预案，组织动员社会力量参与危机恢复。这也要求具有忧患意识，在危机发生前，就要注意培养危机恢复意识，全面系统、高效务实地做好恢复准备工作，制定突发事件现场恢复的标准和细则（如恐怖活动犯罪现场的监控范围、爆炸现场的警戒线范围大小、火灾现场有毒物品的检测和污水的排放标准及方法等）；在大型公众场所周围划定紧急疏散路线、区域和人员安置场所；制定、演练和完善相应的恢复计划和预案；加强危机恢复规划的针对性和实用性，并不断增强恢复准备工作的可行性，为突发事件恢复的实施工作打下坚实基础。

二、突出恢复参与者的作用

在突发事件恢复中充分发挥参与者的作用，是做好危机恢复工作的基础。有关突发事件危机管理部门要尽可能地深入了解公众对受损设施区域或环境等方面恢复的愿望，增强对恢复工作和重建目标的认同；促进广大群众和社会组织积极有序地参与恢复工作，及时向参与者传达恢复工作的有关信息，使其了解恢复的计划或规划的步骤、路径、进度等重建状况。

志愿者组织是恢复重建力量的重要补充和来源，往往危机发生后，一些志愿者就会及时到达现场，投入到救援或恢复重建工作中来。志愿者一般熟悉当地的情况，也有可能已经了解该事件的前期处置的部分内容。公共事务管理部门平时要掌握民间志愿者组织，建立联系渠道，把志愿者协助制度作为日常工作的一部分，为志愿者在恢复重建中能够充分发挥作用创造条件。通过建立有效的协调工作机制和安全保障制度，促进志愿者的沟通与交流，保障志愿者在参与突发事件处置及恢复中的健康和安全。

三、结合实际开展紧急恢复工作

突发事件危机管理部门在组织恢复的过程中，应着眼于防范再次发生类似灾害，进行快速处置和修复。还要根据简化、持续、安全、高效的原则及时修复关系公共安全和人民生活的基本设施（如公共交通系统、基本的用电用水、网络通信等）。对现场恢复时，还要注意灾害现场的安全保卫工作，特别是有些现场还存在一定的危险因素，相关主管部门要部署警力执行安全警戒任务，保障人民群众的生命、财产安全，预防灾害发生后衍生的违法犯罪行为的发生。

突发事件恢复过程中，有关部门还应加强对废弃物、垃圾、瓦砾等的管理和处置工作，要设立临时堆放场所、最终处理场所，循序进行收集、搬运及处置，对现场进行清理，尽量避免灾害给环境造成污染，并适当采取措施维护和保障灾区群众和工作人员的身体健康，尽早恢复受灾地区的生产、生活和工作秩序。

四、加强联络沟通，妥善处理负面影响

有关部门进行灾害恢复时，要及时与内部人员和恢复工作的其他参与者进行沟通，使他们在第一时间了解突发事件的恢复状况。同时还要通过报纸、电视、新闻媒体等宣传，加强外界对恢复工作的了解，促进社会各界对恢复工作的理解和支持。这就要求有关部门在灾害恢复阶段，与参与恢复的机构、企业、组织或志愿者组织建立相应的恢复联络小组，进一步加强沟通和交流，共同讨论紧急恢复事项，避免重复恢复，提高恢复的工作效率。在恢复重建的过程中，还要注意增进媒体对恢复工作的配合和支持，充分利用互联网等媒介方式与外界进行交流和沟通，及时了解公众对灾害恢复工作的建议和意见，进而调整和改进恢复工作方案。

新闻媒体对突发事件恢复工作的负面报道或炒作现象出现时，有关部门要及时表明态度与立场，做好沟通工作。要选择时机开展有利于塑造正面形象的活动，将媒体的注意力吸引到正面活动中来，而且一定要让正面的声音传出去，将原来不利的负面影响变为正面效应。媒体在突发事件恢复过程中的不实报道，对恢复工作产生不良影

响或造成严重后果的，有关部门应根据相关法律，对违法、违纪单位或个人进行必要的处理，构成犯罪的依法追究法律责任。

《中华人民共和国突发事件应对法》

第六十五条 违反本法规定，编造并传播有关突发事件事态发展或者应急处置工作的虚假信息，或者明知是有关突发事件事态发展或者应急处置工作的虚假信息而进行传播的，责令改正，给予警告；造成严重后果的，依法暂停其业务活动或者吊销其执业许可证；负有直接责任的人员是国家工作人员的，还应当对其依法给予处分；构成违反治安管理行为的，由公安机关依法给予处罚。

《突发公共卫生事件应急条例》

第五十二条 在突发事件发生期间，散布谣言、哄抬物价、欺骗消费者，扰乱社会秩序、市场秩序的，由公安机关或者工商行政管理部门依法给予行政处罚，构成犯罪的，依法追究刑事责任。

五、加强开展政府危机公关工作

往往突发事件发生后，政府的公信力会受到一定的质疑，信誉度有所下降，人民群众对事件的关注度提升，需要改善政府形象，增强恢复工作的透明度，减少对恢复工作不利的谣言。政府公关可以有多种形式，可以借助各类媒体，如在恢复阶段定期召开新闻发布会、记者见面会等形式，迅速传播政府有关恢复工作的态度、理念、工作部署、工作方针和恢复目标等，消除工作的疑虑。领导者也是常见的危机公关形式，即设计领导人活动，通过领导亲临受灾一线科学指挥，向公众展示政府灾害恢复的决心和高水平管理能力，争取获得更多公众的理解和支持。通过的社会快速动员，向突发事件中受到影响的群众提供物质等方面的支持和救助，增强社会的责任感和凝聚力。此外，危机公关不仅要注意强化领导的作用，还要注意密切联系相关团体的负责人或代表，加强其对危机公关的认同，进一步增强危机公关的效果，使突发事件恢复工作有序进行。

六、硬件设施恢复

（一）受损公共设施恢复

突发事件的发生往往会造成交通、通信、供水、供电、供气、供热等公共设施工程的破坏。这些公共设施以网络的形式发挥其社会功能，因此也被称为生命线工程。

生命线工程中任何一方的功能失效或破坏都可能迅速扩大突发事件的消极影响，造成难以估量的损失。在突发事件恢复中，需要迅速调动资金、设备、人员，尽快恢复这些生命线工程，为社会秩序的恢复奠定物质基础。

（二）受损住房的恢复

在突发事件的恢复重建中，政府要采取积极措施，减少和缓和突发事件所带来的有形物质损害，特别是关系民生的物质损害。其中，居民住所是重中之重。切实保障倒塌房屋户的基本生活，是恢复重建工作中首先要加以解决的重要问题。一般情况下，住房的恢复经历两个阶段：

1. 临时住处。灾害发生后，政府和其他社会组织都会及时地为灾区群众搭建帐篷或活动板房，来保障其基本生活。有条件的地区还会利用体育馆、礼堂等公共场所为灾民提供临时住处。临时住处不仅能够起到应急作用，还是修建永久住房的前提和基本保障。

2. 永久住房。突发事件发生后恢复重建工作开始前，有关部门就要主动登记受损房屋，能修建的要及时修建，不能修建的要选好地址，着手重建工作，使灾民在一定的时间内重新住上长期住宅，保障灾区群众尽快恢复生产、生活。

在我国，突发事件特别是自然灾害的发生一般会有大量的房屋被摧毁，灾后的救助问题十分严重，灾区群众多无力单独进行房屋的重建。这时，要依靠政府给予必要的补偿和救助。与此同时，我们还应该借鉴国外的经验，实现灾害损失补偿渠道的多样化，例如大力推行灾害保险等。

七、软件设施恢复

（一）经济恢复

突发事件一般会造成基础设施损坏、工业停产、商业中断、农业减产或绝收等严重的经济影响。另外，上述问题还可能引发物价上涨、就业率下降、居民收入降低等难以估算的间接经济损失。特别是重大自然灾害（如洪水、泥石流等）对农业、渔业、畜牧业、养殖业等会带来灭顶之灾。因此，消除突发事件所造成的经济影响是恢复工作中的重点。

在突发事件恢复重建中，相关部门首先要恢复关键性基础设施的正常运行，这是恢复的基本工作，也是前提工作。其次，对于工业、农业生产受到严重影响的灾区，政府要按照有关规定及时出台减免税收、提供低息或无息贷款等一系列的优惠政策，帮助受灾地区恢复正常的生产、生活秩序。此外，政府或组织应及时收集、传递对恢复生产有用的信息，委派相关领域的专家对灾区尽快恢复经济提供技术支持和指导。大力提倡民营企业、经济组织、个人等参与灾区的经济发展，进一步推动灾区经济的快速恢复和发展。不仅如此，还应通过宣传鼓励灾区发挥自身的主观能动性，自力更

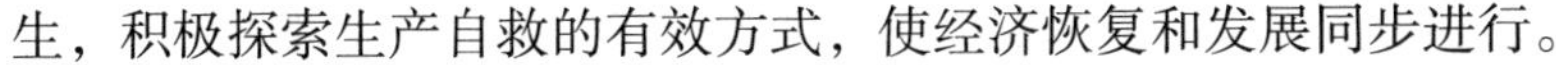

生，积极探索生产自救的有效方式，使经济恢复和发展同步进行。

（二）灾害损失补偿

1. 政府补偿。政府是国家公共行政权力的象征，担任着保护公民的生命安全及各种合法权益，保护国家、企业和个人的合法财产不受侵犯的职责，是应急管理的重要行为主体。在恢复重建中，政府下拨救灾款项以帮助灾区恢复生产、生活秩序，是灾害损失补偿的主要手段。如汶川地震发生的第二天，财政部宣布中央财政紧急下拨地震救灾资金8.6亿元。其中，7亿元用于四川地震灾区的综合财力补助和自然灾害生活补助应急，另外的1.6亿元拨向甘肃、陕西、云南、重庆等地的地震灾区，用于灾后重建。

2. 社会组织、个人捐助。捐助主要包括国内社会捐助和国际社会捐助两种。灾害发生后，国内外社会各界出于人道主义立场，自发地捐款、捐物，这也是灾害补偿的一种手段。2010年8月7日22时左右，甘南藏族自治州舟曲县城东北部山区突降特大暴雨，降雨量达97毫米，持续40多分钟，引发三眼峪、罗家峪等四条沟系特大山洪地质灾害，泥石流长约5千米，平均宽度300米，平均厚度5米，总体积750万立方米，流经区域被夷为平地。舟曲8·7特大泥石流灾害中遇难1481人，失踪284人，累计门诊治疗2315人，造成直接经济损失约8亿元人民币。灾害发生后，世界各国、社会组织、个人向灾区捐款捐物，对舟曲灾后重建发挥了巨大作用。

八、心理干预

组织心理专家对灾区相关人员进行心理干预是恢复阶段的重要工作之一，因为突发事件的发生会对受害者及家属甚至是救援者的心理造成极大影响，进而引起焦虑、恐惧、抑郁、强迫反应、脾气暴躁、过度警觉等一系列不良心理行为反应，有关人员极有可能还因此而留下终身无法弥合的心理创伤。

在突发事件恢复阶段，有关部门应动员社会的精神卫生资源，特别是要发挥心理专家、红十字会、慈善组织等的资源优势作用，对社会公众特别是受害者及其家属进行必要的心理干预和疏导。

1. 要通过新闻媒体等手段对灾区公众的心理进行整体性的引导。

2. 对重点人群进行特殊的心理干预：

（1）将心理承受能力的培养作为公共安全教育的一项长期内容。通过公共安全教育，有效地增强社会公众的心理承受能力，减轻突发事件对其产生的冲击。

（2）对突发事件中心理相对脆弱的群体给予精神和物质上的特殊关爱。特别是要用心理学知识疏导、安慰这些人群，减少他们的心理压力，缓解突发事件所带来的心理伤害（如地震灾区群众在灾难发生时所看到的人员掩埋情形），帮助他们渡过难关。

（3）政府进行大力宣传，鼓励社会公众在突发事件发生后开展自救、互救，使人们相互激励，实现社会的理性全面化，尽量减轻或避免突发事件对个体心理的震荡。

（4）开展专业心理咨询和治疗。相关部门在日常的工作中应当注重心理救援队伍建设，同时要设立心理医生档案库。在突发事件发生后，利用专业人士的科学知识和科学技能，为心理脆弱者排解精神压力，帮助他们客观、冷静、积极地看待现实。心理恢复工作并不是一时就能解决的问题，可能会有较长的间歇期，因此对患者的心理干预必须持之以恒，直至其恢复正常为止。

国外对于突发事件的心理干预理论的研究起步较早，比较成熟，在应急管理实践中的措施也比较具体，因此是值得我国借鉴学习的。

表 8-1　各阶段心理干预具体措施

阶段	心理干预具体措施
前期 （突发事件发生后）	1. 提供发生地现场支持，提供信息、安慰和实际帮助； 2. 通过媒体告知灾区群众可能引起的反应及可以得到的具体帮助； 3. 立即开通 24 小时心理咨询和心理疏导电话； 4. 立即在相关场所分发有关情感反应的印刷品或播放解决情感反应的视频、录像等； 5. 参加现场处置的应急服务人员进行分享叙述。
中期 （突发事件发生后到恢复重建初期）	1. 与警察合作，建立灾区受影响者信息数据库； 2. 参与情感护理的危机工作者进行分享叙述； 3. 组织当地志愿者或心理工作者开展创伤的教育和疏导； 4. 派出专业团队，组织幸存者进行分享叙述，开展危机咨询、分线评估等； 5. 提供短期的实际帮助，如丧葬安排等。
长期 （纳入日常管理工作中）	1. 在公共质询或询问中提供支持； 2. 为公共集会创造条件； 3. 建立社区接待中心； 4. 个人恢复咨询； 5. 与幸存者群体合作； 6. 进行社区教育，如伤亡教育； 7. 创建社区报纸，支持自助计划； 8. 提供专业的心理治疗方法； 9. 协作负责任的公司制作纪录片。

（材料来源：Peter E. Hodgkinson and Michael Stewart，*Coping With Catastrophe：A Handbook of Post - Disaster Psychosocial Aftercare*，Second Edition，1998，Routledge，pp. 108 ~ 109.）

项目四　技能训练：对地震灾害受害者进行心理干预模拟训练

一、训练内容

1. 地震灾害中对受害者进行心理干预的方案制作。
2. 地震灾害中对受害者进行心理干预前期的准备工作。
3. 地震灾害中对受害者进行心理干预中期的干预方法和步骤。
4. 地震灾害中对受害者进行心理干预后期的跟踪调查。

二、训练目的和要求

通过模拟地震灾害对受害者进行心理干预的演练，了解地震灾害中受害者产生心理反应的原因、发展状况、行为表现等，使参训学生掌握地震灾害中受害者心理发展到不同阶段的处理程序和方法，使受害再遇到地震灾害中。受害者出现心理问题知道如何处理，提高对受害者出现心理反常的处理能力。

三、训练前准备

宣传印刷品、展板、心理访谈室、心理测试题、视频播放室、大功率扩音器材等。

四、训练方法步骤

1. 以班为单位在校内空旷处组织模拟演练，3/4 的学生扮演地震灾害中出现心理异常的受害者，1/4 的学生扮演处置事件的警察、政府人员及心理干预人员。

2. 由扮演心理干预人员的学生设计心理干预处理方案，并选出一名学生作为总指挥。心理干预方案的制作应当包括指导思想和目的、基本情况分析、基本原则和任务、组织指挥、责任分工，心理干预方式、步骤、后勤保障等。

3. 模拟地震灾害中的受害者心理在前期、中期、后期不同阶段的变化状态，由学生根据不同阶段的心理特点、行为表现等有针对性地采取相应的措施和有效的干预方法。

4. 指导教师。教师对学生制作的受害者心理干预方案进行审阅和检查。在演练后，对于在地震灾害中心出现异常的受害者，进行干预过程存在的问题进行点评和纠正。

五、注意事项

1. 参加实训的学生要按照各自的角色进行演练，并互换角色进行训练。
2. 对地震灾害中的受害者进行心理干预时，注意语言的表述、表达。
3. 在演练过程中，避免干预步骤、程序颠倒、出现混乱现象。

六、考核方式及标准

（一）考核方式

1. 通过模拟小组之间的观摩，学生相互交流，指出优点与不足，总结训练心得体会。

2. 教师对心理干预模拟过程进行总结。

（二）考核标准

1. 优秀：干预方案准备充分，干预步骤和程序操作熟练，处理方式合理合法。

2. 良好：干预方案准备较充分，干预步骤和程序较为熟练，处理方式较为合理合法。

3. 合格：干预方案基本充分，干预步骤和程序基本熟练，处理方式基本合法。

4. 不合格：干预方案准备不充分，干预步骤和程序操作混乱，处理方式不合理，容易导致心理问题进一步升级。

七、思考题

1. 地震灾害中，对受害者进行心理干预处理的程序和步骤是怎样的？

2. 地震灾害中，对受害者进行心理干预时应该注意哪些问题？

参考文献

一、著作类：

1. 张绪梁、郭锦艳编著：《现场处置》，中国政法大学出版社 2009 年版。
2. 刘振华、刘轶、李骥主编：《治安学专业实训教程》，武汉大学出版社 2015 年版。
3. 冯锁柱：《治安事件预防、预警与处警》，中国人民公安大学出版社 2002 年版。
4. 张胜前：《治安事件处置》，中国人民公安大学出版社 2001 年版。
5. 冯子健主编：《传染病突发事件处置》，人民卫生出版社 2013 年版。
6. 孙承业主编：《中毒事件处置》，人民卫生出版社 2013 年版。
7. 王鸣、杨智聪主编：《突发公共卫生事件典型案例现场调查方略》，中山大学出版社 2013 年版。
8. 陈锦治等主编：《突发公共卫生事件预防与应急处理》，东南大学出版社 2005 年版。
9. 曹康泰主编：《突发公共卫生事件应急条例释义》，中国法制出版社 2003 年版。
10. 洪佳冬、方强编著：《社区卫生服务中心突发公共卫生事件应急处理》，科学出版社 2014 年版。
11. 吴建军、万学中主编：《突发公共卫生事件及其应急处理》，东北师范大学出版社 2011 年版。
12. 管向东等主编：《中毒急危重症诊断治疗学》，人民卫生出版社 2009 年版。
13. 郭新彪、刘君卓主编：《突发公共卫生事件应急指引》，化学工业出版社 2009 年版。
14. 孙成斋：《突发公共卫生事件应急处理实践》，安徽人民出版社 2008 年版。
15. 国家减灾委员会办公室编：《突发传染病事件紧急救援手册》，中国社会出版社 2010 年版。

二、论文类：

1. “积极预防和妥善处置群体性事件——在全区基层党组织书记培训班上的辅导提纲”，载东宝区委区政府信访网站，2011 年 1 月 18 日。
2. 张军：“涉外群体性事件的预防与处置”，载《湖南公安高等专科学校学报》2006 年第 4 期。

3. 刘英杰等："公安机关在群体性事件处置中的任务与角色定位"，载《辽宁公安司法管理干部学院学报》2012 年第 2 期。
4. 肖文涛："治理群体性事件与加强基层政府应对能力建设"，载《中国行政管理》2009 年第 6 期。
5. 王庆功："目前我国群体性事件的特点、趋势及防控对策"，载《法学研究》2011 年第 1 期。
6. 孙廷彦："群体性事件处置新思维的建构"，载《中国人民公安大学学报（社会科学版）》2013 年第 4 期。
7. 武胜伟："论突发公共卫生事件对我国社会治安的影响和对策"，郑州大学 2004 年硕士学位论文。
8. 任辉等："公安现役院校突发公共卫生事件危机管理 SWOT 分析"，载《中国人民公安大学学报（自然科学版）》2013 年第 2 期。
9. 靳新等："在应对重大疫情型突发公共卫生事件中公安机关履行职责维护社会治安的对策"，载《北京人民警察学院学报》2003 年第 5 期。